Zu Gast in deutschen Landen

Zu Gast in deutschen Landen

Herzhafte Spezialitäten aus unserer Heimat

Verlag Das Beste Stuttgart · Zürich · Wien

Mitarbeiter

Waltraute Aign
Ulrike Bernhardt
Alexander Ettl
Margret Farnung
Frank Gerhard
Roland Gööck
Wolfgang von Gropper
Ursula Grüninger
Karin Iden
Georg Richter
Hannes Schmitz

Bindearbeiten: Buchbinderei Sigloch, Künzelsau und Leonberg
Printed in Germany
ISBN 3 87070 234 6

Vorwort

Betrachtet man die Speisekarten deutscher Restaurants, so fällt auf, daß die Auswahl, die dem hungrigen Gast angeboten wird, in zunehmendem Maß internationale Gerichte umfaßt. Und auch in die heimischen Küchen haben Pasta asciutta, Cordon bleu, Gazpacho, Fondue, Ratatouille und vieles andere mehr Eingang gefunden und einen großen Teil der alten, von Generation zu Generation vererbten regionalen Rezepte verdrängt.

Doch „warum in die Ferne schweifen? Sieh, das Gute liegt so nah", stellte bereits Goethe fest; und so soll auch dieses Kochbuch dazu beitragen, die traditionellen Gerichte unserer Heimat wiederzuentdecken.

Und es gibt vieles, was eine Wiederentdeckung lohnt. Denn es ist ein seit alters oft wiederholtes Fehlurteil, daß die deutsche Küche außer Kartoffeln, Knödeln, Sauerkraut und Würstchen nichts zu bieten habe. Im Gegenteil, so unterschiedlich die Landschaften Deutschlands selbst sind, so verschieden und vielfältig sind auch die Spezialitäten der einzelnen Regionen.

Um die Rezepte zusammenzutragen, sind wir kreuz und quer durch Deutschland gestreift, haben in alten Kochbüchern aus Großmutters Zeiten geschmökert, den Hausfrauen über die Schulter in den Kochtopf geschaut, haben uns in den Küchen renommierter Gastronomen umgesehen und haben gekostet, probiert und aufgeschrieben, was wir besonders lecker fanden.

Aber nicht nur Rezepte haben wir von dieser kulinarischen Reise mitgebracht, sondern wir haben auch Land und Leute kennengelernt sowie Geschichten und Anekdoten gehört, die oft einen besseren Einblick in den Charakter einer Landschaft und ihrer Bewohner geben als manche umfangreiche, aber trockene Beschreibung.

Bevor nun auch Sie sich auf die kulinarische Reise durch Deutschland begeben, sei zu den Rezepten noch folgendes angemerkt: Die Mengenangaben sind – soweit es nicht ausdrücklich anders vermerkt ist – immer für vier Personen berechnet. Bei den Maßangaben wurde bei einem gestrichenen Eßlöffel (EL) eine Menge von etwa zehn Gramm, bei einem Teelöffel (TL) von etwa fünf Gramm zugrunde gelegt.

Bleibt am Schluß noch, Ihnen viel Spaß beim Kochen und guten Appetit zum Essen zu wünschen!

Inhalt

Baden

Schwaben

Bayern

Franken

Hessen

Pfalz

Hechte und Felchen vom Bodensee; Wild, Pilze und viele Sorten Beeren aus dem Schwarzwald; Rebhühner und Fasane aus den Rheinniederungen; blütenweißer Spargel aus der Gegend um Schwetzingen – die Speisekarte dieses Landstrichs ist von verschwenderischer Vielfalt. Und neben all diesen Köstlichkeiten funkelt auf dem Tisch der badische Wein, der – wie hier bei Schloß Staufenberg bei Durbach in der Ortenau – unter goldener Sonne reift

Baden

Das Herzstück Badens im südwestdeutschen Dreiländereck hat sich seit jeher gut umarmen, aber auch umgarnen lassen: von Frankreich im Westen, von der Schweiz im Süden, von den Franken im Norden, vom Schwabenland im Osten. Aber auch die österreichischen Habsburger galten bis 1806, als das Heilige Römische Reich Deutscher Nation sein Leben aushauchte, im südlichen Baden als Freunde und Feinde zugleich.

Aus all diesen Nachbarschaften haben die Badener kulinarischen Nutzen gezogen: Was ihnen bei den andern besonders gut schmeckte, das haben sie für ihren eigenen Küchenzettel übernommen, mit den landestypischen Zutaten verfeinert, abgewandelt und neu arrangiert.

Doch vielfältig wie die badische Landschaft selbst, so vielfältig ist auch ihr kulinarisches Angebot, und was man in Baden-Baden schätzt, ist möglicherweise am Bodensee unbekannt. Es ist daher unmöglich, von einer einheitlichen badischen Küche zu sprechen, vielmehr gibt es mehrere Küchen, die alle unter der Schirmherrschaft der mehr oder weniger gesegneten Landstriche ihre Spezialitäten offenbaren. So gilt zum Beispiel vor allem das Gebiet am Oberrhein als von burgundischen Gaumenfreuden angehaucht, die bereits von den Römern geschätzte Bodenseelandschaft empfing kulinarische Impulse auch aus den habsburgischen Landen, während der durch und durch alemannisch geprägte Schwarzwald seine originellen und hartnäckig gepflegten Traditionen durch die Jahrhunderte hindurch beibehielt.

Doch wären all diese Einflüsse auf die Küche Badens unfruchtbar geblieben, hätten nicht die Schwarzwälderinnen, die Frauen des Breisgaus, der Ortenau und vom Oberrhein dafür gesorgt, daß Garten, Acker und Keller die notwendigen Voraussetzungen für all die kulinarischen Genüsse lieferten, und hätten sie ihre Rezepte nicht von Generation zu Generation weitergegeben. So aber kann heute jeder, der das gastliche Musterländle durchstreift, sicher sein, daß er hier verwöhnt und mit vielfältigen Künsten für sein leibliches Wohl gesorgt wird.

Man sagt, Baden habe Deutschlands berühmteste Köchinnen und Köche, die weisesten Gastronomen und die kenntnisreichsten Feinschmecker hervorgebracht. Auch habe es die ruhmvollsten und teilweise ältesten Gasthäuser und Hotels im deutschsprachigen Gebiet. Doch wer den kulinarischen Geheimnissen Badens nachspüren will, sollte keineswegs nur die vornehmen Feinschmeckerlokale besuchen, sondern auch in kleinen Gasthäusern einkehren. Hier wie auch insbesondere im Kreis badischer Familien wird er bislang ungeahnte Reize dieser Landschaftsküche entdecken. Denn hier wie dort kommt auf den Tisch, was die Jahreszeit gerade Besonderes bietet, und der Hungrige findet von der „Baurefuhre“ bis zum exquisiten Menü alles, was sein Herz begehrt.

Die Auswahl kulinarischer Köstlichkeiten reicht von Kräutern und Gemüsen, von allen Obstsorten bis hin zu den Reben, von zahlreichen Fischarten über Wild und Wildgeflügel bis zu Rind- und Hammelfleisch, von Schnecken bis zu Fröschen, von Eßkastanien über sämtliche wilden und veredelten Beerensorten bis zum Honig und zu Pilzen. Wer gar selbst badisch kochen lernen will, der muß zunächst vor allem mit wachem Blick durch die Natur streifen und in Wald, Feld und Flur (und natürlich auch auf dem Markt) nach Eßbarem Ausschau halten.

Oftmals scheint das, was badische Landschaft und badische Küche zu bieten haben, traditionellen Wertungen zu widersprechen, aber dennoch ist „Suurampfle“ (Sauerampfer) im April

Im lieblichen Markgräfler Land südlich von Freiburg liegt Kirchhofen (großes Bild oben), wo im Herbst saftige Trauben geschnitten werden (unten links). Doch nicht nur herrlicher Wein reift in Baden, auch Spargel kann man hier im Frühsommer stechen (unten rechts). Und aus der Umgebung der stillen Schwarzwaldhöfe, wie hier im Gutachtal (unten Mitte), kommen die köstlichen Wildgerichte

nicht weniger schmackhaft als weiße Rübchen im Sommer, „Schüfeli" (geräucherte Schweineschulter) nicht minder als Froschschenkel. Die Reise durchs Jahr ist für den Badener ein einziges kulinarisches Abenteuer. Sie beginnt mit einem zarten Löwenzahnsalat im zeitigen Frühjahr und endet erst im Spätherbst mit frisch erlegtem Wild.

Ein Höhepunkt ist natürlich die Zeit der Weinlese. Gutedel, Ruländer und Spätburgunder Weißherbst sind neben dem Riesling und Silvaner die beliebtesten badischen Weinsorten. Wenn wenige Wochen nach der Lese der federweiße Suser, der neue süße Wein, zu kümmelbestreutem Zwiebelkuchen (ganz „arge" Kenner bevorzugen frisches Bauernbrot und Walnüsse, die gerade erst im Hof zusammengelesen worden sind) ausgeschenkt wird, dann haben die badischen „Schenkeli" und „Wirtschäftle" Hochsaison.

Doch neben den badischen Weinen, wie sie am Bodensee, rund um den Kaiserstuhl, im Markgräfler Land, in der Ortenau und den Bühler Vorbergen wachsen, sollte man zwei weitere „flüssige" Köstlichkeiten Badens nicht vergessen: das mit Schwarzwaldwasser gebraute Bier und die aus Kirschen, Wildpflaumen, Zwetschgen oder Birnen gebrannten Obstwässerli, die inzwischen in aller Welt berühmt sind.

Wenn die Trauben reif sind, in den Wäldern die Pilze sprießen und die Jagdsaison eröffnet ist, dann wird in badischen Küchen auch der Fasan aufs köstlichste zubereitet. „Lenn's euch schmecke!" wünscht man zu diesem Festmahl (großes Bild links).
Am liebsten in gemütlicher Runde genießen die Badener den neuen Wein, zu dem traditionell ein warmer Zwiebelkuchen gehört (kleines Bild oben)

Badischer Vesperteller

„Zum Veschper“ – das heißt hierzulande auch „z’Nüni“, denn einst nahm man das zweite Frühstück morgens um neun Uhr ein; heute ist es jedoch auch zu jeder anderen Tageszeit willkommen – je nach Appetit! Solch ein Veschper gehört auf einen Holzteller und der Holzteller auf die nackte Tischplatte, möglichst eine, in die unentwegte Veschperstammgäste oder Weinschlotzer mit dem Taschenmesser ihre Initialen eingeritzt haben.

2 mittelgroße (etwa 500 g) Rettiche, 4 EL Öl, 2 EL Essig, Salz, Pfeffer, 1 Prise Zucker, 1 Zwiebel, Paprikapulver, 300 g Renchtäler Rahmkäse, 1 Stück (etwa 300 g) Schwarzwälder Schinken, 1 Hausmacherblutwurst, 1 Hausmacherleberwurst, 2 Tomaten, ¼ Salatgurke oder einige Gewürzgürkchen, hausgebackenes, kerniges Brot

Rettiche waschen, schälen, in feine Scheiben hobeln oder grob raspeln. Mit Salz bestreuen, gut durchmischen und etwa zehn Minuten ziehen lassen. Inzwischen aus Öl, Essig, Pfeffer und einer Prise Zucker eine Salatsoße herstellen, über den Rettich geben, mischen, abschmecken und eventuell mit Salz nachwürzen. Zur Garnierung der beiden Rahmkäsestücke die Zwiebel zur Hälfte in Ringe schneiden und mit Paprikapulver bestäuben. Die andere Zwiebelhälfte fein würfeln. Nun werden alle Zutaten auf einem runden oder eckigen Holzbrett angerichtet. Die Tomaten vierteln oder achteln, die Salatgurke in dicke Scheiben schneiden und den Vesperteller damit garnieren.

Dazu serviert man einen original Schwarzwälder Hefeschnaps oder ein Kirschwasser.

ZEUGNIS
efe-
wein

Badische Lauchsuppe

Hier ist der Porree, auch Winterlauch genannt, gemeint, eine milde, etwas erdig schmeckende Art der Zwiebelgewächse, unabdingbarer Bestandteil des bekannten „Suppengrüns". Der Genuß von allzuviel Lauch soll schwächend auf die Augen wirken, andererseits entwässert Lauch den Körper, und als Salat kann er eine Köstlichkeit sein.

2 Zwiebeln, 125 g roher Schinken, 4 EL (40 g) Butter, 1 l heiße Fleischbrühe, 4–6 Stangen (etwa 1 kg) Lauch, Salz, Pfeffer, 1 EL Mehl, ⅛ l Weißwein, 2 EL saure Sahne (10 % Fett), 2 Eigelb, 25–30 g geriebener Käse, ½ Bund Petersilie

Die Zwiebeln schälen und würfeln, den Schinken ebenfalls in Würfel schneiden. Die Butter erhitzen und darin die Zwiebelwürfel etwa drei bis vier Minuten hellgelb rösten. Dann gibt man den Schinken dazu und läßt das Ganze weitere drei Minuten braten. Mit ein wenig Fleischbrühe ablöschen, den geputzten, gewaschenen und in 1 cm lange Stücke geschnittenen Lauch hinzufügen und fünf Minuten mitgaren. Nun die restliche Fleischbrühe hinzugeben, mit Salz und Pfeffer würzen und nochmals etwa 15 Minuten ziehen lassen. Das Mehl mit Weißwein anrühren und die Suppe damit binden, die saure Sahne dazugeben. Den Topf von der Kochstelle nehmen, Eigelb mit etwas Suppe verquirlen und in die nicht mehr kochende Flüssigkeit einrühren (legieren). Die Suppe in feuerfeste Terrinen gießen, mit geriebenem Käse bestreuen und im Grill oder im Backofen (Oberhitze, 300 °C; Gasbackofen: Stufe 8) überkrusten lassen. Mit feingehackter Petersilie bestreut servieren.

Pfeffer

Schnecken in der Kasserolle

(für 1–2 Personen)

Wer heute damit lockt, er habe „echte Burgunderschnecken" auf der Karte oder im Laden, der muß ein Zauberer sein. So viele Schnecken, wie allenthalben genossen werden, gibt es gar nicht in Burgund! Der größere Teil muß im Badischen aufgebracht werden, zumal von allen verzehrbaren Schnecken die badischen Weinbergbewohner ohnehin die edelsten sind. Und ihr gewendeltes Haus erfreut schon in der Natur des Genießers Auge.

1 kleine Zwiebel, 40 g Gemüse (Möhren, Lauch, Sellerie), Butter zum Andünsten, 12 Schnecken (ausnahmsweise aus der Dose), Salz, Pfeffer, ½ Knoblauchzehe, einige Zweige frischer Kerbel, 1 Likörglas (50 ml) Weißwein, 1 Likörglas (50 ml) trockener Sherry, 1 TL Mehl, 1 TL Butter, 1 EL Schlagsahne (30 % Fett)

Die Zwiebel sehr fein hacken und das Gemüse in feine Streifen schneiden. Beides in einer Kasserolle in etwas Butter andünsten. Die Schnecken dazugeben, mit der Flüssigkeit aus der Dose auffüllen und noch eine Weile weitergaren. Vorsichtig mit den Gewürzen abschmekken, den Weißwein und Sherry dazugießen und weiterköcheln lassen. Den Topf von der Kochstelle nehmen und den gehackten Kerbel hinzufügen. Butter mit Mehl verkneten und in kleinen Stückchen unter die heiße, aber nicht mehr kochende Soße ziehen. Zum Schluß mit Sahne verfeinern.

Dazu serviert man Reis oder Toast.

Daxländer grüne Aalsuppe

Die alten Ägypter beteten diesen schuppenlosen, fettreichen Schlangenfisch gleichsam als Zauberkünstler der Tafelfreuden an. Am Gardasee bauten die Römer als erste Fangschleusen. Im Mittelalter gaben ihm die Feinschmecker den Kosenamen „schöne Helena". Und im Badischen lebt er am liebsten in den noch einigermaßen sauberen Altrheinarmen. In Daxlanden, einst ein Rheinfischerdorf, heute ein Vorort von Karlsruhe, kreiert ein namhafter Koch die besten Aalpasteten außerhalb Rußlands, wo der Aal in 100 Variationen zubereitet und genossen wird.

2 (etwa 500 g) frische Aale, ¼ l badischer Weißwein, etwas Petersilienwurzel, 1 Möhre, 1 Zwiebel, 1 Stange Lauch, 1 Lorbeerblatt, etwas Butter, 1 EL Mehl, 1 Bund Salbei, 1 Bund Petersilie, 250 g Schlagsahne (30 % Fett), etwas Salz und Pfeffer

Die Aale abziehen und ausnehmen, von der Mittelgräte befreien und in kleine Stücke schneiden. Von den Gräten, Köpfen und der Haut mit ¾ l Wasser, dem Wein, den Gemüsen und dem Lorbeerblatt eine gute Brühe kochen (etwa 15–20 Minuten). Dann die Brühe abseihen. Die Aalstücke mit etwas Butter in einem Topf anrösten, mit Mehl bestäuben und mit der Aalbrühe auffüllen. Den Salbei und die Petersilie im Mixer fein pürieren, in die Suppe geben, die Sahne dazugießen und mit Salz und Pfeffer abschmecken. Die Suppe weiterkochen lassen, bis die Aalstücke gar sind (etwa 10–15 Minuten).

Dazu frisches Weißbrot reichen und ein gutes Glas badischen Riesling oder Gutedel.

Schwarzwälder Kartoffelsuppe mit Krachele

Eine Kartoffelsuppe wie diese ist nicht nur ein Polster fürs Gemüt, sondern sie sorgt auch für Polster rund um den äußeren Körper. Den „Grumbiere" (= Birnen aus der Erdkrume) – auf hochdeutsch Kartoffeln – ist im badischen Offenburg sogar indirekt ein Denkmal geweiht worden, denn hier hatte man in spöttischem Übermut den seefahrenden und räuberischen Engländer Sir Francis Drake auf einen Sockel gestellt, weil er angeblich die Erdäpfel nach Deutschland eingeführt haben soll. Die „Krachele" dagegen, die gerösteten Schwarzbrotwürfel, stammen eindeutig und ursprünglich aus dem Schwarzwald.

**2 Zwiebeln, 1 Bund Petersilie,
2 EL (20 g) Butter, 1½ l Fleischbrühe,
600 g Kartoffeln, 4 Möhren,
150 g grobe Leberwurst, Salz, Majoran,
4 Scheiben Schwarzbrot, Safran**

Zwiebeln und Petersilie kleinschneiden und in heißer Butter hellgelb rösten. Mit der Fleischbrühe ablöschen. Die kleingeschnittenen Kartoffeln und Möhren dazugeben und weich kochen (etwa 20 Minuten). Die Leberwurst enthäuten, zerkleinern und unterrühren, mit Salz und Majoran abschmecken. Das Brot in Würfel schneiden und in etwas Butter knusprig rösten. Mit Safran bestreuen und kurz vor dem Servieren in die Suppe geben.

Forellenfilet auf Sauerampferrahm

(für 1 Person)

Die heute selten gewordene, mit kleinen roten Pünktchen verzierte Wildwasserforelle des Schwarzwalds gilt international als Delikatesse. Und dieser Königin der Fische wird als Krönchen der Sauerampferrahm aufgesetzt.

1 Forelle, Salz, Pfeffer, etwas Muskat, etwas Butter.
Für den Sauerampferrahm: 2 Schalotten, 1 Likörglas (50 ml) trockener Weißwein, 4 EL Fumet de poisson (Fischfond aus der Dose), 2 Likörgläser (100 ml) Wermut, 8 EL Crème fraîche, 30 g Sauerampfer, 2 EL (20 g) Butter

Die Forelle ausnehmen, unter fließendem Wasser gut waschen, abtrocknen und filetieren, die Haut entfernen. Die Filets mit Salz, Pfeffer und ganz wenig Muskat würzen. Bei nicht zu großer Hitze in der Butter garen. Auf dem Sauerampferrahm anrichten und sofort servieren.

Für den Sauerampferrahm die Schalotten kleinhacken, Weißwein, Fumet de poisson und Wermut stark einkochen lassen. Die Crème fraîche dazugeben und noch kurz weiterköcheln lassen, mit Salz und frisch gemahlenem Pfeffer würzen und durch ein Sieb passieren. Den Sauerampfer „gezupft", gewaschen und in feine Streifen geschnitten mit zerlassener Butter in die nicht mehr kochende Soße geben und unterschwenken. Diese letzte Phase der Zubereitung muß rasch vonstatten gehen.

Dazu paßt ein Gutedel, Silvaner oder ein mittelschwerer Weißburgunder.

Lauchkuchen

An diesem Rezept beweist sich wieder einmal die Tüftelkunst badischer Köche. Das „Chriesiwässerli", wie man hier das Kirschwasser nennt, hat zu wiederholtem Male die heilsame Aufgabe, einer Art Gemüsekuchen den letzten Pfiff zu geben, indem dieser Hausgebrannte alle möglichen Unarten eines leichten Zwiebelgeschmacks beseitigt. Man muß in diesem Falle sehr behutsam das eine wie das andere dosieren. Auf jeden Fall: eine unverwechselbare Spezialität!

1 Paket (300 g) Tiefkühlblätterteig, 1½ kg Lauch, etwas Butter, 200 g geriebener Emmentaler, 4 Eier, ¼ l Milch, 250 g Schlagsahne (30 % Fett), Salz, Muskat, Pfeffer, 2 Schnapsgläser (40 ml) Schwarzwälder Kirschwasser

Den Blätterteig nach Vorschrift auftauen lassen, die Teigplatten halbieren, übereinanderlegen und zu einem Kreis von etwa 33 cm Durchmesser ausrollen. Eine runde Auflaufform (Randhöhe: mindestens 4 cm) oder eine Springform von 28 cm Durchmesser mit kaltem Wasser ausspülen und mit dem Teig auslegen. Den geputzten, gewaschenen und in feine Streifen geschnittenen Lauch etwa zehn Minuten in Butter andünsten und auf dem Blätterteig verteilen. Käse, Eier, Milch und Sahne in einem Topf bei kleiner Hitze unter ständigem Rühren erwärmen, bis der Käse geschmolzen ist. Die Soße mit Salz, Muskat, Pfeffer und Kirschwasser abschmecken und über den Lauch in der Form verteilen. Die Torte im vorgeheizten Ofen auf der mittleren Schiene bei 200 °C (Gasbackofen: Stufe 3) etwa 45 Minuten backen.

Rheinhecht auf badische Art

Der gefräßige Süßwasserfisch bietet bei einem Gewicht bis zu drei Kilogramm das schmackhafteste Fleisch. Da es etwas trocken ist, dämpft oder dünstet man den ganzen Fisch. Der junge, grünliche Hecht wird auch Grashecht genannt. Kenner halten übrigens die Leber für einen Leckerbissen. Aber probieren Sie es selbst!

Etwa 1 kg schwerer Hecht, Pfeffer, Salz, etwas Mehl, 2 EL Öl, 2 EL gehackte Zwiebel, 1 Bund Petersilie, Saft einer Zitrone, 250 g Schlagsahne (30 % Fett), 1 EL Kalbsbratensaft (Fertigprodukt)

Den Fisch schuppen, ausnehmen und waschen, mit Pfeffer und Salz vorsichtig einreiben. Leicht mehlen und in einer Pfanne in heißem Öl rundherum goldgelb anbraten. Den Hecht so arrangieren, daß er in seiner natürlichen Form auf der Bauchseite liegt. Dann wird er etwa 15–20 Minuten im vorgeheizten Backofen bei 200–220 °C (Gasbackofen: Stufe 3–4) gegart. Die Zwiebeln neben den fast gegarten Fisch in die Pfanne einstreuen und in etwas zusätzlichem Öl hellgelb rösten. Nach weiteren zehn Minuten Garzeit den Hecht mit der Pfanne aus dem Ofen nehmen, mit Zitronensaft beträufeln und mit reichlich feingehackter Petersilie bestreuen. Jetzt die Sahne dazugeben, mit dem Fischfond (Bratensaft) gut vermischen und den Hecht auf dem Herd mit dieser Flüssigkeit mehrmals begießen, um eine gebundene Soße herzustellen. Will man der Soße eine appetitliche braune Farbe geben, mischt man einen Eßlöffel Kalbsbratensaft darunter.

Dazu reicht man Nudeln und einen leichten, trockenen Ruländer, Riesling oder Weißburgunder.

Badische Schweinenieren, gefüllt

Leber, Lunge,
Herz und Zunge,
Bries und Hirn,
Milz und Nier'n,
Fleck und Magen
hat jeder noch gut vertragen.

Altbadischer Metzgerspruch

4 Schweinenieren, 2 Zwiebeln, 1 Scheibe (etwa 100 g) Speck, 2 Knoblauchzehen, ½ Bund Petersilie, Butter, Salz, Pfeffer, 400 g frische Pilze, ⅛ l Spätburgunder, 125 g Schlagsahne (30 % Fett)

Die Nieren eine Stunde in kaltem Wasser wässern oder mehrere Stunden in Milch einlegen. Vor der Verarbeitung Fett und Sehnen entfernen. Die Zwiebeln und den Speck würfeln, den Knoblauch kleinhacken, alles zusammen in etwas Butter andünsten und mit Salz und Pfeffer würzen. Einen Teil der Pilze hacken und zusammen mit den restlichen ganzen Pilzen ebenfalls in die Pfanne geben und mit feingehackter Petersilie bestreuen. Mit dieser Masse werden die aufgeschnittenen Nieren gefüllt und in der Pfanne zugedeckt angebraten. Mit dem Rotwein ablöschen, etwas Sahne dazugeben und in 10–15 Minuten fertiggaren.

Dazu passen Reis oder Röstkartoffeln und als Wein derselbe Spätburgunder, mit dem man abgelöscht hat, oder – wenn es sehr heiß ist – auch ein kühler Weißherbst.

Frische Stangenspargel

Zur Zeit der Maiglöckchenblüte blüht auch das Geschäft mit dem Spargel. Und alle Jahre wieder entbrennt der Streit darum, ob er mit den Fingern kopfüber in den Mund geschoben werden darf oder mit Messer und Gabel behandelt werden muß. Kaiserin Maria Theresia hatte es den Damen bei Tisch untersagt, die Spargel mit zarten Fingern zwischen die Lippen zu schieben. Ludwig XV. von Frankreich dagegen bestand auf dem Gegenteil. Wie's auch immer beliebt, man lasse sich's schmecken!

**2 kg Stangenspargel, 1–2 TL Salz, 2 Würfelzucker.
Für die Sauce vinaigrette: 50 g frische Kräuter (Kerbel, Estragon, Petersilie, Schnittlauch), 1 TL Kapern, 1 kleine Zwiebel, 1 kleine Gewürzgurke, 1 hartgekochtes Ei, 6 EL Öl, 3 EL Weinessig, Salz, weißer Pfeffer (gemahlen), 1 Prise Zucker**

Spargel unter fließendem Wasser abwaschen und abtropfen lassen. Die Spargelstangen mit dem Küchenmesser oder Spargelschäler von den Köpfen zu den Enden schälen. Die Spargelenden so weit abschneiden, daß die bereits verholzten Stücke entfernt werden. Die Spargelstangen bündeln (mit Zwirnsfaden an beiden Enden zusammenbinden), in einen Topf mit reichlich kochendem Wasser geben, Salz und Zucker hinzufügen und in etwa 20–30 Minuten gar kochen.

Für die Sauce vinaigrette Öl mit Essig, Salz, Pfeffer und Zucker gut verrühren, die Kräuter verlesen, waschen, trockentupfen und mit den Kapern, der Zwiebel, der Gewürzgurke und dem hartgekochten Ei feinhacken. Alles in die Essig-Öl-Marinade geben und untermischen.

Den Spargel mit der Sauce vinaigrette servieren. Dazu gekochten oder rohen Schwarzwälder Schinken und neue Kartoffeln oder Pfannkuchen (Rezept siehe S. 278) reichen.

Badische Ochsenbrust

Sie ist keine alltägliche Ochsenbrust, diese badische Spezialität, auch kein Allerweltsessen, sondern sie war einst das Sonntagsessen schlechthin. Im Unterschied zum üblichen mageren Ochsenfleisch muß die Ochsenbrust durchwachsen sein und eine kernige Fetthülle aufweisen.

**Zerkleinerte Brustknochen,
1 kg Ochsenbrust, 2 Stangen Lauch,
¼–½ Sellerieknolle, 2 Möhren,
½ Bund Petersilie, Salz.
Für die Soße: 3 EL (30 g) Butter,
4 EL Mehl, ¼ l Bouillon (Brühe vom Ochsenfleisch), ¼ l frische Milch,
je 1 Prise Zucker und Salz,
3 EL Schlagsahne (30 % Fett),
3 EL frisch geriebener Meerrettich**

Die Knochen in einem großen Topf mit 2½ l kaltem Wasser und 3 TL Salz aufsetzen und zum Kochen bringen. Die Ochsenbrust in die kochende Brühe auf die Knochen legen und aufkochen lassen. Danach abschäumen, das sauber geschälte und gewaschene Gemüse dazugeben und leicht weiterkochen lassen (etwa drei Stunden). Das Gemüse nach etwa 30 Minuten probieren, wenn es weich ist, herausnehmen. Wenn das Fleisch gar ist, ebenfalls herausnehmen und in etwas Brühe warm stellen. Das gekochte Gemüse in etwas Fleischbrühe erhitzen und als Beilage um das in Scheiben geschnittene Fleisch garnieren.

Für die Soße bereitet man eine Mehlschwitze aus Butter und Mehl, füllt sie auf mit ¼ l Bouillon und ¼ l frischer Milch. Unter stetem Rühren gut durchkochen lassen, bis Bindung erreicht ist. Mit Zucker und Salz abschmecken. Zum Schluß den geriebenen Meerrettich dazugeben, gut umrühren und nicht mehr kochen lassen. Mit frischer Sahne verfeinern.

Die restliche Brühe kann mit Flädle (Rezept siehe S. 106) als Vorspeise gereicht werden.

Badischer Fasan auf Jägerart

Ob dieser Edelmann unter den Laufvögeln wohl weiß, wie schön er ist? Er könnte jeden Papagei neidisch machen. Und wenn er mit dem Stolz eines Großfürsten in den ungestörten Niederungen der Oberrheinebene umherstolziert und mit Liebesschreien seine Henne herbeilockt, dann hat diese büschereiche, feuchte Ebene noch etwas vom Paradies an und in sich.

1 Fasan, Salz, Pfeffer, 5 EL Öl, ⅛ l Weißwein (Riesling), 100 g Speck, 100 g Pfifferlinge, 50 g eingelegte Perlzwiebeln, 50 g Weintrauben, 200 g saure Sahne (10 % Fett), Petersilie

Den gerupften und ausgenommenen Fasan innen und außen salzen und pfeffern. Die Hälfte des Specks in dünne Scheiben schneiden und die Brust des Fasans damit belegen. Den Fasan von allen Seiten in einem Bräter in heißem Öl anbraten, bis er eine schöne Farbe hat. Dann gießt man den Wein dazu. Den Fasan etwa 30 Minuten schmoren lassen und währenddessen gelegentlich mit dem Bratensaft begießen. Nach etwa 20 Minuten Garzeit die Speckscheiben entfernen, damit auch die Brust knusprig und braun wird. Nach dem Ende der Garzeit den Fasan aus dem Bräter nehmen und mit der Soße warm stellen. Den restlichen Speck würfeln, mit den geschnittenen Pfifferlingen in einer Pfanne anbraten. Die Perlzwiebeln und die Weintrauben dazugeben. Vorsichtig umrühren, mit der Soße aufgießen, mit der Sahne binden und alles heiß über den Fasan geben. Mit feingehackter Petersilie bestreuen und servieren.

Dazu reicht man einen kräftigen, trockenen Ruländer oder einen mittelschweren Rotwein.

Rehrücken Baden-Baden

Noch heute zehrt Baden-Baden vom vergoldeten Ruhm vergangener Epochen. Ironische Freunde dieses Ortes sagen: „Er ist zum Sterben schön.“ Bei aller Vergänglichkeit – der weltberühmte Rehrücken wird überleben!

1 Rehrücken (etwa 1 kg; gehäutet), Salz, Pfeffer, etwas Öl, 300 g Rehknochen, etwa 100 g geräucherter Bauchspeck, je 1 kleine Zwiebel, Möhre und Sellerieknolle, 1 Stange Lauch, 1 Tomate, 400 ml Rotwein, 200 ml Fleischbrühe, 1 gehäufter EL Mehl, Thymian, Rosmarin, 6–8 Wacholderbeeren, Salz, 150 g saure Sahne (10 % Fett), 2 Schnapsgläser (40 ml) Gin, 250 g Pfifferlinge

Den Rehrücken salzen und pfeffern, die Hälfte des Specks in dünne Scheiben schneiden, das Fleisch damit belegen und kurz in heißem Öl von allen Seiten anbraten. Dann das Fleisch in einen Bräter geben und im vorgeheizten Backofen bei 220°C (Gasbackofen: Stufe 5) etwa 15 Minuten braten, des öfteren übergießen. Anschließend den Rücken herausnehmen, in Alufolie einschlagen und fünf Minuten ruhenlassen. Für die Soße den restlichen Speck würfeln und mit den kleingehackten Rehknochen kurz in Öl anbraten, die gehackte Zwiebel, das feingeschnittene Gemüse und die Pilze dazugeben, etwas Farbe annehmen lassen und die zerdrückte Tomate hinzufügen. Zwei- bis dreimal mit Rotwein ablöschen, mit Mehl binden und mit dem restlichen Rotwein und der Brühe auffüllen. Etwa 20 Minuten leicht kochen lassen und die Gewürze dazugeben. Nochmals zehn Minuten kochen. Die Soße durch ein Sieb passieren, mit saurer Sahne und Gin verfeinern.

Feldberger Rehgulasch

Das Beste und Gehaltvollste, was der würzige Schwarzwaldboden hervorbringt, wird von alters her dem edelsten Wild seiner Wälder und Höhen beigegeben. Erst so erreichen die badischen Wildgerichte jene klassische Geschmacksabrundung, die durch das Hinzufügen trockener Weine noch vertieft wird.

2 Zwiebeln, 1 kleine Sellerieknolle, 1 Möhre, 2 Lorbeerblätter, 6–8 Pfefferkörner, 1 kleiner, frischer Tannenzweig, 6 Wacholderbeeren, ¼ l trockener Rotwein, 100 g Schwarzwälder Bauernspeck, 800–1000 g Rehgulasch, Salz, Pfeffer, 1–2 EL Preiselbeeren, 150 g saure Sahne (10 % Fett), 1 TL Speisestärke

Die Hälfte der Zwiebeln, die Sellerieknolle und die Möhre kleinschneiden. Aus Rotwein, Lorbeerblättern, dem Tannenzweig, den zerdrückten Wacholderbeeren und Pfefferkörnern eine Beize herstellen. Das zerkleinerte Gemüse hinzugeben und das Rehgulasch darin einen Tag lang einlegen.

Den Speck würfeln und in einer Pfanne auslassen. In dem Fett das abgetropfte Wildfleisch anbraten, die restliche kleingeschnittene Zwiebel hinzufügen, mit Salz und Pfeffer würzen, Preiselbeeren beigeben und mit Beize auffüllen. Das Fleisch im geschlossenen Topf etwa anderthalb Stunden garen. Zum Schluß die saure Sahne mit Speisestärke verrühren, hinzugeben und unter Rühren kurz aufkochen lassen. Dazu reicht man Pfifferlingsspätzle: Spätzle nach Rezept S. 76 zubereiten und in einer Schüssel warm stellen. 50 g Speck würfeln, in einer Pfanne glasig braten, etwa 200–250 g Pfifferlinge hinzufügen und gar dünsten. Den Pfanneninhalt über die Spätzle verteilen, leicht untermischen und als Beilage zum Rehgulasch servieren.

Dazu paßt ein kräftiger Spätburgunder.

Schwarzwälder Pilzgulasch

Die deftigen Rezepte der Schwarzwälder Bauern wurden seit Generationen von den Großmüttern über die Mütter an die Töchter weitervererbt und kennzeichnen noch heute die Speisekarten dieses Landstrichs. Was Wald und Flur je nach Jahreszeit zu bieten haben, findet sich in den Küchen der einsamen Schwarzwaldhöfe als Grundlage leckerer Gerichte. Und so streift man auch im Spätsommer und im frühen Herbst, wenn die Tage noch warm, die Nächte aber schon feucht und kühl sind, durch den Wald, um Pilze zu sammeln, die man nicht nur für den Winter trocknet, sondern auch frisch zubereitet, um mit ihnen den Gaumen und Magen auf die schweren Wildgerichte der Jagdsaison vorzubereiten.

500 g Rindfleisch (Wade), 3 EL Öl, Salz, Pfeffer, 2 große Zwiebeln, 1 Knoblauchzehe, Paprikapulver, 1 EL Mehl, ½ l Fleischbrühe, 500 g frische Mischpilze (Butterpilze, Steinpilze, Pfifferlinge), 2 EL (20 g) Butter, ⅛ l Rotwein, 2 EL Schwarzwälder Kirschwasser, 2 EL Preiselbeeren oder Dörrobst

Rindfleisch in mittelgroße Würfel schneiden und in heißem Öl auf allen Seiten scharf anbraten (etwa zehn Minuten). Die feingeschnittenen Zwiebeln und die kleingehackte Knoblauchzehe beifügen, mit Salz, Pfeffer und reichlich Paprikapulver würzen, mit Mehl bestäuben. Weiter erhitzen, bis die Zwiebeln goldgelb sind, und mit Fleischbrühe ablöschen. Die geputzten, geschnittenen Pilze in Butter andünsten, dann zum Gulasch geben, mit Rotwein auffüllen und alles bei mittlerer Hitze zugedeckt etwa anderthalb Stunden schmoren lassen. Mit Kirschwasser verfeinert, gehören unbedingt Preiselbeeren oder Dörrobst dazu.

Als Wein empfiehlt sich ein leichter Spätburgunder, kühl serviert.

Bohnen mit Schnitz

„Dahin – die alten Küchen!“ rief verzweifelt schon vor über 20 Jahren der Freiburger Schriftsteller Franz Schneller. Er befürchtete, daß auch „Bohnen mit Schnitz“ nach und nach das Zeitliche segnen würden. Denn Kinder meinen heute ja, ohne Schnitzel und Pommes frites auf dem Speisezettel ginge gar nichts. Doch bitte, nicht übertreiben! Denn jüngst zu Gast bei einer noblen Freiburger Professorenfamilie – was gab's? Bohnen mit Schnitz, gottlob! Der Herr Professor schmunzelte und schnalzte, Tochter und Sohn machten wahre Modellgesichter der Freude, und die Mutter wünschte: „Lenn's euch schmecke!“ Eine glückliche Familie fürwahr, der vor lauter hochgestochenen Berufsessen und Kaviarschnitten der Appetit auf diese vergangen war.

**500 g dicke, weiße Bohnen (getrocknet),
250 g gedörrte Birnenschnitz,
500 g geräucherter Schwarzwälder Speck,
1 Zwiebel, etwas Butter**

Am Abend vorher die Bohnen und Birnen in abgekochtem kaltem Wasser einweichen. Die Zwiebel kleinschneiden, in Butter hellgelb rösten. Bohnen und Birnen auf die Zwiebel geben, mit 1½–2 l Wasser auffüllen (Einweichwasser mitverwenden). Den in Scheiben geschnittenen Speck beifügen und alles miteinander im geschlossenen Topf etwa zwei Stunden garen.

Um das Ganze abzurunden, wird ein Glas Traminer oder Clevner dazu empfohlen.

Braisierter Bauernschinken

Stoßen Sie sich nicht am „Braisierten", es bedeutet ganz einfach: gar schmoren lassen (aber „braisieren" klingt halt feiner). Was die empfohlenen Bubaspitzle betrifft, jene fingerdick und länglich geformten, fettgebräunten Schupfnudeln, so bleibt es jeder Köchin freundlichst überlassen, ihre Größe oder Dicke phantasievoll der Vorstellung oder der Erfahrung anzupassen. Und beim Schinkeneinkauf sollte man sich eine Kostprobe geben lassen! Frevelhaft handelt jeder Schinkenhändler, der diese Schwarzwaldspezialität anbietet, wenn er weiß, daß sie nicht lange genug abgehangen ist oder mit Sole gespritzt wurde (wegen der „schönen roten Farbe").

Etwa 1½ kg Bauernschinken, mild gesalzen und geräuchert, etwas Öl, 2 Möhren, ¼–½ Sellerieknolle, 2 Zwiebeln, 1 Stange Lauch, ½ l Weißwein (Burgunder), 1 EL Speisestärke

Den Schinken in einem Bräter in heißem Öl kurz anbraten, dann bei mäßiger Hitze (220 °C; Gasbackofen: Stufe 3–4) im Ofen schmoren lassen, bis er gar ist (je Kilogramm etwa 30 Minuten). Während des Schmorens dem Schinken das frische, grob zugeschnittene Gemüse beifügen und mitschmoren lassen. Von Zeit zu Zeit nur das Gemüse mit etwas Wasser und Burgunder begießen.

Wenn der Schinken gar ist, nimmt man ihn heraus, stellt ihn warm und stellt aus dem Bratensaft eine Burgundersoße her, indem man den restlichen Wein aufgießt und bei Bedarf etwas angerührte Speisestärke hinzufügt.

Zum Servieren den Schinken aufschneiden und mit der Soße umgeben. Herrlich dazu schmecken Sauerkraut (Rezept siehe S. 94) und Salzkartoffeln oder Schupfnudeln (Rezept siehe S. 92). Ein mittelschwerer Weißherbst, kühl serviert, rundet das Ganze vorzüglich ab.

Schäufele im Brotteig

„Schäufele" – das ist und klingt urbadisch-alemannisch. Wer's nicht weiß, dem sei's verraten: Es ist das beste Schulterstück vom Schwein. Geräuchert gehört's zum „Veschper".

1 kleine Zwiebel, 1 Knoblauchzehe, 2 Lorbeerblätter, 1 TL Pfefferkörner, 1 EL Salz, 1–1½ kg Schäufele (Schweineschulter), 2 EL Senf, frische Kräuter (Petersilie, Thymian, Majoran, Schnittlauch), 1 Schweinenetz (Bauchfellfalte), 500 g Roggenbrotteig vom Bäcker, etwas Mehl.
Für den Salat: 1 kg Salatkartoffeln, 3–4 EL Weinessig, ¼ l warme Fleischbrühe, 1½ TL Salz, ½ TL Pfeffer, 1 kleine gehackte Zwiebel, 3–4 EL Öl, 4 Scheiben Speck

2 l Wasser mit der Zwiebel, Knoblauchzehe, den Lorbeerblättern, Pfefferkörnern und dem Salz zum Kochen bringen und das Schäufele hineingeben. Es soll eben bedeckt sein. Etwa 10–15 Minuten kochen, dann herausnehmen und erkalten lassen. Dann das Schäufele mit dem Senf und den Kräutern einreiben, ins Schweinenetz einschlagen und in den ausgerollten Brotteig wickeln. Mit der Naht nach unten auf einem bemehlten Blech ins Ofenrohr schieben und bei einer Hitze von etwa 230–250 °C (Gasbackofen: Stufe 5–6) etwa 45 Minuten ausbacken. Aufschneiden und warm oder kalt servieren.

Für den Salat die Kartoffeln in der Schale garen, abgießen, abschrecken, schälen und in feine Scheiben schneiden, mit Essig, Brühe, Salz, Pfeffer und Zwiebel mischen. Das Öl in einer Pfanne erhitzen, den in feine Streifen geschnittenen Speck darin knusprig braten, alles über den Kartoffelsalat gießen, gut mischen und etwa zwei Stunden ziehen lassen.

Kartoffelkuchen

Hierzu singe man dieses altbadische Lied:

Herbei, herbei zu meinem Sang,
Hansjörgel, Michel, Stoffel,
und singt mit mir das frohe Lied
dem Stifter der Kartoffel.

Franz Drake hieß der brave Mann,
der vor zweihundert Jahren
von England nach Amerika
als Kapitän gefahren.

Salat davon, gut angemacht,
mit Feldsalat durchschossen,
der wird mit großem Appetit
von jedermann genossen.

Gebraten schmecken sie recht gut,
gesotten nicht viel minder;
Kartoffelklöße essen gern
die Eltern und die Kinder.

**400 g mehlig kochende Kartoffeln,
400 g Korinthen, Butter zum Bestreichen,
Vanille- oder Zimtzucker.
Für den Hefeteig: 40 g (1 Würfel) Hefe,
⅛ l Milch, 500 g Mehl, 1 TL Zucker,
1 TL Salz, 50 g Butter, 1 Ei**

Für den Hefeteig die Hefe zerbröckeln, mit 5 EL lauwarmer Milch, 3 TL Mehl und dem Zucker verrühren und zugedeckt an einem warmen Ort gehen lassen. Die restliche Milch und das Mehl in eine Schüssel geben, Ei, Salz und Butter sowie den gegangenen Hefeteig zufügen und alles zu einem Teig verarbeiten.

Die Kartoffeln kochen, reiben und mit dem Hefeteig verkneten. Dann die gewaschenen und getrockneten Korinthen vorsichtig in den Teig heben. Den Teig auf einem gefetteten Kuchenblech auslegen und mehrmals kreuzweise einschneiden. Dann bestreicht man den Teig mit Butter, läßt ihn gut gehen und bäckt ihn etwa 20 Minuten bei 250–300 °C (Gasbackofen: Stufe 6–8). Nach dem Backen nochmals mit Butter bestreichen und mit Vanille- oder Zimtzucker bestreuen.

Schwarzwälder Kirschtorte

Erfunden haben soll die Kirschtorte ein persischer Eunuch, Chefkoch in einem Harem, um den Haremsdamen durch den Dauergenuß der Torte auf Wunsch des Kalifen oder Scheichs vollere Formen zu verleihen. Ob das stimmt oder nicht – Schwarzwälder Kirschtorte jedenfalls ist nur dann Kirschtorte, wenn sie auch danach schmeckt.

1 Glas Sauerkirschen (etwa 700 g Nettogewicht), 40–45 g Speisestärke, 90 g Zucker, je 1 Prise Zimt und gemahlene Nelken, 1 Mürbeteigboden, 1 Schokoladenbiskuitboden, 100 g Sauerkirschkonfitüre, 4 Blatt Gelatine, 60 ml Kirschwasser, 600 g Schlagsahne (30 % Fett), Schokoladenspäne zum Garnieren

Die Sauerkirschen auf ein Sieb schütten, den Saft auffangen, 3–4 EL davon abnehmen und die Speisestärke damit anrühren. Den restlichen Kirschsaft mit 50 g Zucker zum Kochen bringen, von der Kochstelle nehmen, Stärke unter Rühren zugeben und noch einmal kurz aufkochen lassen. Die abgetropften Kirschen und die Gewürze untermischen und erkalten lassen. Inzwischen den Mürbeteigboden mit der Kirschkonfitüre bestreichen. Den Biskuitboden einmal in der Höhe quer durchschneiden, die eine Hälfte auf den Mürbeteigboden legen und die Kirschmasse gleichmäßig darauf verteilen. Die in kaltem Wasser eingeweichte Gelatine ausdrücken, bei geringer Hitze auflösen und unter die mit Kirschwasser und 40 g Zucker vermischte geschlagene Sahne unterziehen. Die Hälfte dieser Kirschwassersahne auf der Kirschmasse verteilen, die andere Hälfte des Bodens darauflegen und mit der restlichen Sahne die Torte rundherum gleichmäßig bestreichen. Hat die Sahne angezogen, die Torte dünn mit Schokoladenspänen bestreuen.

Badischer Fleischsalat

„Je besser das Fleisch schmeckt, desto schwerer ist es zu verdauen!“ sagte Martin Luther, doch scheint er nicht die badische Form des Fleischsalats gekannt zu haben.

150 g Fleischwurst, 1 kleine Zwiebel, 2 Gewürzgurken, 2 säuerliche Äpfel, 2 Möhren, 4 kleine Tomaten, 2 hartgekochte Eier, 100 g weiße Trauben (kernlos), 50 g Mayonnaise, 2 EL saure Sahne, Senf, Meerrettich, Salz, Pfeffer, Paprika

Die Wurst häuten und in feine Streifen schneiden, Zwiebel und Gewürzgurken fein würfeln, die Äpfel feinblättrig schneiden, die Möhren raspeln und die Tomaten würfeln. Bei den Eiern das Eiweiß vom Eigelb trennen, das Eiweiß fein hacken und mit den übrigen vorbereiteten Zutaten vermischen. Trauben vorsichtig darunterheben. Eigelb durch ein Sieb drücken, mit Mayonnaise, Sahne, Senf, Meerrettich und den Gewürzen verrühren. Die Soße über den Salat geben und ziehen lassen.

Chratzete

Der Name dieser vor allem in Südbaden geschätzten Spezialität stammt daher, daß das Omelett mit der temperamentvollen Energie eines Hennenfußes zerrissen werden muß, wie er sonst draußen auf dem Hof „chratzt".

150 g Weizenmehl, ⅜ l (375 ml) Milch, 1 Prise Salz, 4 Eier, Öl zum Backen

Das Mehl in der Milch mit Salz verrühren, die Eier unter ständigem Rühren nach und nach dazuschlagen. In einer Pfanne Öl erhitzen, den Teig ganz dünn wie zu Pfannkuchen darin verteilen und auf einer Seite goldgelb backen. Den Pfannkuchen wenden und mit Eßlöffel und Gabel in kleine Streifen zerreißen oder kratzen und noch recht knusprig backen.

Chratzete sind eine beliebte Beilage zu Spargel, aber auch zu vielen anderen Gerichten.

Hollerküchle (Holderle)

Beerlesammeln – Waldbeeren, Heidelbeeren, Preiselbeeren, Himbeeren, Brombeeren, Holunderbeeren und auch Holunderblüten – war einst die große Lust der Schwarzwaldkinder! Dieser Brauch hat sich bis heute erhalten, und die erste „Ernte" des Jahres sind noch immer die Holunderblüten.

8 Holunderblüten, 150 g Mehl, 2 Eier, ⅛ l Milch, 2 EL Öl, Fritierfett, Zucker

Die Holunderblüten waschen, abtropfen lassen und auf Haushaltspapier legen. Die Eier in Eiweiß und Eigelb trennen. Aus dem Eigelb, Mehl, Milch und Öl einen dickflüssigen Pfannkuchenteig herstellen. Das Eiweiß zu steifem Schnee schlagen und unter den Pfannkuchenteig ziehen. Die Holunderblüten in den Teig tauchen und in heißem Fett schwimmend knusprig ausbacken. Abtropfen lassen und mit Zucker bestreuen.

Karamelisierter Apfelkuchen

Der Apfel ist so rund wie die Erde und ist auch so alt wie sie. Und er bietet sich nicht nur zum Hineinbeißen an, sondern auch in vielfältigen anderen Formen.

200 g Zucker, 1 TL Zimt, 2 EL (20 g) Butter, 500–750 g Äpfel, 1 Paket (300 g) Tiefkühlblätterteig

Den Boden einer Stielpfanne (Durchmesser 24 cm) etwa ½ cm dick mit Zucker bedecken und mit Zimt bestreuen. Butterflöckchen darauf verteilen und die geschälten und geviertelten Äpfel dicht nebeneinander hineinschichten. Bei mittlerer Hitze auf die Herdplatte setzen. Sobald sich der Zucker leicht bräunlich färbt, die Äpfel mit dem dünn ausgerollten Blätterteig bedecken, mit einer Gabel einige Male einstechen. Die Pfanne bei 220 °C (Gasbackofen: Stufe 4) für etwa zwölf Minuten in den Backofen schieben. Den Kuchen noch warm vorsichtig auf eine große runde Platte stürzen.

Badenweiler Brezeln

Im Gegensatz zu den Laugenbrezeln stellen die Badenweiler Brezeln eine „süße“ Verführung der in diesem alten Römerbad sonst so kalorienbewußt lebenden Kurgäste dar.

750 g Mehl, 250 g Zucker, 250 g Butter, 100 g ungeschälte, gemahlene Mandeln, 1 Prise Zimtpulver, 3 Eier mit 6 EL Kirschwasser vermengt, 2 Eigelb zum Bestreichen, 100 g grober Zucker (Hagelzucker)

Auf dem Backbrett in das Mehl eine Mulde formen, die Zutaten hineingeben, alles gut zu einem Teig verkneten und 30 Minuten stehenlassen. Den Teig zu einer dicken Rolle drehen, kleinfingerdicke Scheiben abschneiden, diese 15 cm lang aufrollen und zur Brezel formen. Die Brezeln mit Eigelb bestreichen, mit Hagelzucker bestreuen und bei 200 °C (Gasbackofen: Stufe 3) etwa zehn Minuten backen.

Pflaumeneis mit Zimtsoße

„Zimt erregt Eßlust und Magenwärme“, sagt man in Ceylon, der Heimat des Zimts. Eis mit Zimtsoße ist demnach ein Widerspruch: Das eine kühlt, das andere wärmt den Magen.

1 kg reife Pflaumen oder Zwetschgen, 500 g Zucker, 1 Schnapsglas (20 ml) Zwetschgenwasser. Für die Soße: 250 g Schlagsahne (30 % Fett), 2 TL gemahlener Zimt, 2 Eigelb, 50 g Zucker

Pflaumen entsteinen, im Mixer grob zerkleinern und in einer Kasserolle mit dem Zucker zum Kochen bringen. Rühren, bis die Masse Farbe bekommt und intensiv nach Pflaumen riecht. Vom Herd nehmen und durch ein Sieb passieren. Zwetschgenwasser dazugeben, abkühlen und im Eisfach gefrieren lassen. Die Sahne mit dem Zimt aufkochen, Eigelb mit dem Zucker verrühren und die kochende Sahne unter Rühren in die Eimasse gießen, kalt werden lassen, ab und zu umrühren. Das Pflaumeneis portionsweise in Glasschalen anrichten und die Zimtsoße gesondert dazustellen.

Grünkernauflauf, süß

Warum der köstliche Grünkern nach der Jahrhundertwende jahrzehntelang in Vergessenheit geraten war, ist unerklärlich. Heute jedoch erfreut er sich wieder wachsender Beliebtheit.

200 g Grünkerngrieß, 1 l Milch, 50 g Butter, 4 Eier, 125 g Zucker, 100 g Nüsse, 1 Prise Salz, 1 unbehandelte Zitrone

Den Grünkerngrieß in kochende Milch einrühren und unter stetem Umrühren langsam zu einem dicken Brei kochen; anschließend kalt stellen. Die Eier in Eigelb und Eiweiß trennen. Butter, Eigelb und Zucker schaumig rühren. Den Grünkernbrei, gemahlene Nüsse, eine Prise Salz, abgeriebene Zitronenschale sowie steifgeschlagenen Eischnee hinzufügen. Die Masse in eine mit Butter ausgestrichene Auflaufform füllen und etwa eine Stunde bei 200 °C (Gasbackofen: Stufe 3) im Ofen backen.

Dazu reicht man Obst oder Weinschaumsoße (Rezept siehe S. 443).

Weißer Schwartenmagen

Das badische Frankenland liebt – wie Franken überhaupt – zuweilen deftige Genüsse. Und dazu gehört nicht zuletzt auch dieser herzhafte Schwartenmagen.

1 ganzer Schweinsfuß, 250 g mageres Rindfleisch, Pökelsalz, Kümmel, Essig, Kerbel, Salz, Pfeffer

Den Schweinsfuß mit ganzem Eisbein kochen. Inzwischen das Rindfleisch grob durchdrehen, mit Pökelsalz bestreuen und etwa zwei Stunden ziehen lassen. Wenn der Schweinsfuß weich ist, Fleisch vom Knochen lösen und in Würfel schneiden. Die Brühe gut einkochen lassen, dann das gesamte Fleisch damit vermischen, mit Kümmel, Essig, Kerbel, Salz und Pfeffer abschmecken. Die Masse in einen kochfesten Kunstdarm füllen (oder in eine Dose) und zwei Stunden kochen lassen. Nach dem Abkühlen in Scheiben schneiden und mit einer Sauce vinaigrette (Rezept siehe S. 32) servieren.

Bauländer Grünkernsuppe

Grünkern, weniger poetisch auch Dinkel genannt, gehört seit über 300 Jahren zu den Anbauspezialitäten des heute badischen Baulands zwischen Odenwald und Taubergrund.

12 Markklößchen (aus der Packung), 1 l Fleischbrühe, 80 g Grünkern (ganzes Korn), 1 kleine Zwiebel, 80 g Butter, 2 Eigelb, 200 g Schlagsahne (30 % Fett), 1 EL gehackte Petersilie, etwas Salz

Zuerst die Markklößchen in die kochende Fleischbrühe geben und etwa fünf Minuten ziehen lassen; danach herausnehmen und warm stellen. Den Grünkern verlesen, waschen und auf ein Sieb schütten. Die Zwiebel würfeln und zusammen mit dem Korn und der Butter in einem Topf andünsten, mit der Fleischbrühe ablöschen und etwa eine Stunde kochen lassen. Zwei Eigelb mit der Sahne verrühren, in die nicht mehr kochende Suppe schnell einrühren und über die Markklößchen in eine Suppenterrine geben. Gehackte Petersilie darauf streuen. Mit etwas Salz nachwürzen.

Grüne Bohnen mit Nudeln

Dieses uralte badische Bauernessen gehört zu den sogenannten Verwertungsgerichten, bei dem bekömmliche Reste zu einem leckeren Eintopf verarbeitet werden.

Grüne Bohnen, geräucherter Speck, Butter, breite Nudeln, 1 Zwiebel

Von vorhergegangener Mahlzeit übriggebliebene grüne Bohnen, in denen meist ein Stück Geräuchertes mitgekocht wurde, werden in eine gebutterte feuerfeste Form gegeben. Darauf wird eine Schicht gekochter, jedoch erkalteter Nudeln, etwa 1 cm dick, gelegt, dann wiederum eine Schicht Bohnen. Dies wird so oft wiederholt, bis die Schüssel voll und die entsprechende Portionszahl erreicht ist. Die oberste Schicht Nudeln muß etwas gebuttert werden, damit sie nicht zu sehr eintrocknet. Die Dauer des Aufwärmens im heißen Ofen liegt je nach Menge zwischen 30 und 45 Minuten. Zum Schluß schmälzt man mit gebräunten Schalotten oder Zwiebeln ab.

Der sprichwörtliche Fleiß und die oft verspottete Sparsamkeit der Schwaben ist nicht zuletzt bedingt durch die Kargheit und das rauhe Klima der Alblandschaft – hier im Bild die Gegend um Hundersingen. Aber dennoch wissen die Bewohner des „Ländles“ ein gutes Essen zu schätzen, bei dem auch ein guter Tropfen nicht fehlen darf

Schwaben

Von alters her sind die Schwaben Gegenstand vieler Neckereien und Spötteleien, und oft wird das „Ländle“ als Ort der Weltfremdheit und als Hort der Kleinbürger und Philister charakterisiert, gilt aber andererseits auch als kulinarisches Paradies. Wer sind sie eigentlich, die Schwaben, die Nachfahren des germanischen Stamms der Sueben? „Schwabe ist, wer schwäbisch schwätzt“, lautet die einfachste und dennoch umfassendste Definition.

Danach leben die Schwaben zwischen Lech, Bodensee, Schwarzwald, Enz und dem Schwäbischen Wald. Innerhalb dieser Grenzen zeigt die Landschaft ein vielfältiges Gesicht: Im Westen erhebt sich das dunkle Gebirge des Schwarzwalds mit tief eingeschnittenen Tälern zwischen nadelholzbedeckten Buntsandsteinrücken; im Süden reichen die äußersten Ausläufer der Allgäuer Alpen bis ins Schwabenland und liegt als Juwel der größte deutsche Binnensee, der oft auch als „Schwäbisches Meer“ bezeichnete Bodensee. Nördlich des Bodensees durchzieht das ganze Land von Südwest nach Nordost die Schwäbische Alb, im Süden unterbrochen durch den jungen Lauf der Donau, im Norden durchschnitten von tiefen Quertälern. Nordwestlich und nordöstlich breitet sich zwischen Schwarzwald und Schwäbischer Alb das Flußgebiet des Neckars mit seinen Zuflüssen, das schwäbische Unterland, aus, ein grünes, mildes, hügeliges Gebiet, voll mit Obst, Wein und Getreide.

Doch von dieser Landschaftsbeschreibung nun zum Wesen des Schwaben und zu dem Versuch, über seine nicht ganz einfach zu verstehenden Eigenschaften zu den Besonderheiten der schwäbischen Küche zu finden.

Schwaben

Der Schwabe gilt als gutmütig, fleißig, als undressierbar, ist mal grob, mal zärtlich, sparsam, grüblerisch und leicht verletzbar, und er entfaltet all die guten oder minder guten Eigenschaften eines Eigenbrötlers. Seine Lebenshaltung ist mehr dem Innern zugekehrt, und er läßt sich kaum vom Schein über das Sein der Dinge täuschen. Gegenüber Angehörigen anderer Stämme oder Regionen ist er oft recht zugeknöpft und sogar abweisend, und wer sich als Nichtschwabe um schwäbische Dinge kümmern wollte, dem begegnet man im Ländle mit wenig Zuvorkommenheit.

Doch so verbunden die Schwaben einerseits mit ihrer Heimat sind, so waren sie andererseits schon immer bekannt für ihre Wanderlust und Auswanderungssucht. Doch nicht nur Unzufriedenheit oder Streitigkeiten mit Kirche und Obrigkeit trieb die Schwaben in die Welt, oft war der Grund auch, daß das Land seine Leute nicht mehr ernähren konnte.

Ein ähnlicher Gegensatz zwischen Bodenständigkeit und Angezogensein von Fremdem macht sich in der schwäbischen Küche bemerkbar. In ihr vereinigen sich das Temperament der Schwaben mit dem der vielen Volksstämme und Eroberer, die irgendwann einmal auf ihrem Weg nach wer weiß wohin das Ländle gestreift haben. So spezifisch die schwäbischen Gerichte und Suppen sind, so sehr schmeckt man die vielen Heerscharen heraus, die hier durchgezogen sind und denen die Schwaben beim Kochen zugeschaut haben. Ein Kenner schwäbischer Geschichte und schwäbischen Wesens beschrieb diesen Prozeß einmal folgendermaßen: „Ob es die Römer waren, die Klosterbrüder, die Österreicher, die Schweden, die Franzosen: Jeder, der sich hier niederließ oder durchzog, machte auch mal Pause und kochte. Man schleppte ihm Holz herbei; die Schwaben waren so neugierig wie Griechen, die ließen sich auch erobern, wenn es nicht anders ging, und wenn der Feind wieder abzog, probierten sie seine Rezepte durch.“

Auffallend an der schwäbischen Küche ist die große Rolle, die die Mehlspeisen spielen. Be-

Eine der schönsten alten Städte Süddeutschlands ist die ehemalige Reichsstadt Schwäbisch Hall (großes Bild oben). Mehr ländlich geprägt ist das Leben auf der Schwäbischen Alb (untere Bildreihe): Hier wird noch Holz für den Winter gehackt, und die Hühner scharren in den Höfen. Um den steinigen Äckern einen Ertrag abzuringen, müssen immer wieder die Steine aus dem Boden geklaubt werden

rühmteste schwäbische Produkte sind wohl die Spätzle und die Maultaschen. Dazu kommt, daß der Schwabe ein „Naßesser" ist; wenn das, was er aus Mehl und Eiern gezaubert hat, in einer Brühe schwimmt oder in eine schmackhafte Soße getaucht werden kann, dann ist er rundum zufrieden.

Interessant ist auch das Verhältnis des Schwaben zur Kartoffel. Einst nur widerwillig und unter dem Zwang der Verhältnisse in den Speisezettel aufgenommen, wird inzwischen die „Grommbira" in vielen Variationen verarbeitet. Eine der größten Erfindungen schwäbischer Küche ist der Kartoffelsalat, erwähnenswert sind aber auch die Schupfnudeln (wobei der Schwabe Kartoffeln und Mehl vermischt) und der Gaisburger Marsch, bei dem es der Schwabe sogar fertigbringt, Spätzle und Kartoffeln einträchtig nebeneinander leben zu lassen.

Zu einem guten Essen gehört ein ebenso guter Schluck. Die bereits von den Mönchen des Mittelalters gepflegte Braukunst brachte ein Bier hervor, das keinen Vergleich zu scheuen braucht. Doch auch die Weine des Ländles gelten bei Kennern als ausgesprochen edel und süffig. Allerdings ist es für Nichtschwaben schwer, Württemberger Weine zu beziehen, denn den Schwaben sagt man nach, daß sie ihren Wein am liebsten selbst trinken.

Die wogenden Weizenfelder liefern einen Grundbestandteil für die vielen schwäbischen Mehlspeisen. In aller Welt bekannt und gerühmt sind die handgeschabten Spätzle; die nebenstehende Bildreihe zeigt (von oben nach unten und von links nach rechts) die einzelnen Phasen ihrer Zubereitung.
Typische Beigabe zum schwäbischen Vesper sind die Laugenbrezeln (kleines Bild oben)

Schwäbischer Zwiebelkuchen

Bereits die Chinesen kannten die Zwiebel. Über Babylon gelangte sie zu den Griechen und Römern, die sie im 1. Jahrhundert n. Chr. nach Germanien brachten. Hier fand die Zwiebel aber erst Ende des Mittelalters größere Verbreitung, denn auf den Ritterburgen galt es als unfein, sie zu essen – sie roch für den damaligen Geschmack zu stark. Ganz anders heute, wo ein duftender, warmer Zwiebelkuchen geradezu unwiderstehlich zum Verzehr auffordert.

Für den Hefeteig: 250 g Mehl, 1 Ei, 50 g Butter, 100 ml Milch, 20 g (½ Würfel) Hefe.
Für die Füllung: 1,5 kg Zwiebeln, 2 EL Öl, 100 g Speckwürfel, 150 g saure Sahne (10 % Fett), 3 Eier, 2 EL Mehl, je 1 Prise Kümmel und Salz

Die Zutaten für den Teig miteinander vermengen und zu einem glatten, geschmeidigen Teig kneten. An warmer Stelle etwa 30 Minuten gehen lassen. Die Zwiebeln in Scheiben schneiden und mit Öl weich dünsten, ohne daß sie Farbe annehmen. Nun die Speckwürfel kurz anbraten und mit der sauren Sahne, den Eiern, Mehl, Kümmel und Salz verrühren und das Ganze mit den Zwiebeln vermengen. Den Hefeteig ausrollen und in eine gefettete Springform (Durchmesser: 28 cm) legen. Dann die Zwiebelmasse gleichmäßig über den Teig verteilen und den Kuchen im Backofen bei 220 °C (Gasbackofen: Stufe 4) etwa eine Stunde goldgelb backen. Der Zwiebelkuchen sollte unbedingt warm verzehrt werden.

Maultaschen-suppe

Der Streit darüber, ob in die echten schwäbischen Maultaschen Spinat gehört oder nicht, hat schon Freunde und Familien entzweit. Das ist eine Sache, die dem Schwaben fast einen Bürgerkrieg wert wäre. Das Rezept hier vertritt eindeutig die Seite der Spinatpartei.

**Für den Teig: 500 g Mehl, 4 Eier, 1 Prise Salz.
Für die Füllung: 100 g durchwachsener Speck, 1 Zwiebel (wenn vorhanden Zwiebelröhrle), 1 kleine Stange Lauch, 4 Brötchen vom Vortag, etwas Petersilie, 250 g gekochter Spinat ohne Stiele, 50 g roher Spinat, 3 Eier, 300 g feines Bratwurstbrät, Salz, Muskat, 1 l Fleischbrühe**

Aus Mehl, Eiern, Salz und etwa ⅛ l Wasser einen glatten Teig kneten und eine Rolle formen. Diese Rolle in sechs Abschnitte teilen und jeden Abschnitt hauchdünn zu einem etwa 18 cm breiten Rechteck ausrollen. Den Speck in feine Streifen schneiden und in der Pfanne glasig dünsten, Zwiebel und Lauch kleinschneiden, zugeben und ebenfalls dünsten. Die Brötchen in Wasser einweichen, ausdrücken, mit Petersilie und Spinat durch den Fleischwolf drehen und mit Speck, Zwiebel und Lauch vermengen. Die Eier (ein Eiweiß zurücklassen) und das Bratwurstbrät unterarbeiten, mit Salz und Muskatnuß würzen. Die Masse soll gut streichfähig sein, eventuell noch ein Ei zugeben. Die Teigbahnen gleichmäßig mit der Masse bestreichen, von der langen Seite aus zweimal umschlagen, dabei das obere Ende des Teigs mit Eiweiß bestreichen, überschlagen und andrücken. Schräge Stücke von etwa 3 cm Breite abschneiden, in kochende Fleischbrühe geben und zehn bis zwölf Minuten ziehen lassen.

Kartoffelsalat

Die Schwaben, als fleißiges Volk bekannt, gelten auch als große Erfinder. Es wird ihnen nachgesagt, sie hätten auf den Liberalismus, das Mineralwasser, die Spätzle, das Auto, den Zeppelin, Herrn Einstein und den Kartoffelsalat Urheberrechte. Für den Kartoffelsalat schwört jede Schwäbin auf ihre eigene Kartoffelsorte, so daß der Salat von Fall zu Fall eher breiig oder eher fest in der Konsistenz wird. Angeblich sollen viele Schwaben, wenn sie aus den Ferien in ihr Ländle zurückkehren, als erstes auf einen zünftigen Kartoffelsalat Appetit verspüren. Und ein bekannter schwäbischer Publizist gab einmal zu: „Ich kann's ja kaum offiziell gestehen, aber es ist nun mal so: Mein Lieblingsgericht ist gebackener Leberkäs mit Kartoffelsalat! Dazu noch ein kühles Bier, Mensch – was will man mehr!"

1 kg Salatkartoffeln, 1 Zwiebel,
4 EL Weinessig, Salz, 4 EL Öl,
weißer, gemahlener Pfeffer,
¼ l warme Fleischbrühe

Die Kartoffeln in der Schale weich kochen, pellen und auf Handwärme abkühlen lassen. Dann schneidet man sie in dünne Scheiben und fügt die feingehackte Zwiebel hinzu. Aus Essig, Salz, Pfeffer und der warmen Fleischbrühe eine Marinade bereiten und über die Kartoffeln gießen. Dann erst das Öl zugeben. Alles gut durcheinandermengen. Wichtig ist, daß der Kartoffelsalat schön feucht ist. Außerdem sollte er gut eine Stunde durchziehen.

Saure Kartoffelrädle

Francisco Pizarro, der spanische Eroberer, lernte 1526 die Kartoffel bei den Inka kennen. Über Italien kam sie dann nach Deutschland und England. Ab 1585 wurden ihre Stauden als besondere Kuriosität in den botanischen Gärten von Nürnberg, Frankfurt und Breslau gezüchtet. Lange Zeit blieben die Kartoffeln eine Delikatesse der Reichen. Erst Friedrich der Große von Preußen sorgte für ihre Verbreitung: Während einer großen Hungersnot befahl er seinen Bauern in Pommern und Schlesien den Kartoffelanbau. Vor allem die Schwaben aber haben sich erst unter dem äußersten Zwang des Hungers mit der Kartoffel arrangiert. Dann allerdings erfanden sie auch besonders raffinierte Zubereitungsweisen, zu deren bemerkenswertesten die sauren Kartoffelrädle gehören.

**1 kg Kartoffeln, 3 EL (30 g) Fett,
50 g Mehl, 1 EL geschnittene Zwiebeln,
1 Prise Salz, 3 EL Essig,
nach Belieben 1 Nelke, 2 Lorbeerblätter,
etwas Liebstöckel**

Die Kartoffeln kochen und in Scheiben schneiden. Aus dem Fett, Mehl und den Zwiebeln eine Mehlschwitze herstellen, die mit ¾ l Wasser und Essig aufgefüllt und mit Salz und den Gewürzen abgeschmeckt wird; anschließend etwa 25 Minuten durchkochen lassen. Dann nimmt man die Lorbeerblätter und die Nelke heraus, fügt die noch warmen Kartoffelscheiben hinzu und kocht das Ganze nochmals kurze Zeit.

Zu den sauren Kartoffelrädle passen Würstchen, und es soll auch Schwaben geben, die zu diesem Gericht noch Spätzle servieren. Letzteres ist aber nicht die Regel.

Käsespatzen

Es gibt Dutzende von Rezeptkombinationen, die mit Spätzle möglich sind. Eine der verbreitetsten und auch eine der wohlschmeckendsten sind zweifellos die Käsespatzen oder Käseknöpfle, die vor allem im Allgäu und im schwäbischen Oberland auf den Tisch kommen. Dort gelten sie – nicht zu Unrecht – sogar als ausgesprochenes Festessen. Richtige Spätzle müssen handgeschabt sein, was jedoch eine gewisse Übung erfordert. Wer sich das Handschaben der Spätzle nicht zutraut, der kann sie auch mit einem sogenannten Spatzendrücker herstellen, läuft allerdings dabei Gefahr – und darauf muß hingewiesen werden –, daß dieses Erzeugnis mit dem Attribut „Faule-Weiber-Spätzle" versehen wird.

Für den Spätzleteig: 500 g Mehl, 4 Eier, 2 TL Salz, bis zu ¼ l Wasser.
Für die Käsespatzen: 2 EL (20 g) Butter, 100 g geriebener Käse, geröstete Zwiebelstückchen

Aus den Zutaten für den Spätzleteig nach Anleitung Seite 76 die Spätzle herstellen und kochen. Anschließend Butter in einem hohen Topf erhitzen und im Wechsel eine Schicht Spatzen und eine Schicht Käse zufügen. Bei geringer Hitze ziehen lassen und mit gerösteten Zwiebelstückchen darüber sofort anrichten.

Wichtig ist, daß die Käsespatzen heiß auf den Tisch kommen, weil sonst die Speise an Wohlgeschmack verliert. Es müssen also alle Gäste oder Familienmitglieder bereits am Tisch sitzen, wenn die Käsespatzen aufgetragen werden. Und es ist ein alter Brauch, daß alle Anwesenden aus einer Schüssel essen.

0,25 l

Linsen und Spätzle

Esau, einer der Söhne des biblischen Urvaters Isaak, verkaufte sein Erstgeburtsrecht für ein Linsengericht. Und auch heute noch läßt so mancher Kenner für einen leckeren Linseneintopf alles stehen und liegen.

Für die Linsen: 400 g Linsen, mehrere kleine Zwiebeln, 2 EL (20 g) Butter, 200 g magerer geräucherter Bauchspeck, 40 g Schweineschmalz, 40 g Mehl, Salz, Pfeffer, 2 Paar Saitenwürste (Brühwürstchen).
Für die Spätzle: 250 g Mehl, 2 Eier, 1 TL Salz, bis zu ⅛ l Wasser

Aus den Zutaten für die Spätzle einen zähen Teig schlagen, den man so lange mit dem Rührlöffel oder mit dem Knethaken bearbeitet, bis er Blasen wirft. Sollte der Teig zu fest sein, fügt man etwas Wasser hinzu. Dann gibt man einen Teil des Teigs auf das nasse Spätzlebrett und schabt mit einem Spatzenschaber oder einem langen, breiten Messer dünne Streifen in kochendes Salzwasser. Das Wasser muß immer sprudelnd kochen, solange man die Spätzle einlegt. Sobald sie wieder hochsteigen, nimmt man sie mit einem Schaumlöffel heraus, zieht sie durch frisches, heißes Salzwasser und richtet sie – nachdem man sie hat gut abtropfen lassen – auf einer erwärmten Platte an.

Die Linsen waschen und über Nacht in kaltem, abgekochtem Wasser einweichen. Die Zwiebeln in Butter anschwitzen und zusammen mit dem Bauchspeck und den Linsen in heißes, ungesalzenes Wasser geben und weich kochen. Inzwischen aus Fett und Mehl eine braune Mehlschwitze machen. Damit die fertigen Linsen binden und mit Salz und Pfeffer abschmecken. Der nicht zu weich gekochte Speck wird in Scheiben geschnitten und zusammen mit den heißen Würstchen auf die angerichteten Linsen gelegt.

Gaisburger Marsch

Gaisburg ist heute ein Stadtteil von Stuttgart. Er hat dem schmackhaftesten schwäbischen Eintopf seinen Namen gegeben. Vor dem Ersten Weltkrieg hatten Offiziersanwärter in der Kaserne gewisse Vorrechte, unter anderem, daß sie nicht in der Kantine essen mußten, sondern ein Wirtshaus aufsuchen durften. Die Offiziersanwärter der Stuttgarter Bergkaserne bevorzugten die „Bäckaschmiede“, wo der Wirt nach dem Motto rasch, heiß, kräftig und billig einen delikaten Eintopf aus Fleischbrühe, Rindfleisch, Spätzle und Kartoffelschnitz servierte. Vor dem Essen also formierten sich die Offiziersanwärter zum „Gaisburger Marsch“, und das Gericht hat diesen Namen bis zum heutigen Tag behalten.

**500 g Suppenfleisch,
500 g Suppenknochen, ½ Zwiebel,
1 Stück Sellerie, 1 Möhre,
1 kleine Stange Lauch, 1 Bund Petersilie,
Pfeffer, Salz.
Für die Einlage: 500 g geschälte rohe Kartoffeln, 200 g gekochte Spätzle (Rezept siehe S. 76), 3 EL (30 g) Butter,
1 Zwiebel, etwas Schnittlauch**

Die halbe Zwiebel an der Schnittfläche in etwas Fett rösten, das Suppengrün putzen und kleinschneiden. Zusammen mit dem Fleisch und den Knochen in reichlich Wasser etwa zwei Stunden weich kochen. Die Brühe durchseihen und leicht würzen. Die Kartoffeln schälen, in Würfel schneiden und in der Brühe langsam garen. Inzwischen das Suppenfleisch würfelig schneiden und ebenfalls in die Brühe geben. In einer Terrine anrichten, die Spätzle in 2 EL Butter anschwenken und über das Fleisch und die Kartoffeln schichten. Die Zwiebel kleinschneiden, in 1 EL Butter anbräunen und zusammen mit dem frisch geschnittenen Schnittlauch über den Eintopf geben.

Saure Schweinenierle

Wer kennt nicht den Ausspruch „auf Herz und Nieren prüfen". Er steht bereits im Alten Testament. Damals war man zudem der Meinung, daß Innereien den Teufel vertreiben. Aber als man dann erfuhr, daß die Germanen alle Arten von Innereien ihren Göttern als Opfer darbrachten, erklärte die Kirche Innereien zur Teufelsspeise. Nieren gerieten darüber hinaus in Verdacht, die sinnliche Versuchung zu fördern. Lange hielt dieses Vorurteil an. Noch 1851 erklärte ein berühmter Gastronom die Eingeweide für „ein Gericht, vor dem zu warnen" sei. Diese Einstellung hat sich in den letzten 100 Jahren jedoch gründlich geändert. Und der Schwabe schätzt Innereien besonders dann, wenn sie sauer zubereitet sind.

500 g Schweinenieren, 3 EL (30 g) Butter, 4 Zwiebeln, 1 EL Mehl, ⅛ l Brühe, 2–3 EL Essig, Salz, Pfeffer, 2 Gewürzgurken

Die Nieren der Länge nach aufschneiden, alles Weiße sorgfältig entfernen und sie eine Stunde wässern. Die Butter in einer Pfanne zerlassen, die Zwiebeln würfeln und hellgelb rösten. Die abgetrockneten Nieren in Scheiben schneiden und mit Mehl bestäuben. Die Zwiebeln an den Pfannenrand schieben, die Nieren anbraten. Brühe und Essig dazugießen und alles kräftig aufkochen lassen. Mit Salz und Pfeffer abschmecken. Die Gewürzgurken in Scheiben schneiden und das Ganze damit garnieren.

Dazu reicht man Spätzle (Rezept siehe S. 76) und frischen Salat.

Bodenseefelchen

(für 1 Person)

Die Insel Reichenau im Bodensee ist vor allem durch ihr Benediktinerkloster bekannt geworden, das vor nunmehr 1260 Jahren von Karl Martell gegründet wurde und rasch große Bedeutung im Abendland erlangte. Daß die Benediktinermönche aber durchaus auch weltlichen Genüssen zugeneigt waren, zeigt dieses Rezept, das direkt aus ihrer Küche stammt.

Etwa 250 g schwerer Felchen (ausgenommen, entschuppt und ohne Flossen) oder 1 Forelle, 1 Prise Salz, 1 Zitrone, 3 EL Öl.
Für die Soße: 4 EL (40 g) Butter, ½ Zwiebel, 30 g roher Schinken, 200 g frische Champignons, frischer oder getrockneter Salbei, ¼ Zitrone, 1 EL Mehl, 3 EL saure oder Schlagsahne, frische Petersilie, Pfeffer und Salz

Den Felchen vorsichtig innen und außen waschen, mit Küchenpapier abtupfen und dann mit Salz und Zitronensaft innen und außen würzen. Dann den Felchen in Öl etwa vier bis fünf Minuten anbraten und warm stellen. Für die Soße das Bratenfett abschütten, Butter in die Pfanne geben und darin die halbe, in kleine Würfel geschnittene Zwiebel sowie den ebenfalls gewürfelten Schinken anbraten. Nun die grob gehackten Champignons und etwas Salbei hinzugeben, mit Zitronensaft abspritzen, mit Mehl bestäuben und mit Wasser ablöschen. Das Ganze aufkochen lassen, Sahne sowie die frisch gehackte Petersilie dazugeben und nach Geschmack mit Pfeffer und Salz würzen.

Hefeknöpfle

„Der echte Schwabe hat: montags Nudle, dienstags Hutzle, mittwochs Knöpfle, donnerstags Spätzle, freitags gedämpfte Grundbirn, samstags Pfannkuchen, sonntags Brätle und Salätle" – getreu dieser Behauptung dürfte man Knöpfle also nur am Mittwoch auf den Tisch bringen. Doch am besten läßt man sich davon nicht beeindrucken, sondern bereitet diese kleinen Knödel dann zu, wenn man Appetit darauf hat – und das könnte durchaus öfters als nur mittwochs der Fall sein.

40 g Hefe, ¼ l Milch, 500 g Mehl, 1 Prise Zucker, 1 Ei, 1 Prise Salz, 80 g Butter, Semmelbrösel

Die Hefe zerbröckeln und in einer kleinen Schüssel mit 5 EL lauwarmer Milch, 3 TL Mehl und einer Prise Zucker verrühren. Zugedeckt an einem warmen Ort gehen lassen. Die restliche Milch und das Mehl in eine Schüssel geben, 5 EL Butter zerlassen und zusammen mit dem Ei und einer Prise Salz sowie dem gegangenen Hefeteig hinzufügen und alles zu einem Teig verarbeiten. Den Teig mit einem Küchentuch bedecken und nochmals etwa 15 Minuten gehen lassen. Dann acht bis zehn Knöpfle formen, die man abermals kurz ruhen und anschließend in siedendem Salzwasser etwa 20 Minuten gar ziehen läßt.

Die Semmelbrösel in der restlichen Butter bräunen und über die fertigen Klöße geben.

Die Hefeknöpfle werden gern zu Sauerkraut (Rezept siehe S. 94), Bohnen (Rezept siehe S. 351) und Linsen (Rezept siehe S. 76) gereicht.

Gespickte Feldhasenkeule

„Viele Jäger sind des Hasen Tod." Dieses geflügelte Wort deutet schon an, wie geschickt und schnell sich der Hase zu bewegen weiß. Man sagt ihm sogar nach, er schlafe mit offenen Augen, weil er sich bei Gefahr ruhig verhält und scharf beobachtet. Auf der Flucht hat er schon manchem Jäger einen Haken geschlagen, und mit seinen langen Hinterläufen erreicht er eine Geschwindigkeit von bis zu 80 Kilometern pro Stunde.

4 Hasenkeulen, 250 g Speck, 3 EL (30 g) Butterschmalz, 1 Stück Sellerie, 1 Zwiebel, 1 Möhre, Wacholderbeeren, schwarze Pfefferkörner, 1 Lorbeerblatt, Nelken, Rosmarin, Basilikum, 1 Glas roter Burgunder, 75 g saure Sahne (10 % Fett), 1 EL Gin, Salz, Rotwein nach Belieben, Speisestärke

Die Hasenkeulen enthäuten und mit frischem Speck von oben nach unten spicken. Dann die Keulen in Butterschmalz auf beiden Seiten anbraten. Die Abgänge (Haut, Knochen) sowie das in Würfel geschnittene Gemüse (Sellerie, Zwiebel, Möhre) dazugeben. Wenn alles Farbe angenommen hat, ist es Zeit, die Gewürze hinzuzufügen: zerdrückte Wacholderbeeren, schwarze Pfefferkörner, Lorbeerblatt, Nelken, Rosmarin und Basilikum. Dann mit rotem Burgunder ablöschen und etwas einkochen lassen. Der Bratensatz kann auch mit Brühe verlängert werden. Die Hasenkeulen noch etwa anderthalb Stunden lang gar schmoren. Anschließend die Keulen warm stellen. Die Soße mit saurer Sahne, Gin und Rotwein nach Belieben geschmacklich verbessern, wenn nötig mit in Rotwein angerührter Speisestärke binden und mit Salz nachwürzen.

Dazu serviert man Spätzle (Rezept siehe S. 76), Preiselbeeren und Feldsalat.

Gefüllte Kalbsbrust

Eine gefüllte Kalbsbrust für wenige Personen zu machen, ist problematisch, sie eignet sich eher für 12–15 Personen, denn erst dann lohnt sich der ganze Aufwand. Zudem verlangt sie auch ein wenig Erfahrung in der Kunst des Kochens, und man sollte nicht unbedingt versuchen, hiermit sein Erstlingswerk zu kreieren. In jedem Fall aber ist die gefüllte Kalbsbrust ein ideales Festessen. Außerdem eignet sie sich hervorragend zum Einfrieren und schmeckt auch kalt aufgeschnitten delikat. Also nur Mut, dieses Rezept gelingt bestimmt!

**3 kg Kalbsbrust, Kalbsknochen,
2 Möhren, 1 Stange Lauch,
½ Sellerieknolle, 2 Zwiebeln,
2 EL Tomatenmark.
Für die Füllung: 400 g Weißbrot oder
10 abgeriebene Brötchen, ¼ l Milch,
80 g Räucherspeck, 2 Zwiebeln,
50 g Butter, 3 EL gehackte Petersilie,
3 Eier, 500 g Bratwurstbrät,
je 1 Prise Salz, Pfeffer und Muskat**

Weißbrot oder Brötchen in Würfel schneiden und mit heißer Milch übergießen. Den in Würfel geschnittenen Räucherspeck und die kleingeschnittenen Zwiebeln in Butter anschwitzen und dazugeben. Mit gehackter Petersilie, den Eiern und dem Bratwurstbrät auffüllen, mit Salz, Pfeffer und Muskat abschmecken. Alles gut vermengen, die Kalbsbrust damit füllen, zunähen, mit Pfeffer und Salz würzen. Die gefüllte Kalbsbrust mit den Kalbsknochen, Möhren, Lauch, Sellerie und zwei halbierten Zwiebeln in einen Bräter legen. Bei 200 °C (Gasbackofen: Stufe 3) in den vorgeheizten Backofen geben und etwa dreieinhalb Stunden braten. Wenn die Kalbsbrust braun ist, mit Wasser ablöschen, Tomatenmark hinzufügen und das Fleisch unter häufigem Begießen knusprig braten. Vor dem Aufschneiden den Braten 15 Minuten ruhenlassen.

Schwäbischer Filderrostbraten

Die Fildern sind die fruchtbaren, welligen Ebenen südlich von Stuttgart. Hier wird der „Spitzkohl" (= Weißkohl) angebaut, der nach der Landschaft in Filderkraut umgetauft wurde. Zusammen mit einem zünftigen Rostbraten – vielen Schwaben lieber als alle kulinarischen Herrlichkeiten dieser Welt zusammen – ergibt der zu Sauerkraut verarbeitete Spitzkohl ein klassisches schwäbisches Gericht.

4 Zwiebeln, 4 Scheiben Rostbraten (Roastbeef oder Hohe Rippe) von je 200 g, Salz, Pfeffer, 4 EL Öl.
Für das Sauerkraut: 1 kg Sauerkraut, 1 Zwiebel, 100 g geräucherter Speck, 100 g Schweine- oder Gänseschmalz, Kümmel, weißer Pfeffer, Wacholderbeeren, etwas Brühe, Zucker, etwas Weißwein

Die Zwiebeln schneiden und in der Pfanne goldgelb rösten. Die Fleischscheiben klopfen, würzen, am Rand mehrmals einschneiden und mit Öl bepinseln. Dann im Grill oder in der Pfanne zartrosa braten. Zuvor hat man bereits mit der Zubereitung des Sauerkrauts begonnen: Die Zwiebel schneiden und zusammen mit dem Speck in heißem Schmalz anrösten. Ist die Zwiebel goldbraun, wird das Sauerkraut gezupft daraufgegeben. Dann würzen und umrühren, etwas Brühe, Wasser oder Mineralwasser darübergeben und zugedeckt 40 Minuten garen lassen, bis das Kraut ziemlich weich ist. Während der letzten Viertelstunde mit etwas Zucker nachschmecken und den Weißwein zugeben.

Das Sauerkraut dann in der Mitte einer großen Platte anrichten und den Rostbraten darauflegen. Der Rostbraten wird mit den Röstzwiebeln belegt. Dazu sollte man Spätzle (Rezept siehe S. 76) reichen. Den Bratensaft serviert man extra.

1904.

Schupfnudeln auf Sauerkraut

Schupfen ist ein oberdeutsches Wort und bedeutet soviel wie wegstoßen. Die Schupfnudeln, ein vor allem in Oberschwaben beliebtes Gericht, haben ihren Namen von der typischen Bewegung, mit der man sie herstellt – sie werden auf dem Backbrett mit der flachen Hand weggerollt, weggestoßen. Die schwäbische Küche ist oftmals derb, ebenso die Sprache. So nennt der Volksmund die Schupfnudeln wegen ihrer Form auch „Bubaspitzle". Man kann Schupfnudeln in kochendem Wasser garen, oder man bäckt sie in der Pfanne in heißem Fett aus. Und die Kombination der Schupfnudeln mit Sauerkraut ist außerordentlich reizvoll.

500 g gekochte Kartoffeln, 100 g Mehl, 2 Eier, Muskat, Salz, 2 Zwiebeln, 100 g Fett, 750 g Sauerkraut

Die gekochten Kartoffeln noch heiß durch die Kartoffelpresse drücken und auskühlen lassen. Mit dem Mehl, den Eiern, etwas Muskat und einer Prise Salz zu einem festen Teig kneten. Auf einem bemehlten Backblech zu fingerlangen und fingerdicken Würstchen formen, „schupfen". In kochendes Wasser geben und nach dem Aufschwimmen mit dem Schaumlöffel herausnehmen und auf dem Backblech zum Trocknen auslegen. Die Zwiebeln fein schneiden, in heißem Fett hellgelb rösten, das Sauerkraut hinzugeben und heiß dämpfen, bis das Kraut fast weich ist (etwa 30–40 Minuten). Dann die Schupfnudeln beimengen und alles unter häufigem Wenden hellbraun anbacken.

Schwäbisches Sauerkraut und Schlachtplatte

Daß beinahe jede deutsche Hausfrau sich auf die Zubereitung eines deftigen Sauerkrautgerichts versteht, weiß die ganze Welt. Und nicht zuletzt deswegen nennen uns die Angelsachsen zuweilen etwas scherzhaft und vielleicht auch ein wenig neidisch „Krauts".

1 Zwiebel, 50 g Schweine- oder Gänseschmalz, je 1 Schuß helle Brühe und Weißwein, 750 g Sauerkraut, 1 EL Wacholderbeeren, je 1 Prise Kümmel, Thymian und Majoran, ½ Lorbeerblatt, 1 EL Mehl, 500 g Bauchfleisch, je 4 frische Blut- und Leberwürste

Die Zwiebel kleinschneiden und im Schweine- oder Gänseschmalz hellgelb rösten, mit einem guten Schuß heller Brühe und dem Weißwein ablöschen und das Sauerkraut 30–40 Minuten darin garen. Zwischendurch die Wacholderbeeren und die restlichen Gewürze hinzutun. Zum Schluß das Sauerkraut mit 1 EL Mehl, in wenig kaltem Wasser verrührt, binden. Der Geschmack läßt sich durch das Mitkochen von Bauchfleisch noch wesentlich verfeinern. Wenn man im Kraut noch Blut- und Leberwürste mitkocht und diese dann mit dem Bauchfleisch zusammen hübsch auf dem Sauerkraut anrichtet, hat man ein weiteres berühmtes schwäbisches Gericht, die Schlachtplatte.

Dazu gehören die unvermeidlichen Spätzle (Rezept siehe S. 76), es passen aber auch Kartoffeln in der Schale oder ganz einfach Bauernbrot dazu.

Gesalzener Rahmkuchen

Theodor Heuss, der erste Präsident der Bundesrepublik Deutschland, sagte einmal: „Mit einiger Schüchternheit nenne ich auch eine herrliche Spezialität, die manchem als barbarisch erscheint: Das ist der Zwiebelkuchen ..." Wessen Sache der Zwiebelkuchen nicht ist oder wer ihn seinen Gästen nicht unbedingt vorsetzen möchte, probiere es doch einmal mit dem nachfolgenden Rezept des gesalzenen Rahmkuchens. Heiß serviert zu einem Glas alten oder auch neuen schwäbischen Weins, ruft er eine jener angenehmen Überraschungen hervor, die man immer wieder erlebt, wenn man alte Rezepte oder früher übliche Gerichte ausgräbt. Und diese alte Spezialität ist es wahrhaftig wert, eine weite Verbreitung zu finden.

Für den Teig: 200 g Mehl, 60 g Fett (eventuell Schweineschmalz), 1 Prise Salz, 100 ml Milch.
Für den Belag: 300 g saure Sahne (10 % Fett), 3 Eigelb, Salz, Schnittlauch, Kümmel, 60 g Butter

Die Teigzutaten zu einem glatten Teig kneten, etwa 30 Minuten kalt stellen, dann eine gefettete Springform (Durchmesser: 28 cm) damit auslegen und einen Rand hochdrücken. Sahne und Eigelb glattrühren, salzen und die Masse auf dem Teig verteilen, reichlich Schnittlauch und etwas Kümmel darüberstreuen und Butterflöckchen aufsetzen. Das Ganze etwa 30 Minuten bei 200 °C (Gasbackofen: Stufe 3) backen. Der Rahmkuchen sollte sehr heiß serviert und gegessen werden.

Pfitzauf

Nach katholischem Brauch ist der Freitag ein fleischloser Tag. Das hängt mit der Fastenzeit und dem Karfreitag zusammen, und obwohl es in Schwaben auch viele Protestanten gibt, halten sich bis heute noch viele Leute daran. Es ist, wie man so schön sagt, zur Gewohnheit geworden.

„'s geht weiß ins Bad und kommt braun raus“, so werden die in Fett schwimmenden Küchle und Brezeln echt schwäbisch umschrieben, die an Freitagen, aber auch an besonderen Festtagen nicht fehlen dürfen. Eine der Königinnen dieser besonderen Speisen ist der Pfitzauf. Der Teig wird in besondere Förmchen gefüllt, und es ist jedesmal wieder spannend zu sehen, ob er zu luftigen Gebilden aufgeht oder nicht.

250 g Mehl, 1 Prise Salz, ½ l Milch, 4 Eier, 50 g Butter, Fett für die Förmchen

Das Mehl und eine Prise Salz mit etwas Milch glattrühren. Dann die Eier zugeben und den Teig mit kochendheißer Milch fertigrühren. Die speziellen Pfitzaufförmchen einfetten. Die Butter zerlassen und an den Teig rühren und diesen dann sofort in die Förmchen füllen. Die Förmchen nur halbvoll machen. Keinen Zucker dazugeben! Wer es lieber süß mag, der sollte nach dem Backen zuckern.

Die Förmchen etwa 30–40 Minuten bei 220 °C (Gasbackofen: Stufe 4) backen, dann die Pfitzauf aus den Förmchen stürzen.

Schwäbischer Käsekuchen

Bereits die Germanen kannten die geheimen Rezepturen der Käsezubereitung. Allerdings soll es damals Käsearten gegeben haben, die noch intensiver und gehaltvoller „gerochen" haben als viele der heutigen Käsearten. Beim Käsekuchen ist das allerdings ganz anders: Hier geht es nicht um den Geruch, sondern um den Geschmack.

Für den Teig: 300 g Mehl, 150 g Butter, 80 g Zucker, 1 Prise Salz, 1 Ei.
Für die Käsemasse: 6 Eier, 250 g Zucker, 750 g Schichtkäse (20 % Fett), 1 unbehandelte Zitrone, 150 g saure Sahne (10 % Fett), 1 Prise Salz, 50 g Speisestärke, 80 g Rosinen, 100 g Butter

Die Zutaten für den Teig zu einer festen Masse verkneten und etwa eine Stunde kühl ruhenlassen. Inzwischen die Eier in Eiweiß und Eigelb trennen, das Eigelb mit dem Zucker schaumig rühren. Dann den Schichtkäse, die saure Sahne und eine Prise Salz dazugeben. Anschließend den Saft und die abgeriebene Schale der Zitrone sowie die Speisestärke, die Rosinen und die zerlassene Butter einrühren. Ganz zum Schluß das zu steifem Schnee geschlagene Eiweiß unterziehen. Zwei Drittel des Teigs auf dem Boden einer Springform (Durchmesser: 28 cm) ausrollen. Unter den Rest des Teigs 1 EL Mehl kneten, das Ganze zu einer Rolle formen und sie als 2 cm hohen Rand andrücken. Den Teigboden mit einer Gabel mehrmals einstechen. Nun wird die Masse eingefüllt. Der Kuchen wird bei 175 °C (Gasbackofen: Stufe 2–3) etwa anderthalb Stunden gebacken. Den Kuchen sofort mit einem Messer vom Rand lösen, ihn jedoch in der Form erkalten lassen.

Hutzelbrot

Hutzel ist ein altes Wort für Dörrobst, und ein Hutzelmännlein ist ein aus Dörrobst zusammengestecktes Männchen. Das Stuttgarter Hutzelmännlein ist die Gestalt eines von Eduard Mörike 1853 verfaßten Prosamärchens, in dem es heißt:

Ein Kobold gut bin ich bekannt
in dieser Stadt und weit im Land;
das Hutzelbrot hab ich erdacht,
auch viel seltsame Streich gemacht.

**500 g getrocknete Birnen,
500 g getrocknete Zwetschgen,
500 g getrocknete Feigen, 500 g Mehl,
40 g (1 Würfel) Hefe, 125 g Zucker,
1 Messerspitze Salz, 30 g Zimt, 1 EL Anis,
1 EL Kirschwasser, 500 g Rosinen,
250 g gehackte Haselnüsse,
250 g gehackte Mandeln,
je 50 g gewürfeltes Zitronat und Orangeat**

Birnen und Zwetschgen über Nacht einweichen. Am nächsten Tag die Zwetschgen entsteinen, die Birnen etwa 20 Minuten im Einweichwasser aufkochen und dann über die Zwetschgen und Feigen gießen. Einige Stunden auskühlen und ziehen lassen. Dann die Früchte in kleine Würfel schneiden. In das Mehl eine Vertiefung drücken und mit der in etwas erwärmtem Schnitzwasser angerührten Hefe einen Vorteig mengen. Den Vorteig an einem warmen Ort aufgehen lassen, dann die übrigen Zutaten beifügen und einen festen Teig kneten, falls nötig, unter Zugabe von etwas erwärmtem Schnitzwasser. Mit Mehl bestäuben und warm stellen, bis sich kleine Risse zeigen. Dann Laibe formen und über Nacht stehenlassen. Bei 200°C (Gasbackofen: Stufe 3) etwa eine bis anderthalb Stunden backen. Mit Schnitzwasser bestreichen und einige Tage stehenlassen.

Mit etwas Butter bestrichene Hutzelbrotscheiben schmecken wunderbar zu Kaffee oder Tee.

Springerle

(80–90 Stück)

Das bekannteste und typischste schwäbische Weihnachtsgebäck sind zweifellos die Springerle. Sie sind eng verwandt mit den Gebildbroten und in dieser Form seit über 2000 Jahren nachweisbar. Die mit Reliefgestalten verzierten Holzmodel, die zur Herstellung der Springerle benützt werden, sind oft der Stolz der schwäbischen Hausfrau und werden von Generation zu Generation weitervererbt.

4 Eier, 500 g Zucker, etwas geriebene Zitronenschale, 500 g feines Mehl, 1 kleine Prise Hirschhornsalz. Zum Fetten: Butter. Zum Ausstreuen: Anis

Die Eier in Eiweiß und Eigelb trennen, das Eiweiß steif schlagen und mit Zucker und Eigelb verrühren, Zitronenschale, Mehl sowie das Hirschhornsalz zugeben. Den Teig auf dem Backbrett bearbeiten, bis er geschmeidig ist. Eine Stunde kalt stellen, auswellen, die mehlbestäubten Model in den Teig drücken. Dann ausschneiden, auf ein mit Butter gefettetes und mit Anis bestreutes Blech legen. Über Nacht ruhenlassen und darauf achten, daß die Springerle an der Oberseite gut trocken sind. Die Unterseite in der Mitte kreisförmig mit Zuckerwasser befeuchten. Den Backofen auf 120 °C (Gasbackofen: Stufe 1) erhitzen und die Springerle in den ersten 20 Minuten bei dieser Temperatur backen. Anschließend die Temperatur auf 200 °C (Gasbackofen: Stufe 3) erhöhen und die Springerle fertigbacken. Bei sogenannten „schönen Springerle“ sollen die obere Fläche weiß und der Boden goldgelb sein. Nach dem Backen jedes Stück durch leichtes Bürsten vom Mehl befreien.

Die Springerle zwei bis drei Wochen kühl lagern, damit sie etwas weich werden.

Flädlesuppe

Dicke, schaumige Pfannkuchen kennen die Schwaben nicht. Schwäbische Pfannkuchen sind dünn, teigig und knusprig. Gefüllt werden sie mit Rosinen, Äpfeln oder Marmelade. Die ganz dünnen Pfannkuchen, durch die man fast hindurchsehen kann, sind die Flädle.

¼ l Milch, 200 g Mehl, Salz, 3 Eier, Schmalz zum Ausbacken, 1 l Fleischbrühe

Die Milch leicht erhitzen, Mehl einrühren, etwas Salz zugeben und eine halbe Stunde stehenlassen. Dann die Eier aufschlagen und einrühren. Schmalz in der Pfanne bei großer Hitze zergehen lassen. Mit einer Schöpfkelle so viel Teig einfüllen, daß der Boden dünn bedeckt ist. Die Pfannkuchen auf beiden Seiten goldgelb ausbacken. Noch heiß aufrollen, abkühlen lassen und anschließend in feine Streifen schneiden. Zum Servieren legt man die Streifen in die vorgewärmte Suppentasse, gießt die heiße Fleischbrühe darüber und streut frischen Schnittlauch darauf.

Schwäbische Tellersülze

Früher, als es noch keine Gefrierschränke und auch keine Konservierungsmittel gab, mußte man die Speisen auf natürliche Weise haltbar machen. Eines dieser Mittel war die Sülze.

1 kg Schweineknöchle, 500 g mageres Schweinefleisch, 1 Schweinszunge, 2 Kalbsfüße, Essig, Salz, Pfefferkörner, 1 Lorbeerblatt, 2 Nelken, 2 Möhren. Zur Verzierung: 2 hartgekochte Eier, Gewürzgurken

Das Fleisch in Wasser, Essig und Salz nach Gutdünken weich kochen. Die Gewürze sowie die kleingeschnittenen Möhren dazugeben. Wenn das Fleisch weich ist, wird es auf Suppenteller verteilt, mit Scheiben von hartgekochten Eiern sowie Gewürzgurken verziert. Die Brühe läßt man inzwischen weiter- und einkochen, dann erkalten. Das Fett abschöpfen, die Brühe wieder erwärmen, abschmecken, durch ein Tuch seihen und über das Fleisch gießen. Dann erkalten lassen.

Metzelsuppe

Man lasse sich nicht vom Begriff Suppe täuschen, denn hier verbirgt sich hinter einem kleinen Namen eine große Sache. Traditionsgemäß gibt es Metzelsuppe immer am Schlachttag.

1 Zwiebel, 30 g Schweineschmalz, 1½ l Wasser oder Fleischbrühe, je 2 frische Blut- und Leberwürste, je 1 Prise Salz, Pfeffer und Muskat, 1 TL Majoran, 4 Scheiben Bauernbrot, 1 EL Schnittlauch

Die Zwiebel in Streifen schneiden und in Schmalz anbräunen, mit dem Wasser oder der Brühe auffüllen. Die Würste häuten, in die Flüssigkeit geben und das Ganze aufkochen lassen. Mit je einer Prise Salz, Pfeffer und Muskat sowie Majoran abschmecken und noch etwa fünf Minuten weiterköcheln lassen.

Die Brotscheiben in Würfel schneiden und rösten und mit dem feingeschnittenen Schnittlauch vor dem Servieren über die Suppe streuen.

Saure Kutteln

Aus dem lateinischen „calduna“ (Eingeweide) wurde im Deutschen Kaldaunen. Und die Schwaben machten dann einfach Kutteln daraus.

5 Zwiebeln, 100 g Fett, 800 g gekochte und in feine Streifen geschnittene Kutteln, Tomatenmark, 3 EL Mehl, ½–¾ l Rotwein, 1 Lorbeerblatt, 4 Wacholderbeeren, etwas Zitronenschale, Brühe, Salz, Pfeffer

Zuerst die Zwiebeln in heißem Fett andünsten, dann die geschnittenen Kutteln dazugeben und mit anrösten. Nach einigen Minuten Bratzeit etwas Tomatenmark hinzufügen, das Ganze mit Mehl bestäuben und mit Rotwein ablöschen. Die Gewürze und abgeriebene Zitronenschale beifügen und alles etwa 30–45 Minuten ziehen lassen. Dann mit etwas Brühe auffüllen und abschmecken. Nur so viel Flüssigkeit auffüllen, daß ein gulaschartiges Gericht entsteht. Dazu Röstkartoffeln und grünen Salat reichen.

Riebelesuppe

Zu Kaisers Zeiten galt die Riebelesuppe als klassisches Nachtessen. Bekanntlich sind die Schwaben das Gegenteil des „Suppenkaspers", denn, wie ein altes Volksbuch sagt, essen sie fünfmal am Tag Suppe. Schlußpunkt der täglichen Suppenorgie ist die Riebelesuppe.

2 Eier, 1 Eigelb, 250 g Mehl, Salz, 1½ l Fleischbrühe

Die Eier, das Eigelb, das Mehl und etwas Salz zu einem festen Nudelteig verkneten. Diesen Teig dann mit dem Reibeisen stets nach einer Seite reiben. Man kann die „Riebele" auch durch ein Sieb drücken, damit sie gleichmäßig fein werden. Etwa zwei Stunden trocknen lassen.

Dann die „Riebele" in die kochende Fleischbrühe streuen und aufkochen lassen, bis sie an die Oberfläche steigen.

Schwäbische Hirnsuppe mit Eierstich

Alle Innereien haben ihre Küchenmeister gefunden, nicht zuletzt das Hirn, das, richtig zubereitet, unter Kennern als besondere Delikatesse gilt.

Für das Hirn: 250 g Kalbshirn, 1 Prise Salz, je 1 Schuß Essig und Weißwein, 1 Zwiebel, 1 Lorbeerblatt, 1 Nelke.
Für den Eierstich: 2 Eier, ⅛ l Milch, 1 Prise Salz, 1 Messerspitze Muskat.
1 l kräftige Fleischbrühe, 80 g Butter, ½ Zwiebel, 30 g Mehl, 2 Eigelb, ⅛ l Schlagsahne (30 % Fett), 1 Prise Salz, 1 Schuß Weißwein

Das Kalbshirn 30 Minuten wässern, die Haut abziehen und in einem Sud aus ½ l Wasser, Salz, Essig, Weißwein, Zwiebel, Lorbeerblatt und Nelke garen. Den Eierstich zubereiten: die Zutaten gut verrühren und in einer gefetteten Tasse im Wasserbad stokken lassen, so daß eine feste Masse entsteht, die man anschließend in kleine Würfel schneiden kann. Die halbe feingehackte Zwiebel in Butter angehen lassen, das Mehl dazurühren. Diesen Ansatz abkühlen lassen und mit heißer Brühe auffüllen, glattrühren und etwa 20 Minuten kochen lassen. Das gegarte Hirn fein hacken und der Suppe zusammen mit dem Eierstich beigeben. Zum Schluß mit Eigelb und Sahne legieren und mit Salz und Weißwein abschmecken.

Schwarzer Wurstsalat

Das Vesper ist eine ausgeprägte schwäbische Spezialität, und eines der klassischen Vesperrezepte ist dieser Salat aus schwarzer Wurst.

600 g harte schwarze Wurst, Salz, weißer Pfeffer, 1 Prise Zucker, 6 EL Zwiebelwürfel, 5 EL Apfelessig, 4 EL Wasser, 5 EL Öl

Die Wurst mit der Haut in dünne Scheiben schneiden und mit all den anderen Zutaten mischen. Den Salat in einer Schüssel, ausgelegt mit Kopfsalat, anrichten.

Träubleskuchen

Unter „Träuble“ verstehen die Schwaben Johannisbeeren, die ihren Namen wiederum vom Johannistag ableiten – der Tag, an dem die Beeren etwa reif sind.

200 g Mehl, 1 TL Backpulver, 125 g Butter, 100 g Zucker, 2 Eigelb, ½ unbehandelte Zitrone.
Für den Belag: 2 Eiweiß, 100 g Zucker, 1 EL Stärkemehl, 500 g Johannisbeeren

Mehl, Backpulver, Fett, Zucker, Eigelb und abgeriebene Zitronenschale zu einem Teig verkneten und kalt stellen. Dann ausrollen und Boden und Rand einer Springform (Durchmesser: 26 cm) damit auslegen und bei 200 °C (Gasbackofen: Stufe 3) goldgelb backen. In der Zwischenzeit das Eiweiß zu steifem Schnee schlagen, Zucker und Stärkemehl hinzufügen. Die gewaschenen und entstielten Beeren vorsichtig unter die Eiweißmasse geben. Das Ganze gleichmäßig auf dem Kuchenboden verteilen und bei gleicher Hitze im Ofen leicht gelb backen.

Leberspätzle

Spätzle sind das Leib- und Magengericht, sozusagen die Nationalspeise der Schwaben. Hier sei eine der bekanntesten und beliebtesten Varianten dieser Mehlspeise vorgestellt.

250 g Rinder- oder Kalbsleber, 250 g Mehl, 2 Eier, 2 Zwiebeln, Petersilie, Salz, Muskat, Pfeffer oder Paprika, 1 EL (10 g) Butter zum Schmälzen

Die enthäutete Leber durch den Fleischwolf drehen und mit den anderen Zutaten zu einem festen, glatten Teig verarbeiten. Den Teig 15 Minuten ruhenlassen, dann auf das nasse Spätzlebrett einen Teil des Teigs streichen und mit einem speziellen Schaber oder einem breiten Messer schmale Streifen in kochendes Salzwasser schaben. Ein paarmal aufkochen lassen, dann mit einem Schaumlöffel herausnehmen und in heißem Salzwasser schwenken. Warm stellen. Zuletzt das Ganze in Butter schmälzen.

Fasnachtsküchle

Bevor die lange Buß- und Fastenzeit vor dem Osterfest begann, feierte man nicht nur ausgiebig, sondern schlemmte noch ein letztes Mal.

500 g Mehl, 40 g (1 Würfel) Hefe, 50 g Zucker, ¼ l Milch, 1 TL Salz, 1–2 Eier, 50–80 g Butter, 250 g Schmalz

Aus der Hefe, etwas Zucker, lauwarmer Milch und Mehl einen dickflüssigen Vorteig anrühren, den man etwa eine halbe Stunde gehen läßt. Den restlichen Zucker, Salz, das restliche Mehl und lauwarme Milch zum Vorteig dazugeben und alles verrühren. Die Eier und die zerlassene Butter hinzufügen und den Teig so lange kneten, bis er Blasen zeigt und sich vom Löffel und der Schüssel löst. Dann stellt man ihn wieder zum Aufgehen warm und bedeckt ihn mit einem Tuch. Nach etwa 30 Minuten den Teig auf dem Nudelbrett etwa fingerdick auswellen, mit dem Backrädchen Vierecke ausschneiden und sie dann in heißem Schmalz backen, bis sie zartbraun sind.

Wer je einmal Bayern bereist hat, wird sich dieser Reise immer gern erinnern, nicht nur wegen der herrlichen Landschaft – als Beispiel mag der Geroldsee mit der Karwendelspitze dienen –, sondern auch wegen der meist herzhaft-deftigen kulinarischen Genüsse, die man ihm in dieser Region bereitet hat, von der so mancher behauptet, hier sei das vielgepriesene Land, wo Milch und Honig fließen

Bayern

Der alte Gegensatz zwischen Nord- und Süddeutschen, zwischen Bayern und Preußen, resultiert wohl aus einer schon mehr als 1000 Jahre zurückliegenden Begebenheit: Als 919 Sachsen und Franken auf eigene Faust den Sachsenherzog Heinrich zum deutschen König wählten, verweigerten die Bayern dessen Anerkennung und stritten – wie auch noch in späteren Jahrhunderten – für ihre Eigenständigkeit. Da man in derartigen Auseinandersetzungen nicht immer auf vornehme Weise miteinander umging, trug dies den Bayern den Ruf der Unhöflichkeit und Grobheit ein, ein Ruf, den sie mit Humor ertragen und mit dem Bewußtsein, daß ihre Schwäche, nämlich ihr oft spontan lospolterndes Wesen, durch ihre Vorzüge und Leistungen mehr als ausgeglichen wird.

Nicht seit jeher leben die Bayern in dem Gebiet zwischen Alpen und Bayerischem Wald, zwischen Donau, Lech und Inn. Erst zu Beginn des 6. Jahrhunderts wanderten die Bajuwaren als Stamm der Markomannen aus ihrem damaligen Siedlungsraum in Böhmen in das Land zwischen Enns und Lech ein und vermischten sich mit den dort noch lebenden Romanen und Kelten. Dieser Mischung – so sagt man – verdanke der Bayer vieles: Von den Romanen stamme seine auffällig künstlerische Ader und sein Schönheitssinn, den Kelten verdanke er das leichte Gemüt, den schlagfertigen Witz und die typischen Nasallaute seiner Mundart.

Die Verbindung zu den Romanen beziehungsweise den Italienern blieb lange Zeit erhalten, bedingt durch die Lage Bayerns als Durchgangsland zwischen den norditalienischen Han-

Gebetsandenken

delszentren und dem weitverzweigten Wirtschaftsnetz der Hanse. Alles, was über die Alpen in Richtung Norden ging, mußte hier durch. Daraus zogen die Bayern nicht nur wirtschaftlichen Nutzen – beispielsweise waren sie alles andere als zimperlich, wenn es darum ging, kräftige Wegzölle zu erheben –, sondern sie öffneten auch ihre Küchen den Einflüssen und Anregungen, die die Kaufleute aus Italien mitbrachten. Dieser Einfluß drückt sich in vielen Rezepten und sogar in einzelnen Bezeichnungen aus: Den Blumenkohl bezeichnet man als „Karfiol", man kocht „nach Gusto" (= Geschmack), prüft, ob das Fleisch „muffelt" (von „la muffa" = schlechter Geruch), trinkt ein „Stamperl" (von „stampare" = pressen, stanzen) oder „stampert" jemanden aus der Küche.

Im Vergleich dazu wurde der französische Einfluß auf die bayerische Küche wohl immer überschätzt. Von dem Wirken Napoleons und seiner Truppen ist in Bayern nur das „Böfflamott" (Bœuf à la mode) zurückgeblieben. Nicht zu unterschätzen dagegen sind die Auswirkungen der traditionell engen Beziehungen zur benachbarten ehemaligen Donaumonarchie. Und dennoch muß man sagen, daß die Bayern trotz all dieser dankbar aufgenommenen Einflüsse es fertiggebracht haben, ihre Eigenständigkeit auch in punkto Essen zu bewahren.

Nur in diesem Landstrich und sonst nirgends werden dem Gast Knödel kredenzt, deren Ursprung vielleicht in Böhmen liegt, die in Bayern aber zur Vollendung gelangten, hier werden die knusprigsten Haxen gebraten, hier wurde ein weißes, därmiges Etwas erfunden, das als Weißwurst, gewürzt mit süßem Senf, Weltruhm erlangt hat, hier wurde ein weder aus Leber noch aus Käse zubereitetes Gericht kreiert, das sich dennoch „Leberkäse" nennt, und nirgendwo sonst weiß man den Rettich so raffiniert zu schneiden, daß nicht nur er – nachdem er mit Salz bestreut wurde – schwitzt, sondern auch der hungrige Biertrinker, der diese weiße Köstlichkeit endlich genießen möchte.

Und damit ist bereits auch schon das Stichwort gefallen für eine andere Spezialität, die man

Sehr häufig trifft man in Bayern solche Marterln an, kleine Gedenktafeln aus Holz oder Stein. Sie sollen an Unglücksfälle erinnern, die sich einst an dieser Stelle, wo die Marterln angebracht sind, zugetragen haben. Oft sind mit diesen Gedenktafeln auch Darstellungen verbunden, die – wie der Begriff Marterln selbst – anknüpfen an die Leidensgeschichte Christi, meist an die einzelnen Kreuzwegstationen

LIESL KARLSTADT

zwar auch in anderen Landstrichen kennt, um die sich aber die Bajuwaren besondere Verdienste erworben haben: das Bier! Zunächst waren es die Mönche, die die Braukunst pflegten und förderten; gleichsam Vorreiter auf diesem Gebiet war das weltberühmte Kloster Weihenstephan, das im Jahr 1040 das erste bekannte Braurecht in Deutschland erhielt. Zum richtigen Gewerbe aber wurde die Bierbrauerei erst mit der Entwicklung und dem Aufstieg der Städte. In dieser Zeit entstanden auch die ersten Brauerzünfte und mit ihnen der Bierzwang, der die Wirte einer Stadt nötigte, ihr Bier stets von einer bestimmten Brauerei zu beziehen. Erst mit der Auflösung des Zunftwesens fiel dieser Bierzwang fort und damit auch die Festsetzung des Bierpreises durch die Brauerzünfte, was jedoch keineswegs bedeutete, daß der Bierpreis nun nach den Gesetzen des Marktes geregelt wurde. Denn bereits seit Mitte des 16. Jahrhunderts verdiente der jeweilige Regent über die Biersteuer kräftig am Bierausschank mit, so daß sich der Bierpreis nicht zuletzt auch danach richtete, in welcher Verfassung sich die landesherrliche Kasse befand.

Im Mittelalter braute man das Bier zunächst obergärig; bei diesem Verfahren steigt die Hefe während der Gärung an die Oberfläche. Erst gegen Ende des Mittelalters wurde in Bayern die untergärige Brauweise eingeführt, bei der sich die Hefe nach unten absetzt. Diese Brauweise trat von Bayern aus ihren Siegeszug durch die ganze Welt an. Daneben gibt es aber bis heute auch noch immer das Obergärige in Gestalt der Weiß- und Weizenbiere sowie des berühmten Bamberger Rauchbiers. Bayerische Bierspezialitäten sind ferner das goldgelbe Märzenbier, das seinen Namen angeblich der Tatsache verdankt, daß es früher nur im Monat März gebraut wurde, sowie die Gattung der Starkbiere, wie Bockbier, Doppelmärzen und die Frühjahrsstarkbiere.

Und zum Abschluß der kleinen bayerischen Bierkunde sei dem, der es noch nicht weiß, erklärt, was „eine Maß" ist: ein Maßkrug für Bier, der einen Liter Inhalt faßt. Wohl bekomm's!

Weltbekannt ist der Münchner Viktualienmarkt mit seinen frischen Gemüsen und mit dem in Bayern unentbehrlichen Radi (rechts oben). Rastplätze laden zu einer kühlen Maß Bier ein (rechts Mitte) oder zu einem Vesper mit den berühmten Weißwürsten (rechts unten). Und über alldem Treiben wacht von einem Brunnen herab die unvergessene Volksschauspielerin Liesl Karlstadt (großes Bild links)

Leberknödel-suppe

Eine tellerheiße Suppe tut dem Magen gut und mobilisiert die Magensäfte für die folgenden Gänge. Vor allem in Niederbayern schätzt man die klaren Suppenbrühen mit den verschiedenen Einlagen wie Nockerl, Klößerl, Würstel und Spätzerl. Kein Wunder, daß die Leberknödelsuppe dort zu den beliebtesten Speisen gehört. Früher war „Leberknödelsuppe mit Würstel" bei großen Hochzeiten Bestandteil des Festmahls. Sie schmeckt aber auch vortrefflich, und zwei Teller davon ersetzen eine vollständige Mahlzeit.

4 altbackene Brötchen oder
160–180 g altbackenes Weißbrot,
etwas Salz, ¼ l Milch,
1 TL feingehackte Zwiebel,
1 TL feingehackte Petersilie,
2 EL (20 g) Butter,
einige Tropfen Zitronensaft,
1 Messerspitze Majoran,
150 g Rinderleber, 2 Eier,
1½ l Fleischbrühe, Schnittlauch

Die Brötchen oder das Weißbrot in feine dünne Scheiben schneiden, leicht salzen, mit lauwarmer Milch übergießen, zudecken und kurze Zeit einweichen lassen. Dann die Zwiebel und Petersilie in heißem Fett andünsten und zu den eingeweichten Semmeln geben. Zitronensaft, Majoran, die enthäutete, durch den Fleischwolf gedrehte Leber und die Eier untermischen, abschmecken und zwei oder drei kleine Probeknödel in die vorbereitete kochende Fleischbrühe einlegen. Sollte der Teig etwas zu weich sein, dann etwas Semmelbrösel, Mehl oder Grieß dazugeben. Werden die Probeknödel für richtig befunden, mit nassen Händen vier große Knödel formen und in die kochende Brühe einlegen. Auf kleiner Flamme etwa 20 Minuten ziehen lassen.

Der feingeschnittene Schnittlauch wird erst beim Anrichten über die Suppe gegeben.

Kronfleisch

Für viele Bayern ist das Kronfleisch so eine Art zweites Frühstück. Man könnte es auch ein „Schmankerl" nennen, worunter die Bayern das verstehen, was die Badener und Schwaben „Vesper" nennen, nämlich das, was man zwischendurch zu sich nimmt. Zum Sattwerden ist ein Schmankerl zuwenig, denn danach ist der Hunger nur gerade so weit gestillt, daß man sich bereits wieder auf das nächste Schmankerl freuen kann.

800 g Rinderkronfleisch (Zwerchfellfleisch), 2 Möhren, 1 Stück Sellerie, Selleriekraut, 2 Lauchstangen, Petersilie, Salz, frisch gemahlener weißer Pfeffer, Schnittlauch, frisch geriebener Meerrettich

Das Kronfleisch gut waschen und von den dikken und feinen Häuten befreien. Das Suppengemüse (Möhren, Sellerie, Lauch) putzen und kleinschneiden und mit der grob gehackten Petersilie und dem Selleriekraut in 1½ l Salzwasser aufkochen lassen. Dann das Fleisch dazugeben und das Ganze bei kleiner Hitze etwa 20 Minuten ziehen lassen. Das Fleisch muß in der Mitte noch rosa sein. Anschließend das Fleisch aus der Brühe nehmen und etwa zehn Minuten ruhenlassen. Dann in Scheiben schneiden und auf einem Holzteller anrichten, leicht salzen, pfeffern und mit gehacktem Schnittlauch bestreuen. Dazu reicht man frisch geriebenen Meerrettich sowie kräftiges Bauernbrot.

Niederbayerisches Beuscherl

Innereien sind besonders reich an Vitaminen und Nährstoffen, aber arm an Kalorien. Doch nicht nur aus diesem Grund haben die großen Köche ihnen ihre besondere Aufmerksamkeit geschenkt. Richtig behandelt und zubereitet, lassen sich aus allen Innereien raffinierte Speisen herrichten, die jeden Gourmet erfreuen.

400 g Kalbslunge, 400 g Kalbsherz, Salz, 2 Möhren, 1 Petersilienwurzel, 1 Stück Sellerie, 1 Zwiebel, 4 Pimentkörner, 1 Lorbeerblatt, 8 weiße Pfefferkörner.
Für die Soße: 60 g Butter, 50 g Mehl, ⅛ l Kochbrühe, 200 g saure Sahne (10 % Fett), 1 EL gehackte Kapern, 1 EL Senf, 1 Schuß Essig, 80 g gekochter Schinken, 40 g Essiggurken

Lunge und Herz gut waschen und in 1 l Salzwasser zusammen mit dem kleingeschnittenen Suppengemüse, der Zwiebel und den Gewürzen weich kochen. Die gekochten Innereien aus der Brühe nehmen, abkühlen lassen und in feine Streifen schneiden. Für die Soße in einem Topf Butter auslassen, Mehl zugeben, umrühren und eine helle Mehlschwitze zubereiten. Mit Kochbrühe und saurer Sahne aufgießen und dabei ständig rühren, bis eine dicke Soße entsteht. Die gehackten Kapern und den Senf dazugeben und aufkochen lassen. Zerkleinerte Lunge und Herz unterheben, mit Salz und Essig würzen und nochmals unter ständigem Umrühren kräftig aufkochen lassen. Das fertige Beuscherl mit feingeschnittenem gekochtem Schinken und Essiggurkenstreifen bestreuen und mit Semmelknödeln (Rezept siehe S. 138) oder Schwarzbrot servieren.

Tegernseer Renke

Die Renken, anderswo auch Felchen oder Maränen genannt, sind schlanke, silberglänzende Lachsfische, die vor allem in den klaren bayerischen Voralpenseen leben. Sie können bis zu 75 Zentimeter lang und gut drei Kilogramm schwer werden. Ihr Fleisch ist äußerst wohlschmeckend und gilt unter Kennern als ganz besondere Delikatesse.

4 Renken (Felchen) oder ersatzweise 4 Forellen, Salz, 4 EL feingehackte Zwiebel, 2 EL feingehackte Petersilie, etwas Mehl, 80 g Butterschmalz, 750 g saure Sahne (10 % Fett), 2 EL gehackter Dill, 2 EL gehackter Liebstöckel

Die Renken oder ersatzweise die Forellen ausnehmen, säubern, unter kaltem Wasser abspülen und trockentupfen. Außen und innen salzen, mit den Zwiebeln und der Petersilie füllen und in Mehl wenden. In einer Bratpfanne reichlich Butterschmalz erhitzen, die Renken etwa 20 Minuten braten lassen. Während der Bratzeit die Fische öfter wenden und mit dem Butterschmalz übergießen. Anschließend die Renken aus der Pfanne nehmen und warm stellen. Den Bratensaft mit saurer Sahne, dem feingehackten Liebstöckel und Dill aufkochen und über die Renken gießen.

Als Beilage reicht man Salzkartoffeln und frischen Salat.

Gebackener Isarhuchen

Der Huchen ist ein bis zu eineinhalb Meter langer räuberischer Lachsfisch, der nur in der Donau und ihren Nebenflüssen vorkommt. Er hat einen grauen Rücken, seine rötlichen Seiten weisen schwarze Flecken auf, und sein Bauch ist weiß. Bis zu 30 Kilogramm schwer kann der auch Donaulachs genannte, vorzüglich schmekkende Speisefisch werden. In Flüssen mit starker Strömung findet man ihn an tiefen, geschützten Plätzen, wo er auf seine Beute wartet. Ihn selbst zu erbeuten ist selbst für passionierte Angler kein ganz einfaches Unterfangen.

Etwa 1200 g schwerer Isarhuchen, Salz, 1 Zitrone, 50 g Mehl, Fett zum Backen

Den Huchen ausnehmen, säubern und in vier Filetstücke zerteilen. Die Fischfilets leicht salzen und mit Zitronensaft beträufeln. Anschließend wälzt man sie in Mehl und backt sie in einer Pfanne in heißem Fett goldbraun.

Den fertigen Fisch serviert man mit Salzkartoffeln sowie frischen Salaten und reicht einen herben Weißwein dazu.

Schwammerln zu Semmelknödeln

Die Bayern verfügen über ein reichhaltiges Arsenal von kernigen Sprüchen. Einer davon heißt: „'s beste Gmüas is's Fleisch." Und wenn in einem Kochbuch über die bayerische Küche zu lesen ist, daß Schwammerln – so nennt der Bayer die Pilze – eher für den Hausgebrauch sind, so fordert das Widerspruch heraus. Denn erstens zieht es immer noch ganze Scharen in die bayerischen Wälder zum Schwammerlsuchen, und zweitens führen auch zwei- und dreisternige Restaurants im Freistaat Bayern „Schwammerln mit Knödeln" auf der Karte, wenn gerade Saison ist. Es muß also keineswegs immer Schweinebraten sein.

2 Zwiebeln, 100 g Speck, 500 g Pilze (Steinpilze, Pfifferlinge, Birkenpilze und Morcheln), Salz, Pfeffer, etwas Mehl, 2 EL saure Sahne (10 % Fett), Petersilie

Die Zwiebeln grob hacken und mit dem gewürfelten Speck hellbraun braten. Die Pilze putzen und kleinschneiden, zu den Zwiebeln und dem Speck hinzugeben, salzen und pfeffern und etwa 15 Minuten zugedeckt schmoren lassen, bis die Flüssigkeit verdunstet ist. Etwas Mehl mit der sauren Sahne verrühren und unter die Pilze geben. Das Ganze nochmals kurz aufkochen lassen und mit viel Petersilie bestreuen.

Dazu reicht man Semmelknödel (Rezept siehe S. 138).

Rehragout in geschecktelter Milli

Alljährlich im August feiern nicht nur passionierte Jäger das Fest der großen Göttin, die bei den Griechen Artemis und bei den Römern Diana hieß. Sie, die Göttin der Wälder und Felder, der Bäume und heilbringenden Kräuter und des freien Getiers, ist auch die Schutzpatronin von Hirsch und Reh.

Eine „gescheckelte Milli" ist Buttermilch, also Milch, die durch das Sauerwerden ein scheckiges Aussehen erhält.

1 kg Rehfleisch mit Knochen (Schulter oder Brust), 50 g Butterschmalz, Salz, Pfeffer, 1 Prise Zucker, 2 EL (20 g) Speisestärke. Für die Beize: ½ l Buttermilch, ½ l herber Rotwein, 1 große Zwiebel, 5 Knoblauchzehen, etwas süßes und etwas scharfes Paprikapulver, 1 Lorbeerblatt, 6 Wacholderbeeren, 4 Nelken, 6 Pimentkörner, 1 Prise Zucker

Das Rehfleisch in Stücke schneiden. Aus Buttermilch, Rotwein, ½ l Wasser, der Zwiebel, dem Knoblauch und den Gewürzen eine Beize herstellen. Eine Prise Zucker hinzufügen und das Rehfleisch mit den Knochen in die Flüssigkeit geben. In einer Schüssel zwei bis drei Tage zugedeckt im Kühlschrank beizen lassen. Dann die Beize durch ein Sieb schütten und auffangen. Die Fleischstücke in einem Bräter in heißem Butterschmalz anbraten, die Zwiebel aus der Beize in kleine Würfel schneiden, die Knoblauchzehen zerdrücken und mit dem Fleisch gut durchrösten. Dann die Beize hinzugeben, salzen, pfeffern und mit Zucker abschmecken. Den Bräter in den Backofen geben und das Fleisch etwa anderthalb Stunden bei 200–220 °C (Gasbackofen: Stufe 3–4) langsam schmoren lassen. Dann die Soße mit der in kaltem Wasser angerührten Speisestärke andicken.

Gamskeule

(für 10 Personen)

Wo sonst in Deutschland kann es die Gams so frisch geben wie in Bayern? Denn Gemsen kommen nur in den europäischen Hochgebirgen vor. Die in Rudeln lebenden Tiere sind hervorragende und flinke Kletterer. Sie können bis zu vier Meter hoch springen und bis zu sieben Meter breite Gräben überwinden. Schmackhaft sind jedoch nur die Jungtiere; sie allerdings gelten unter Feinschmeckern als Delikatesse.

**Etwa 4 kg schwere Gamskeule,
5 Knoblauchzehen, 1 Flasche trockener Rotwein, 200 g fetter Speck,
4 EL (40 g) Butterschmalz, 2 Zwiebeln,
1 Bund Suppengrün (1 Stück Sellerie,
2 Möhren, 1 Stange Lauch),
frisch gemahlener Pfeffer, 1 TL Rosmarin,
4 Wacholderbeeren, Salz,
300 g saure Sahne (10 % Fett)**

Die Gamskeule mit Knoblauchzehen spicken, in eine Schüssel geben und mit Rotwein übergießen. Zwei Tage unter häufigem Wenden kühl stehenlassen. Das Fleisch aus dem Rotwein nehmen, trocknen und mit dünnen Speckscheiben umwickeln. In einem Bräter das Butterschmalz erhitzen und die Keule von allen Seiten gut anbraten. Die in Würfel geschnittenen Zwiebeln und das zerkleinerte Suppengrün sowie reichlich frisch gemahlenen Pfeffer, Rosmarin und die zerdrückten Wacholderbeeren hinzufügen, mit etwas Wasser und dem Rotwein aufgießen. Dann das Fleisch etwa drei Stunden im Backofen bei 225 °C (Gasbackofen: Stufe 4) braten. Die letzten 30 Minuten den Deckel zum Bräunen abnehmen. Die Keule nach dem Braten salzen und warm stellen. Die Soße durch ein Sieb drücken und mit der sauren Sahne einkochen, nochmals abschmecken.

Dazu kann man Preiselbeeren und eingelegte Birnen servieren.

Kirchweihganserl

Die Einweihung neuer Kirchen ist seit Konstantin dem Großen mit einem Fest verbunden. 779 weihte der heilige Willibald die erste Kirche in Heidenheim in Bayern ein. Während bis vor rund 100 Jahren noch jede Gemeinde ihren „Spezialkirta" hatte – woanders sagt man „Kirmes" oder „Kerwe" –, wird seither im allgemeinen Kirchweih am dritten Sonntag im Oktober begangen. Und die Kirchweih war und ist schon immer ein guter Anlaß, eine Gans zu braten.

1 Gans, Salz, Pfeffer, 2 Zwiebeln, etwas Bier zum Bestreichen, 2 EL (20 g) Speisestärke

Die Gans waschen, trockentupfen und außen mit Salz, innen mit Salz und Pfeffer einreiben. In einen großen Bräter geben, ¼ l warmes Wasser eingießen und die geschälten Zwiebeln halbiert dazulegen. Die Gans ungefähr zwei bis drei Stunden unter häufigem Wenden und Begießen mit dem abtropfenden Fett bei 200 °C (Gasbackofen: Stufe 3) im Backofen braten. Eine halbe Stunde vor Ende der Bratzeit die Soße entfetten und die Gans mit Bier bepinseln, damit die Haut schön rösch (knusprig) wird. Die Gans aus der Soße nehmen, die Soße abschmecken und mit in kaltem Wasser angerührter Speisestärke binden. Die Gans zerteilen, die Soße getrennt dazu reichen und das Ganze mit Kartoffelknödeln (Rezept siehe S. 210) servieren.

Kalbshaxn

Schon immer stand der Fleischgang im Mittelpunkt jedes Essens. Das war sicherlich früher, als es noch nicht so Allgemeingut war, Fleisch zu verzehren, von noch größerer Bedeutung als heute. Vor allem das bayerische „Staatsessen“, die Kalbshaxn, konnte und kann es mit jedem noch so feinen französischen Braten aufnehmen. Und in jeder richtigen bayerischen Wirtschaft steht sie noch heute ganz oben auf der Speisekarte.

1 Kalbshaxe, Salz, Pfeffer, 50 g Butter, 1 Zwiebel, 1 Möhre

Die Kalbshaxe waschen, enthäuten und mit Salz und Pfeffer einreiben. In einem Bräter Butter auslassen, die halbierte Zwiebel und die in Scheiben geschnittene Möhre dazugeben und etwas heißes Wasser eingießen. Die Haxe dazulegen und bei 250 °C (Gasbackofen: Stufe 6) etwa zwei bis zweieinhalb Stunden im Backofen braten. Während der Bratzeit das Fleisch häufiger wenden und dabei nach und nach mit knapp ¼ l Wasser und dem entstehenden Bratensaft begießen. Die letzten zehn Minuten die Haxe zum Bräunen auf den Rost legen. Den Bratensaft durch ein Sieb passieren und abschmecken.

Traditionell werden zur Kalbshaxe Semmelknödel (Rezept siehe S. 138) gereicht.

Semmelknödel

Angeblich soll mit bayerischen Knödeln schon einmal ein Krieg gewonnen worden sein. Der Sage nach wurde die niederbayerische Stadt Deggendorf einst von böhmischen Hussiten belagert. Doch bald ging den Deggendorfern die Munition aus. Sie wußten sich jedoch zu helfen und schossen mit hartgewordenen Knödeln auf den Feind. Die Deggendorfer Verlegenheitslösung erwies sich als Wunderwaffe. Die Hussiten zogen sich zurück – vielleicht, weil sie aus ihrer Heimat nur längliche Knödel gewohnt waren und somit die bayerische Nationalkost für echte Kanonenkugeln hielten.

**10–12 altbackene Brötchen, Salz,
3/8 l Milch, 1 EL (10 g) Fett,
1 TL feingehackte Zwiebel,
1/2 TL feingehackte Petersilie, 3–4 Eier**

Die altbackenen Brötchen dünn aufschneiden, salzen, mit warmer Milch übergießen und zugedeckt etwa 30 Minuten einweichen lassen. Zwiebel und Petersilie in Fett andünsten und zu den eingeweichten Brötchen geben. Die Eier darüberschlagen und alles gut durchkneten. Einen kleinen Probeknödel formen und in kochendes Salzwasser geben. Ist dieser gut, werden mit angefeuchteten Händen sechs bis acht Knödel geformt und in das kochende Salzwasser eingelegt. Andernfalls fügt man dem Knödelteig noch etwas Semmelbrösel bei. Zugedeckt das Wasser wieder zum Kochen bringen, dann halboffen etwa 20 Minuten köcheln lassen.

Semmelknödel sind in Bayern ebenso universelle Beilage wie die Spätzle in Schwaben.

BROT

Bayerischer Schweinsbraten

Würde in Bayern eine Volksabstimmung über die beliebteste Fleischspeise abgehalten, der Sieger stünde von vornherein fest: der Schweinsbraten. Obgleich der Braten von einem saftigen Stück Schwein auch in anderen Regionen geschätzt wird, haben es die Bayern in der Zubereitung doch zu besonderer Meisterschaft gebracht. Wichtig ist, daß die Schwarte kreuzweise eingeschnitten und knusprig braun gebraten sein muß. Dann gilt der Spruch zu Recht: „'s gibt nix Beß'res als an Schweinsbrat'n – es sei denn zwoa Schweinsbrat'n!"

1 kg Schweinefleisch (Schulter, Hals, Rippe) mit Schwarte, Salz, Nelken, 1 große Zwiebel, 1 Lorbeerblatt, 1 Bund Suppengrün (1 Stück Sellerie, 2 Möhren, 1 Stange Lauch), 5 Pfefferkörner, 1 Knoblauchzehe, 1 TL Speisestärke, frisch gemahlener Pfeffer

Das Fleisch mit Salz einreiben, mit der Schwarte nach unten in die Bratpfanne des Backofens legen und mit ¼ l heißem Wasser übergießen. Bei 225 °C (Gasbackofen: Stufe 4) braten. Nach etwa 15 Minuten den Braten wenden und die Schwarte kreuzweise einschneiden. In die Schnittpunkte Nelken einstecken und das Ganze 45 Minuten mit der Schwarte nach oben unter häufigem Begießen weiterbraten. Dann die gewürfelte Zwiebel, das Lorbeerblatt, das feingewiegte Suppengrün, die Pfefferkörner und die zerteilte Knoblauchzehe dazugeben. Alles noch weitere zehn Minuten braten und dabei die Schwarte mit Salzwasser bestreichen, damit sie recht knusprig wird. Das Fleisch herausnehmen und warm stellen, den Bratensatz mit in kaltem Wasser angerührter Speisestärke binden und mit Pfeffer und Salz abschmecken.

Dazu gibt es Kartoffelknödel (Rezept siehe S. 210) und Krautsalat (Rezept siehe S. 206).

Gefüllter Brustbraten

Leider sind die gefüllten Braten ein wenig aus der Mode gekommen, weil in unsrer schnelllebigen Zeit auch das Kochen möglichst wenig Zeit in Anspruch nehmen soll.

**1½ kg Brustfleisch vom Schwein, Salz.
Für die Füllung: ⅛ l Milch,
3–4 altbackene Brötchen, 3–4 Eier, Salz,
1 Prise Muskat, einige Tropfen
Zitronensaft, 1 EL feingehackte Zwiebel,
1 TL feingehackte Petersilie,
2 EL (20 g) Butter.
Zum Braten: 1 Bund Suppengrün
(1 Stück Sellerie, 2 Möhren, 1 Stange
Lauch), 1 Zwiebel, 3–4 EL saure Sahne
(10 % Fett), 2 EL Mehl**

Vom Metzger die Brust ausbeinen, die Innenhaut ablösen und eine Tasche einschneiden lassen. Die Brust waschen, abtrocknen und innen und außen mit Salz einreiben. Die in Würfel geschnittenen altbackenen Brötchen in etwas warmer Milch einweichen, anschließend ausdrücken, mit Eiern, Gewürzen, Zwiebel, Petersilie und zerlassener Butter mischen. Mit diesem Gemisch die Brust nicht zu prall füllen und mit festem Zwirn zunähen, in der Fettpfanne des Backofens mit ¼ l kochendem Wasser übergießen und bei 220 °C (Gasbackofen: Stufe 4) von allen Seiten gut anbraten. Dann erst das kleingeschnittene Suppengrün und die halbierte Zwiebel dazugeben, wiederum mit kochendem Wasser aufgießen und bei 200 °C (Gasbackofen: Stufe 3) anderthalb bis zweieinhalb Stunden fertigbraten. Den Braten dabei öfter begießen. Kurz vor dem Ende mit saurer Sahne bestreichen und anbräunen lassen. Den Braten herausnehmen und vor dem Anschneiden etwa zehn Minuten ruhenlassen. In der Zwischenzeit den Bratensaft aus der Fettpfanne abseihen, das Mehl in etwas kaltem Wasser anrühren und in den Bratensatz geben. Das Ganze nochmals zehn Minuten durchkochen lassen.

Kalbsvögerl

„Die Baierische Kochkunst gehört unstreitig unter die vorzüglichsten Teutschlands; dieß ist das einstimmige Urtheil aller Fremden“, heißt es im Baierischen National-Kochbuch von 1824. Nun – an Selbstbewußtsein hat es den Bayern noch nie gefehlt, und ihre bodenständige Küche kann sich wirklich sehen lassen. Der Gemüseanbau war und ist nicht die Stärke der Bayern, um so mehr spielt die Milchwirtschaft eine große Rolle. Und daraus haben sich eine Reihe hervorragender Kalbfleischrezepte entwickelt, wie beispielsweise die Kalbsvögerl.

**4 Kalbsschnitzel vom Schlegel,
1 Knoblauchzehe, 1 Zwiebel,
100 g Räucherspeck, Salz, Pfeffer,
Thymian, 1 EL Mehl, 150 g saure Sahne
(10 % Fett), ¼ l Weißwein, Petersilie**

Zwiebel, Knoblauchzehe und Speck fein wiegen und in einer Kasserolle hellgelb andünsten. Die Schnitzel klopfen, salzen, pfeffern und mit Thymian bestreuen. Die Zwiebel-Speck-Masse daraufstreichen, die Schnitzel einrollen und mit einem Bindfaden zusammenbinden. In der Kasserolle rundum anbraten, Mehl darüberstäuben und mit in der sauren Sahne verrührtem Weißwein ablöschen. Unter Rühren kurz aufkochen lassen und mit feingehackter Petersilie bestreuen.

Zu den Kalbsvögerln, die früher „gewickeltes Kalbfleisch“ hießen, reicht man „G'röste“ (Bratkartoffeln), feine Gemüse oder Salat.

Böfflamott

Dieses Gericht hat viel mit Geschichte zu tun, jedenfalls sein Name. Es muß während der zahlreichen, wenngleich immer wieder glücklich verlaufenen Belagerungen und Besetzungen Bayerns durch französische Truppen entstanden sein. Denn der Franzose nennt ein großes Stück Ochsenfleisch, das eingelegt in einem Sud mehrere Tage stehen muß, „Bœuf à la mode". Den Bayern hat's geschmeckt, und sie haben es eingedeutscht.

600 g Ochsenfleisch (Rose oder Bug).
Für die Beize: ¼ l Essig,
1 Petersilienwurzel, 1 Möhre,
1 Zwiebel, 3 Pimentkörner,
2 Nelken, 2 Lorbeerblätter,
4 Wacholderbeeren, Salz.
Für die Soße: 1 TL Zucker,
3 EL (30 g) Butter, 4 EL Mehl,
½ l Beizbrühe, 1 Glas Rotwein

Die Zutaten für die Beize sowie ¾ l Wasser in einen Topf geben und aufkochen lassen. Das Fleisch in eine Schüssel legen und mit der lauwarmen Beize übergießen. Zugedeckt zwei bis drei Tage kühl stehenlassen. Während dieser Zeit das Fleisch öfter wenden, damit es von allen Seiten durchzieht. Das Fleisch herausnehmen, die Beize zum Kochen bringen und eventuell etwas Wasser nachgießen, falls sie zu scharf ist. Das Fleisch in den kochenden Sud legen und bei kleiner Hitze etwa anderthalb Stunden gar kochen. Für die Soße den Zucker in der Butter hellgelb bräunen, das Mehl zugeben und goldbraun rösten, sofort mit der Beizbrühe aufgießen und etwas Rotwein dazutun, umrühren und etwa zehn Minuten kochen lassen. Anschließend durch ein Sieb geben und abschmecken. Das Fleisch in Scheiben schneiden, mit der Soße übergießen und mit Kartoffeln, Knödeln (Rezept siehe S. 210) oder Teigwaren servieren. Dazu einen frischen Salat reichen.

Mehldotsch

Dank seines enormen Gehalts an Nährstoffen gehört das Getreide zu den Grundpfeilern menschlicher Ernährung. Die wichtigsten bei uns bekannten und angebauten Getreidearten sind Weizen, Roggen, Hafer und Gerste. Aus den Mehlkörpern der einzelnen Getreidesorten wird das Mehl gemahlen. Dabei verwendet man Weizenmehl vorwiegend in der Küche zum Backen und Zubereiten von Mehlspeisen, während für Brot vielfach Roggenmehl verwendet wird. Gutes Mehl soll locker, griffig und elfenbeinfarbig sein, und man sollte es dunkel, kühl und vor allem trocken aufbewahren.

600 g Mehl, 1 Prise Salz, 1 EL Zucker, 2 Eier, bis zu ¼ l Milch, 4 EL (40 g) Butterschmalz, 750 g Obst (nach Belieben: Äpfel, Zwetschgen oder Kirschen)

Mehl, Salz und Zucker vermengen und die mit der Milch verrührten Eier hinzugeben. Das Ganze zu einem zähflüssigen Teig verarbeiten. In einer Auflaufform das Butterschmalz zergehen lassen, den Teig hineingeben und glattstreichen.

Geschälte, vom Kerngehäuse befreite und in Achtel geschnittene Äpfel oder entsteinte Zwetschgen oder Kirschen auf den Teig legen. Zur Verfeinerung kann man auch Rosinen und Zimt zugeben.

Den Mehldotsch in den Backofen schieben und etwa 45 Minuten bei 200–220 °C (Gasbackofen: Stufe 3–4) backen.

Bauchstecherl

Ein Getreidekorn enthält praktisch alle Nährstoffe und Vitamine, die für die Erhaltung des Lebens nötig sind. Leider gehen bei der Produktion von Mehl hochwertige Eiweiße, Mineralien, Vitamine und Fett verloren. Daher sollte man beim Einkauf von Mehl stets auf die Typenbezeichnung der Packung achten. Generell kann gesagt werden, je höher die Typenzahl, desto besser und wertvoller das Mehl. So bedeutet die Zahl 405, daß in 100 g Trockensubstanz Weizenmehl nur 405 mg Mineralstoffe enthalten sind, während die Zahl 1050 aussagt, daß der entsprechende Mineralstoffanteil wesentlich höher ist.

200 g Mehl, ½ TL Salz, 2 EL (20 g) Fett, 2 Eier, 150 g Semmelbrösel, 1 TL Zucker

Das Mehl mit Salz und etwa 100 ml heißem Wasser zu einem nicht zu festen Teig verarbeiten. Daraus mit der Hand kleine Nudeln drehen, die in kochendes Salzwasser gelegt werden. Etwa zehn Minuten kochen lassen, dann die Nudeln herausheben, gut abtropfen lassen und in eine gefettete Pfanne geben. Leicht anbraten. In eine zweite ausgefettete Pfanne die Eier schlagen und die Semmelbrösel untermischen. Das Ganze nicht zu stark bräunen lassen. Anschließend mit den Nudeln vermischen und mit Zucker abschmecken.

Apfelmus (Rezept siehe S. 310) als Beilage rundet dieses Gericht ab.

Semmelschmarrn mit Zwetschgeneigmachts

Der Schmarren ist eine der ältesten bayerischen Mehlspeisen. Entstanden ist er aus dem früher üblichen Brei aus Mehl und Fett, den es als Hauptspeise gab. Noch Ende des 15. Jahrhunderts sprach der Volksprediger Geiler von Kaisersberg von einem Brocken, Klumpen oder Bissen, wenn er den Schmarren meinte. Aber in einem Kochbuch, das im Jahr 1620 veröffentlicht wurde, heißt es schon: „Mach von weißem Brot und Butter ein Schmärrlein oder Gerösch.“ Und wenn einer unklar daherredet, so ist das in Bayern ebenfalls „ein Schmarrn“.

8 altbackene Brötchen, ½ l Milch, 6 Eier, 300 g Zucker, 80 g Rosinen, 1 unbehandelte Zitrone, 50 g Butter, 1 TL Zimt

Die Brötchen halbieren und in Scheiben schneiden, in eine große Schale zusammen mit der Milch, den Eiern, 250 g Zucker, den Rosinen und der abgeriebenen Schale einer Zitrone geben, alles miteinander verrühren und etwa 30 Minuten ziehen lassen.

In eine Pfanne Butter geben und heiß werden lassen. Die Semmelmasse hinzufügen und das Ganze in den Backofen schieben und etwa 20 Minuten bei 200 °C (Gasbackofen: Stufe 3) beidseitig backen. Anschließend den Schmarren in walnußgroße Stücke zerteilen (am besten mit zwei Löffeln) und in einer zweiten Pfanne, in der der Rest des Zuckers mit dem Zimt vermengt ist, pudern. Auf einer feuerfesten Platte anrichten. Dazu reicht man eingemachte Zwetschgen (Rezept siehe S. 302).

Topfennudln

In echten bajuwarischen Rezepten ist unter Schmalz immer Butterschmalz zu verstehen, und früher wären jeder Bäuerin die Mägde und Knechte weggelaufen, wenn sie etwas anderes verwendet hätte. Schmalz ist auch bei diesem Gericht die Hauptsache, das seinen Namen vom trockenen Quark hat, der in dieser Region auch Topfen genannt wird.

500 g Quark (Schichtkäse), 1 Ei,
10 g Hefe, etwa 100 g Mehl,
1 Prise Salz,
Butterschmalz zum Ausbacken

Der Quark wird mit dem Ei, der Hefe und dem Mehl gut durchgeknetet. Eine Prise Salz muß sein, nach Geschmack kann man aber auch mehr hinzufügen. Ist der Teig gut durchgeknetet, formt man etwa fingerdicke und fingerlange Würstchen, die in einem tiefen, feuerfesten Tiegel in heißem Butterschmalz ausgebacken werden. Das siedende Schmalz sollte so hoch im Tiegel stehen, daß die Würstchen darin schwimmen können. Auf keinen Fall dürfen sie den Topfboden berühren. Die Nudeln so lange backen lassen, bis sie sich nicht mehr vergrößern – und dabei sollte man nicht erschrecken, denn sie werden sehr groß! Die innen fast hohlen Nudeln mit dem Schaumlöffel herausheben und abtropfen lassen.

Je nach Geschmack ißt man dazu Sauerkraut (Rezept siehe S. 94) oder Preiselbeeren.

Münchner Prinzregententorte

Der Prinzregent Luitpold schätzte bis ins hohe Alter ein kühles Bad, und oft mußten seine Gäste wohl oder übel die kalte Freude mit ihm teilen. Ansonsten aber genoß der Prinzregent den Ruf eines fröhlichen und gütigen Menschen. Von der Hofkonditorei Rottenhöfer ist ihm daher diese Torte gewidmet worden.

Für den Teig: 250 g Butter, 250 g Zucker, 1 Vanilleschote, 4 Eier, 200 g Mehl, 50 g Speisestärke, ½ Päckchen Backpulver; Fett und Mehl für die Form. Für die Füllung: 250 g Butter, 175 g Puderzucker, 3 Eigelb, 100 g bittere Schokolade, Aprikosenmarmelade, 200 g Schokoladenglasur (Kuvertüre)

Für den Teig die Butter mit etwa drei Vierteln des Zuckers schaumig rühren, mit dem ausgekratzten Mark einer Vanilleschote aromatisieren und nach und nach zwei Eier sowie zwei Eigelb (das Eiweiß aufbewahren) einrühren. Dann das mit Backpulver und Speisestärke vermischte Mehl portionsweise einarbeiten. Zuletzt das Eiweiß mit dem restlichen Zucker zu sehr steifem Schnee schlagen und unterziehen. Aus dem Teig nacheinander acht dünne Böden backen: auf eine gefettete und bemehlte Springform (Durchmesser: 26 cm) etwa 3 EL des Teigs verteilen, bei 175–200 °C (Gasbackofen: Stufe 2–3) in etwa acht Minuten goldgelb backen und auf einem Rost erkalten lassen.

Für die Füllung die Butter schaumig rühren, den gesiebten Puderzucker und die Eigelb abwechselnd unterrühren. Zum Schluß die geschmolzene, aber nicht mehr warme Schokolade tropfenweise dazugeben. Die Tortenböden bestreichen und aufeinandersetzen. Das oberste Blatt mit Aprikosenmarmelade bestreichen, etwas antrocknen lassen und die ganze Torte mit Schokoladenglasur überziehen.

Leberkäs

Vielleicht das beliebteste bayerische Brotzeitschmankerl ist der Leberkäs. Dabei hat er weder etwas mit Leber noch mit Käse zu tun. Am besten schmeckt er, wenn er noch warm ist.

800 g Rindfleisch, 200 g Schweinefleisch, 250 g Speck, Salz, Pfeffer, 1 gehäufter TL Muskatblüte, 3 EL (30 g) Butter, 1 Zwiebel

Das Rind- und Schweinefleisch sowie den Speck getrennt durch den Fleischwolf drehen. Das durchgedrehte Rindfleisch zu einem festen Fleischteig drücken und zum Quellen kühl stellen. Danach wird der Teig mit dem Speck, Schweinefleisch und den Gewürzen vermengt und so viel lauwarmes Wasser hinzugefügt (etwa ¼–½ l), daß die Fleischmasse geschmeidig wird. Einen Bräter mit Butter ausstreichen, die gehackte Zwiebel hineingeben, mit dem Fleischteig ausfüllen und mit Wasser bepinseln. Im Backofen etwa eine Stunde bei 175 °C (Gasbackofen: Stufe 2) braten.

Gwichste

Diese Knödel haben ihren Namen wohl daher, daß sie so glatt und glänzend sind wie ein frisch gewichster Schuh. Sie werden ohne viel Raffinesse zubereitet und sind recht hart und glasig, so daß es manchmal schwierig ist, sie mit der Gabel anzustechen.

500 g Roggenmehl, 1 gute Prise Salz

Das Roggenmehl wird mit dem Salz und nur so viel lauwarmem Wasser verrührt, daß ein fester Teig entsteht. Von diesem Teig kleine Stücke abzupfen und unter der Hand rollen, so daß Knödel entstehen, die nicht größer als ein Fünfmarkstück sein sollten. Die Knödel werden in kochendes Wasser gegeben und sind nach gut zehn Minuten gar. Manchmal werden den Gwichsten noch Schwarzbrotwürfel beigegeben.

Gwichste sollte man zu einem recht kräftigen Schweine- (Rezept siehe S. 140) oder Gänsebraten (Rezept siehe S. 134) essen.

Oberpfälzer Schuh

Die Oberpfalz gehört – wie Nieder- und Oberbayern – zu den altbayerischen Kernlanden. Und eine besondere Leibspeise der Oberpfälzer ist der Schuh, im Landesdialekt „Schouch“ ausgesprochen. Diese Art Mürbeteig verdient es, über die Landesgrenzen hinaus bekannt zu werden, denn man kann ihn zu Kompott oder Gemüse essen.

250 g Mehl, 1 Ei, 50 g Butter, 3 EL saure Sahne (10% Fett)

Aus allen Zutaten einen Teig kneten und etwa eine halbe Stunde kühl stellen. Anschließend wird der Teig auf einem Nudelbrett fingerdick ausgerollt. Den ausgerollten Teig auf ein Backblech geben und bei gut 200 °C (Gasbackofen: Stufe 3) im Ofen so lange backen, bis er zartbraun geworden ist. Erst nach dem Abkühlen in portionsgroße Stücke schneiden.

In der Oberpfalz bevorzugt man als Beilage zu dem „Schouch“ vor allem Kohlrüben und Kartoffelgemüse.

Rohrnudeln

Früher beschränkten sich die Variationsmöglichkeiten der Hausfrau auf den geschickten Umgang mit Mehl, Milch, Eiern und Schmalz. Ein Ergebnis sind die Rohrnudeln.

500 g Mehl, 20 g Hefe, ¼ l Milch, 1 EL Zucker, 1 Prise Salz, 1 Ei, 50 g Butter, 80 g Sultaninen, 100 g Margarine

Etwas Mehl, lauwarme Milch, Zucker und Hefe verrühren und etwa 15 Minuten gehen lassen. Danach die restliche Milch, Mehl, Salz, Ei und zerlassene Butter mit dem Vorteig verarbeiten, die Sultaninen zufügen, gut durchkneten und nochmals gehen lassen, bis sich Blasen zeigen. In einem Bräter die Margarine zergehen lassen, aus dem Teig mit dem Eßlöffel kleine Laibe formen, im Fett des Bräters wälzen und nebeneinanderschichten. Im Backofen bei 220°C (Gasbackofen: Stufe 4) etwa 30 Minuten backen, bis die Rohrnudeln goldbraun aussehen und gut aufgegangen sind.

Scheiterhaufen

Wie dieses Gericht zu seinem an Hexenverbrennungen erinnernden Namen kommt, wird wohl ein Geheimnis bleiben. Wahrscheinlich heißt es so, weil hier Schicht auf Schicht gepackt wird und das Ganze in der Röhre schmoren muß.

10–12 altbackene Brötchen oder 500 g altbackenes Weißbrot, ¾ l Milch, 1 Prise Salz, 30–50 g Zucker, 2–3 Eier, 750 g Äpfel, etwas Zitronensaft, 2 EL (20 g) Butter, 30–50 g Sultaninen, 4 EL saure Sahne (10 % Fett), 4 EL Quark; ½ l Milch, 2 EL Zucker, 20 g (1 Päckchen) Vanillesoßenpulver

Die Brötchen oder das Weißbrot kleinschneiden. Die Milch mit Salz, Zucker und den Eiern gut verquirlen und über die Brötchen gießen (etwas von der Eiermilch zurückbehalten), ziehen lassen. Die Äpfel schälen, vom Kerngehäuse befreien, grob raspeln und mit Zitronensaft beträufeln. Eine Auflaufform ausfetten und die eingeweichten Brötchen abwechselnd mit den Äpfeln und gewaschenen Sultaninen einschichten; mit einer Brötchenschicht aufhören. Etwas glattstreichen und die restliche Eiermilch darübergießen. Bei 180–200 °C (Gasbackofen: Stufe 3) etwa 30 Minuten backen. Die saure Sahne und den Quark gut verrühren, auf den fast garen Scheiterhaufen geben und nochmals im Rohr überbacken lassen. Aus Milch, Zucker und dem Vanillesoßenpulver nach Packungsanleitung eine Soße zubereiten und dazu reichen.

Schuchsen

Der Name kommt von „eines Mann's Schuhlänge", so groß also sollen einmal diese Schmalznudeln gewesen sein.

350 g Roggenmehl, 150 g Weizenmehl, knapp ½ Tasse Sauerteig (vom Bäcker), 1 Prise Salz, ⅛ l Milch (je nach Feuchtigkeit des Quarks), 250 g Quark, Schweineschmalz zum Ausbacken

Aus der Hälfte des Mehls und der Milch sowie dem Sauerteig einen Vorteig bereiten und 30 Minuten gehen lassen. Dann aus allen Zutaten einen mittelfesten Teig bereiten und nochmals eine Stunde gehen lassen. Den Teig zerteilen, daraus längliche, dünne Flecken ausrollen und diese in heißem Schweineschmalz goldbraun backen.

Essignudeln

Die Essignudeln sind fast in Vergessenheit geraten. Doch noch bis vor 50 Jahren reichte man sie abends nach getaner Arbeit, und besonders bei der ländlichen Bevölkerung waren sie während der Erntezeit als Beigabe zu den Mahlzeiten beliebt.

250 g breite Nudeln, Salz, ¼ l Essig, feingeschnittener Schnittlauch

Die Nudeln in kochendem Salzwasser weich kochen, abseihen, kalt überbrausen. In eine Schüssel geben und so viel Essigwasser darüber gießen, daß sie ganz bedeckt sind. Kalt stellen. Vor dem Essen das Essigwasser abgießen, die Nudeln mit feingehacktem Schnittlauch bestreuen und zusammen mit Wurstbroten servieren.

Eingebackener Leberkäs

Beim Leberkäs scheiden sich in Bayern die Geister. Während er nördlich der Donau seinem Namen zumindest die halbe Ehre bereitet – hier ist wirklich Leber drin –, schwören die Metzger und Liebhaber in München und Altbayern auf ihren „leberfreien Käse" und kontern Angriffe mit der Bemerkung, daß in der Bierwurst schließlich auch kein Bier sei.

175 g Mehl, 1 Prise Salz, 2 Eier, ¼ l Milch, 4 Leberkässcheiben, 60 g Fett

Aus Mehl, Salz, Eiern und Milch einen flüssigen Pfannkuchenteig rühren. Die Leberkässcheiben leicht einmehlen und in den Teig tunken. Fett in der Pfanne auslassen und die Leberkässcheiben von jeder Seite etwa vier Minuten braten.

Dazu serviert man frischen Endiviensalat und ein kühles Bier.

Obatzda

Den guten französischen Camembert verfeinern die Bayern noch etwas, indem sie ihm einen Doppelrahm-Frischkäse zusetzen. Da das Ganze mit Gewürzen und anderen Zutaten angereichert wird, nennen es die Bayern „Obatzda", was soviel wie „angepatzter" oder – für an hochdeutsche Laute gewohnte Ohren – angemachter Käse bedeutet.

500 g reifer Camembert, 200 g Doppelrahm-Frischkäse, 80 g Butter, Salz, Pfeffer, Kümmel, Paprikapulver, 2 feingehackte Zwiebeln, 4 EL Bier

Camembert und Frischkäse mit einer Gabel fein zerdrücken und miteinander vermischen. Die Butter und die anderen Zutaten hinzugeben und zu einer Masse verarbeiten. Zum Schluß das Bier über den Klumpen gießen und nochmals kräftig durchmischen. Dazu Radieschen, Brötchen oder Laugenbrezeln reichen.

Und auf keinen Fall darf eine kühle Maß Bier dabei fehlen!

Hausgemachter süßer Senf

Schon im 4. Jahrhundert v. Chr. würzten die Griechen mit Senf. Damals galt der Senf von der Insel Zypern als lukullische Delikatesse. Doch erst gut 1000 Jahre später gelangte dieses schmackhafte Gewürz nach Mitteleuropa, wo es vor allem von den Franzosen und Deutschen in unzähligen Variationen angeboten wird. Unbestritten gilt der süße Senf, der bei keinem Weißwurstessen fehlen darf, als eine Errungenschaft bajuwarischer Kochkunst.

250 g Farinzucker (brauner Zucker), 250 g gelbes Senfmehl, 125 g grünes Senfmehl (entölt), 700 ml Essig, 1 große Prise Salz

Den Farinzucker zusammen mit dem gelben und grünen Senfmehl in einen Topf geben und gut vermischen. Den Essig und die gleiche Menge Wasser in einen anderen Topf geben, mit Salz abschmecken, aufkochen lassen und sofort über das Gemisch aus Farinzucker und Senfmehl gießen. Alles miteinander gründlich verrühren und erkalten lassen.

Je nach persönlichem Belieben kann der süße Senf noch zusätzlich mit geriebenem Meerrettich, feingehacktem Schnittlauch, Dill und Petersilie geschmacklich verfeinert werden.

Im schönen Land der Franken fühlt man sich auf Anhieb wohl. Hier bringt man dem Fremden eine natürliche Freundlichkeit entgegen; Lebensfreude und Humor, Individualismus und Weltoffenheit kennzeichnen das Wesen der Franken. Und Gemütlichkeit wird in dem Land zwischen Rhön – hier bei Geroda – und Fränkischer Alb, Fichtelgebirge und Spessart großgeschrieben

Franken

Es gibt wohl niemanden, der überzeugend sagen könnte: „Das ist Franken!" Franken war und ist ein Land, das eine Mittlerrolle einnimmt zwischen Ost und West, Nord und Süd und das dadurch zum Sammelbecken der verschiedensten Einflüsse und Ideen geworden ist. Daß es aufgrund dieser Tatsache nicht zur bestimmenden Drehscheibe wurde, liegt wohl daran, daß die Franken sich nie unter einer Fahne zusammenfinden konnten. Aber vielleicht ist es gerade die Vielfältigkeit, die den besonderen Reiz dieser Region ausmacht. „Franken ist wie ein Zauberschrank; immer neue Schubfächer tun sich auf und zeigen bunte, glänzende Kleinodien, und das hat kein Ende", schrieb vor 150 Jahren der Dichter Karl Immermann – ein Preuße – über das Land der Franken.

Das vielgestaltige Mosaik Franken bietet Schmucksteine wie die in ihrer historischen Ursprünglichkeit erhaltenen Landstädtchen Rothenburg und Dinkelsbühl; die immer noch mittelalterlich geprägte Reichsstadt Nürnberg, Heimat Albrecht Dürers und Hans Sachs'; das von der Romanik bis zum späten Barock alle Stilepochen in sich vereinigende Bamberg; das – auch ohne Festspiele – reizvolle Markgrafenstädtchen Bayreuth, das sich Richard Wagner und Jean Paul zur Heimat wählten; die durch die Barockbauten Balthasar Neumanns geprägte Residenzstadt der Fürstbischöfe von Würzburg; Aschaffenburg mit dem Renaissanceschloß der Mainzer Erzbischöfe und dem Pompejanum des Bayernkönigs Ludwig I.

Das einigende Element in all der Vielfalt ist der Main, der ganz Franken von Ost nach West durchzieht. Er entspringt im Fichtelgebirge, ge-

nährt vom Weißen und vom Roten Main, und er verläßt das Land bei Aschaffenburg, an den Ausläufern des Spessarts.

Doch abgesehen von diesem verbindenden Wesen des Mains, liegt seine zweite große Bedeutung darin, daß er gleichsam die Schlagader des „Bocksbeutellandes" ist. Dieses gesegnete Land des Weins beginnt im Osten dort, wo der Main die engen Täler zwischen Steigerwald und Haßbergen verläßt; von hier ziehen sich die Rebpflanzungen nach Westen bis hinter die Hochwälder des Spessarts bei Aschaffenburg, nach Norden saaleaufwärts bis zu den Rhönkuppen und nach Süden tauberaufwärts bis zum Rand der Frankenhöhe. Hauptsächlich Silvaner und Riesling werden angebaut, und an der Schwelle zwischen Spessart und Odenwald wächst der als „Süßschwarzer" bezeichnete Frühburgunder wie auch der Spätburgunder.

Was für Unterfranken der Wein, das ist für Mittel- und Oberfranken das Bier, das nicht zuletzt dank der Güte des Quellwassers von hervorragender Qualität ist. Seit mehr als 500 Jahren wird in Franken Bier gebraut, und heute ist Mittelfranken das zweitgrößte Hopfenanbaugebiet Deutschlands. Berühmt sind der Kulmbacher „Eisbock", mit 28 Prozent Stammwürze das stärkste Bier der Welt, und das Bamberger „Schlenkerla", dessen Gerste über dem Rauch von Buchenholzscheiten getrocknet wird.

Doch in Franken trinkt man nicht nur gut, man versteht sich auch auf gutes Essen. Und die vielen kleinen Wirtshäuser, Dorfgaststätten und Waldschenken verlocken den durch Franken Reisenden zu immer neuen Gaumenfreuden. Im Spessart, dem ehemaligen Jagdrevier der Kurfürsten von Mainz, sollte man sich die köstlichen Wildgerichte nicht entgehen lassen, doch hier wie auch anderswo in Franken sei vor einer Eigenschaft der fränkischen Küche „gewarnt": Sie ist denkbar ungeeignet für Diätapostel! Es sei denn, man ißt Fisch. Im November und Dezember stößt man neben der Eingangstür fast aller Lokale auf große schwarze Tafeln mit der Aufschrift: „Frischer Spiegelkarpfen aus dem Aischgrund", dem berühmtesten Zuchtgebiet

Ebenso berühmt wie der fränkische Wein ist auch das fränkische Bier. In Mittelfranken, dem zweitgrößten Hopfenanbaugebiet Deutschlands, stößt man allenthalben auf weite Felder mit hohen Stangen, an denen sich der Hopfen hinaufwindet, und auf die charakteristischen Hopfenspeicher. Schon seit Jahrhunderten wird in kleinen und großen Brauereien die hohe Kunst des Bierbrauens gepflegt

FREMDENZIMMER
23

für den „Dicken“ in Franken. Und was im November die Karpfen, das sind in der Fränkischen Schweiz die frischen Forellen.

Weltweit bekannt sind auch die fränkischen Bratwürste, urkundlich belegt seit 1341. Doch auch hier zeigt sich die Vielfalt Frankens: Während in Nürnberg beispielsweise die fingerlangen und fingerdicken Rostbratwürste bevorzugt werden, schwört jede andere fränkische Stadt auf ihre Art, Würstchen zu fertigen, und nimmt für sich in Anspruch, das beste und schmackhafteste Rezept für diese Spezialität zu haben. Grundsätzlich läßt sich sagen, daß die kleinen „Bratwürstl“ immer auf einen Rost gehören, während die großen auch in der Pfanne gebraten oder als „Blaue Zipfele“ in einem Essigsud mit viel Zwiebeln gegart werden. Dazu gehört dann fränkisches Sauerkraut und frisches Brot.

Apropos Brot: In diesem Punkt sind die Franken heikel. Brot ist für sie nicht gleich Brot, und an ein knuspriges Bauernbrot, das – frisch gebacken – auch ohne „Beilagen“ eine Köstlichkeit sein kann, stellen sie höchste Ansprüche.

Doch nicht nur herzhaft-deftig lieben es die Franken; eine süße Sache hat sie in aller Welt berühmt gemacht: Nürnberger Lebkuchen, die wie der Christkindlesmarkt mit den Rauschgoldengeln zu Weihnachten die Augen der Kinder wie auch der Erwachsenen glänzen lassen.

Ein Kleinod Frankens ist Rothenburg ob der Tauber (im großen Bild links: Klingengasse mit Klingentor), das – wie die zahlreichen schönen, alten Wirtshausschilder erkennen lassen – seine Gäste auch kulinarisch zu verwöhnen bereit ist.
Unverwechselbares Wahrzeichen des Frankenweins ist die seit 3000 Jahren bekannte Flaschenform des Bocksbeutels (kleines Bild oben)

Pfifferlingssuppe

Das Frankenland ist reich an Wäldern, und der Kundige findet immer noch genügend eßbare Pilze, darunter die beliebtesten wie Pfifferling und Steinpilz. Auf fränkischen Küchenzetteln finden sich daher immer wieder Pilzgerichte, und eine Spezialität sind zweifellos die Pilzsuppen. Berühmt ist die fränkische „Staapilzsuppe“, nicht weniger bekannt jedoch ist die hier beschriebene Pfifferlingssuppe.

250 g frische Pfifferlinge, 1 Zwiebel, 80 g Butter, ½ l Milch, ½ l Fleischbrühe, Pfeffer, 1 EL Mehl, 150 g Schlagsahne (30 % Fett), frischer Dill, Weißbrotwürfel

Die Pfifferlinge putzen, gut waschen und kleinschneiden. Die Zwiebel würfeln und in 50 g Butter anschwitzen. Die Pfifferlinge dazugeben und etwa zwei Minuten dünsten lassen. Dann gießt man die Milch und die Fleischbrühe darüber und läßt das Ganze weitere zehn Minuten köcheln. Mit frisch gemahlenem Pfeffer würzen, anschließend die Masse in ein Sieb gießen. Den durchgeseihten Pilzsaft mit in 1 EL (10 g) Butter verknetetem Mehl binden und die im Sieb verbliebenen Pfifferlinge wieder dazugeben. Zum Schluß mit der Sahne und gehacktem Dill verfeinern. Die Weißbrotwürfel in der restlichen Butter rösten und zum Garnieren auf die Suppe geben.

Rebhuhn „Weinhändler“

Es ist nicht verwunderlich, daß ein so waldreiches Gebiet wie Franken eine Fülle hervorragender Wildgerichte zu bieten hat. Ob im Spessart oder Fichtelgebirge, im Frankenwald, in der Rhön, im Steigerwald oder auf der Fränkischen Alb – vom deftigen Hasenpfeffer bis zum delikaten Rebhuhn, in Franken auch „Rebhächle“ genannt, trifft man dort alles an, was des Wildliebhabers Herz erfreut.

4 junge Rebhühner, Weinblätter, 200 g geräucherter Speck, kleine Weintrauben, Salz, Butterschmalz, Butter.
Für das Weinkraut:
500 g Weinsauerkraut, 4 EL (40 g) Schweineschmalz, ⅛ l Fleischbrühe, ⅛ l Weißwein, 3 Zwiebeln, 2 Lorbeerblätter, 8 Wacholderbeeren, 8 Pfefferkörner, 250 g Äpfel

Die Rebhühner leicht salzen, mit Weinblättern belegen und mit dünnen Scheiben durchwachsenen Specks umwickeln, alles mit Garn festbinden. In einem Bräter mit Butterschmalz 20–30 Minuten im Backofen bei 225 °C (Gasbackofen: Stufe 4) braten. Nachdem die Rebhühner gar sind, die Fäden entfernen und die „Rebhächle“ auf Weinkraut anrichten.

Für das Weinkraut Schmalz zerlassen, die kleingeschnittenen Zwiebeln darin glasig rösten und das Weinsauerkraut dazugeben. Die geschälten, in kleine Stifte geschnittenen Äpfel dazugeben, mit Fleischbrühe und Weißwein aufgießen. Die Gewürze hinzufügen und das Ganze bei milder Hitze etwa 45 Minuten dünsten. Zum Schluß die Lorbeerblätter herausnehmen und das Kraut nach Belieben mit einem weiteren Glas Wein verfeinern.

Zu dem Rebhuhn reicht man kleine, in Butter glacierte Weintrauben und Kartoffelpüree.

Fränkische Karpfensuppe

Franken ist fischreich. Daher verwundert es nicht, daß auf der Speisekarte der Franken viele delikate Fischgerichte stehen. Der schlammiges und ruhiges Wasser liebende Spiegelkarpfen kommt aber nicht nur aus dem dafür berühmten Aischgrund, sondern auch aus den zahlreichen kleinen Flüssen und stillen Weihern des Frankenlandes.

Etwa 1 kg schwerer Karpfen, 50 g Butter, 1 TL Salz, 1 Möhre, ½ Stange Lauch, ¼–½ Sellerie, 2 Lorbeerblätter, 1 Zwiebel, Pfefferkörner, Salz, 1 Eiweiß, Petersilie

Den Karpfen ausnehmen, waschen und entgräten. Die Gräten, Flossen und den Kopf in Butter anschwitzen und mit 1½ l leicht gesalzenem Wasser aufgießen. Möhre, Lauch und Sellerie putzen und kleinschneiden und zusammen mit der mit Lorbeerblättern gespickten Zwiebel und den Pfefferkörnern hinzufügen. Das Ganze kurz aufkochen und anschließend 20 Minuten ziehen lassen.

Die Brühe durch ein Sieb gießen und mit verschlagenem Eiweiß klären. Dann das in Stücke geschnittene Karpfenfleisch als Einlage hinzufügen und nochmals kurz aufkochen lassen.

Vor dem Servieren gehackte Petersilie über die Suppe streuen.

Karpfen „Nürnberger Art“

Franken, das Land der Schlösser und der alten Fachwerkhäuser, ist zwischen Jura und Frankenwald übersät mit Karpfenteichen. 5000 sollen es in Oberfranken, 4000 in der Oberpfalz und fast 3000 im Pegnitz-, Regnitz- und Wörnitzgebiet sein. Zwar gilt der „Dicke“ aus dem Aischgrund als die Krone aller Spiegelkarpfen, doch werden auch die Karpfen aus den Zuchtweihern um Fürth und aus dem oberpfälzischen Städtchen Hirschau als erstklassige Delikatesse angesehen.

**Etwa 1 kg schwerer Karpfen,
1 Flasche Pils-Bier, Salz, Pfeffer,
Paprikapulver, Mehl, 1 EL (10 g)
Butterschmalz, 3 EL (30 g) Butter.
Für die Meerrettichsahne:
100 g Schlagsahne (30 % Fett),
1 geriebener Apfel, 1 EL frisch geriebener
Meerrettich**

Den Karpfen ausnehmen, säubern und längs teilen. Der halbierte Fisch wird etwa 15 Minuten in reichlich Bier mariniert. Danach nimmt man die Hälften heraus, salzt sie ein und würzt sie mit frisch gemahlenem Pfeffer und etwas Paprikapulver. Anschließend wälzt man sie in Mehl und läßt sie mit Butterschmalz in einem Bräter ohne Deckel im Backofen bei 200 °C (Gasbackofen: Stufe 3) braten. Ab und zu mit Bratfett übergießen. Der Karpfen ist gar, wenn die Kiemen gleichmäßig braun sind. Dann wird das Bratfett abgegossen, Butter in die Pfanne gegeben und der Fisch nochmals damit übergossen. Sofort anrichten und mit Meerrettichsahne und Petersilienkartoffeln servieren.

Für die Meerrettichsahne schlägt man die Schlagsahne steif und hebt langsam den geriebenen Apfel und den Meerrettich unter.

Meefischli, gebacken

Die „Meefischli“ sind eine Spezialität Würzburgs, der mainfränkischen Bischofsstadt mit ihrem Dom und den mehr als 40 Kapellen. Hier führt den Feinschmecker sein Weg unausweichlich zum Lokal der „Schiffbäuerin“, dem ältesten Weinlokal der Stadt, um dort „Meefischli“ – auf hochdeutsch „Mainfischchen“ – zu verzehren. Es sind kleine und kleinste Weißfische, die hier im Main schwimmen. So wie gefangen, werden sie in schwimmendes Fett geworfen und anschließend aus der Hand gegessen, also mit allem, was drin und dran ist; nur die größeren werden vor dem Backen ausgenommen. Zur Krönung des Genusses trinkt man dazu einen erdigen Frankenwein.

**1 kg Meefischli, Zitronensaft, Salz,
2 EL Mehl, 1 Messerspitze Zimt,
Fett zum Backen,
Zitrone und Petersilie zum Garnieren**

Die Meefischli schuppen, die größeren ausnehmen, gründlich waschen, anschließend salzen und mit Zitronensaft beträufeln. Die Meefischli etwa eine Stunde ziehen lassen. Danach Mehl und Zimt vermischen, die Meefischli darin wenden, in siedend heißes Fett geben und darin goldgelb und knusprig ausbacken.

Vor dem Servieren mit Zitronenscheiben und Petersilie garnieren. Dazu reicht man Kartoffelsalat (Rezept siehe S. 70) und einen herben Frankenwein.

ORIGINAL A
1966
Thüngersheime
Riesling C
LLEREI

Schnickerli

Ein Norddeutscher wird ungläubig den Kopf schütteln, wenn man ihm erzählt, daß das Euter einer Kuh eßbar und obendrein noch eine Delikatesse sei. Die Franken – wie auch die Schwaben – sind jedoch felsenfest davon überzeugt, und zwar aus Erfahrung. Und will ein Franke einen Norddeutschen in diesem Punkt „bekehren", so ist es ratsam, das fertige Gericht dem Fremden auf den Tisch zu stellen, es kräftig dampfen zu lassen, damit er so richtig auf den Geschmack kommt, ihm ein fröhliches „Wohl bekomm's" zuzurufen und ihn essen zu lassen. Erst nach dem Essen sollte man ihn einweihen, denn daß es schmeckt, weiß er dann.

1 kg gut geputztes und gewaschenes Kuheuter, 1 Bund Suppengrün (1 Stück Sellerie, 2 Möhren, 1 Stange Lauch), 1 Zwiebel, 2 Nelken, 1 Lorbeerblatt. Für die Soße: 1 EL (10 g) Butter, 2 EL Mehl, ¼ l Weißwein

Das Kuheuter in Stücke schneiden und zusammen mit dem geputzten und kleingeschnittenen Suppengrün, Zwiebel, Nelken und Lorbeerblatt in kochendes Salzwasser geben und etwa zwei Stunden gar kochen lassen. Aus Butter und Mehl eine Mehlschwitze herstellen und mit etwas Kochbrühe aufgießen. Mit Weißwein abschmecken. Die Schnickerli aus der Brühe nehmen, abtropfen lassen und in die Soße geben. Dazu reicht man Kartoffelbrei.

Gefüllter Gänsehals

Füllungen sind oftmals die Überraschung einer guten Mahlzeit – schließlich haben sich die jeweiligen Zutaten von einer Generation auf die andere vererbt, und jede Hausfrau ist stolz darauf, hier einmal ihr besonderes Können und ihren ganz speziellen Geschmack zu beweisen. Gefüllter Gänsehals schmeckt warm, aber auch kalt ist er eine sehr leckere Brotauflage.

1 Gänsehals, Gänseleber, Magen und Herz, 100 g Bratwurstbrät, 1 Ei, 1 kleine Zwiebel, 1 Bund Petersilie, 1 EL Semmelmehl, 1 Prise Salz, Pfeffer, Majoran, Muskat und Oregano, 50 g Butter

Mit einem spitzen Messer vorsichtig die Haut vom Gänsehals ziehen und diese nach dem Säubern und Waschen mit einem Zwirnsfaden zunähen. Leber, Magen und Gänseherz sehr kleinschneiden oder -hacken, mit dem Bratwurstbrät, dem Ei, der sehr fein geschnittenen Zwiebel, der gehackten Petersilie und dem Semmelmehl vermengen und zum Schluß mit den Gewürzen abschmecken. Diese Füllung in den Gänsehals geben und gut zubinden. Den Backofen auf 200°C (Gasbackofen: Stufe 3) heizen, den gefüllten Hals mit etwas Butter in einen Bräter geben und in der Röhre etwa 45 Minuten braten lassen. Während der Bratdauer immer wieder mit zerlassener Butter bepinseln.

Besonders gut schmecken zu dem Gänsehals Kartoffelsalat (Rezept siehe S. 70) und ein kühles Bier.

Geröstel

Daß die Nürnberger einst die größte Bratwurst herstellten, ist hinlänglich bekannt: Auf einem Kupferstich von Lucas Schnitzler aus dem Jahr 1658 wird ihre Länge mit 658 Ellen angegeben, und 1514 Pfund soll sie gewogen haben. Wie lang diese Riesenwurst aber wirklich war, ist nicht exakt zu bestimmen, denn das alte Ellenmaß hatte unterschiedliche Längen. Setzt man aber voraus, daß in diesem Fall die bayerische Elle mit 83,8 Zentimetern gemeint war, so wäre diese Wurst sage und schreibe 548 Meter lang gewesen! Noch heute hat fast jeder größere Ort im Frankenland seine spezielle Wurstsorte und ist stolz darauf. Eines aber bekommt man in ganz Franken in hervorragender Qualität: den Preßsack. Da man ihn im hohen Norden nicht erhält, sollte sich der Gast von einem Besuch im Frankenland stets genügend mitbringen, um vielleicht einmal zu Hause die folgende außerordentlich pikant schmeckende Spezialität nachzukochen. Notfalls kann man aber auch auf den im Norden ebenfalls bekannten Schwartenmagen zurückgreifen.

500 g Kartoffeln, 2 Zwiebeln, 150 g roter Preßsack oder roter Schwartenmagen, 150 g weißer Preßsack oder weißer Schwartenmagen, 150 g Leberwurst, 2 Gewürzgurken, 6 Eier

Die Kartoffeln in der Schale garen, pellen, in dünne Scheiben schneiden und mit Zwiebelringen in der Pfanne anrösten. Die Wurst in Würfel schneiden und zusammen mit den ebenfalls gewürfelten Gurken dazugeben. Die aufgeschlagenen Eier gut vermengen und über die Masse geben. Nun das Ganze etwas zusammenschieben, eine Hälfte überschlagen, aus der Pfanne gleiten lassen und anrichten.

Pichelsteiner Topf

Woher der Pichelsteiner Topf eigentlich stammt, weiß so recht niemand. Die einen behaupten, er sei im kleinen Örtchen Büchelstein im Bayerischen Wald zum erstenmal gekocht worden. Die anderen dagegen meinen, daß dieses Eintopfgericht aus verschiedenen Fleischsorten, Gemüse und Kartoffeln eine fränkische Erfindung sei. Wie auch immer – der Pichelsteiner Topf gehört heute zur fränkischen Hausmannskost wie der Karpfen und die Blauen Zipfel.

100 g durchwachsener Speck, je 200 g Rind-, Kalb- und Schweinefleisch, nach Belieben auch noch 200 g Hammelfleisch, 50 g Rindermark, 2 Zwiebeln, 1 Stange Lauch, 1 Kohlrabi, ½ Sellerieknolle, 2 Möhren, 1 kleiner Wirsingkohl, 125 g grüne Bohnen, 500 g Kartoffeln, ¼ l Fleischbrühe, etwas Weißwein, 1 Messerspitze Majoran, je 1 Prise Salz und Pfeffer, 1 Bund Petersilie

Den Speck würflig schneiden und zusammen mit dem Rindermark in einem großen Topf auslassen. Das Fleisch ebenfalls würfeln, das Gemüse putzen und kleinschneiden, die Kartoffeln schälen und in Würfel schneiden. Das Fleisch kurz anbraten, dann das Gemüse und die Kartoffeln schichtweise dazugeben. Brühe und nach Belieben etwas Weißwein aufgießen und zum Schluß mit Majoran, Salz und Pfeffer würzen. Das Ganze muß etwa eine bis anderthalb Stunden zugedeckt bei schwacher Hitze weich köcheln. Wenn alles gar ist, die Petersilie fein gehackt darübergeben.

Bamberger Krautbraten

Bamberg, in Mittelalter und Neuzeit immer wieder das „deutsche Rom“ genannt, hat neben seinen prächtigen Barockbauten und romantischen Winkeln auch vieles zu bieten, was Leib und Seele zusammenhält. Dieser Krautbraten ist dafür der beste Beweis.

**500–750 g schwerer Weißkrautkopf,
50 g Schweineschmalz, 1 Zwiebel,
1 Lorbeerblatt, 1 Gewürznelke,
je 150 g Rinder- und Schweinehack sowie
würflig geschnittenes Schweinefleisch
(oder Bratenreste), Pfefferkörner, Salz,
50 g durchwachsener Speck,
2 EL saure Sahne (10 % Fett)**

Den Krautkopf waschen, kurz in heißes Wasser geben, 6–8 große Blätter ablösen, das restliche Kraut in kleine Würfel schneiden und in heißem Schmalz mit der kleingeschnittenen Zwiebel und einer Prise Salz, dem Lorbeerblatt und der Nelke weich dünsten. Einen gut gefetteten Bräter mit 3–4 großen Krautblättern auslegen. Das gedünstete Kraut mit dem Hackfleisch, den Fleischwürfeln sowie etwas Pfeffer und Salz gut vermischen. Diesen Fleischteig auf die Krautblätter geben und alles mit den restlichen Krautblättern abdecken, die mit dünnen Speckscheiben belegt und mit der sauren Sahne bestrichen werden. Das Ganze wird im heißen Ofen bei 220 °C (Gasbackofen: Stufe 3) gut eine Stunde gebacken und in Scheiben geschnitten aufgetragen.

Geräuchertes Schweineschäufele

Brillat-Savarin, der berühmte Feinschmecker aus Frankreich, der den Genuß der Tafelfreuden auch literarisch verarbeitete, soll einmal gesagt haben: „Sage mir, was du ißt, und ich sage dir, wer du bist.“ Dies mag für die Klassengesellschaft der letzten Jahrhunderte richtig gewesen sein. Doch wer vermag heute, wo die Speisekarten sich in vieler Hinsicht ähneln, auf Beruf und Stand eines Gastes zu schließen, der geräuchertes Schweineschäufele ißt? Allenfalls könnte man einen Tip auf seine landsmannschaftliche Herkunft wagen – ein Franke könnte es sein, vor allem dann, wenn er zu diesem Gericht „Scheiferla“ sagt.

4 geräucherte, je etwa
400–500 g schwere Schäufele,
1 kg frisches Sauerkraut

Aus der Schweineschulter wird die Schaufel mit Schaufelknochen und Schwarte herausgeschnitten und längsseits durchgesägt. Dann werden die Stücke eingepökelt und anschließend heiß angeräuchert. Einfacher ist es, sich die Stücke beim Metzger fertig schneiden, sägen und räuchern zu lassen. Man steckt die Schäufele in frisches, rohes Sauerkraut, gießt ½ l Wasser darüber und kocht das Ganze in einem geschlossenen Topf etwa eineinviertel Stunden. Das Sauerkraut soll nicht gewürzt werden, damit es den Eigengeschmack des geräucherten Fleisches erhält. Das gargekochte Fleisch wird mit dem Sauerkraut und Kartoffelpüree serviert.

Nürnberger Rostbratwürste und Sauerkraut

Kein Schweinfurter Wiesenfest, keine Würzburger Kilianifeier und keine Bamberger Sandkärwa ohne den frankenverbindenden Bratwurstgeruch. Daß die Franken denn auch den Weltrekord im Verzehren ihrer Bratwürste halten, ist fast eine Selbstverständlichkeit. Stellvertretend für die vielen fränkischen Bratwürste sei hier das Rezept der berühmten Nürnberger Rostbratwürste aufgeführt.

Für die Bratwürste:
500 g Schweinefleisch, 150 g Kalbfleisch, 1 Prise feingewiegter Kümmel, 1 Prise Muskat, ½ TL Majoran, Salz, Schweine- oder Schafsdärme, etwas Schweineschmalz.
Für das Sauerkraut: 750 g Sauerkraut, 50 g Schweine- oder Butterschmalz, 1 Zwiebel, einige Wacholderbeeren, 1 Lorbeerblatt, Salz, Pfeffer, 1 Prise Zucker, 1 EL Kümmel, Räucherspeckwürfel

Das Schweine- und Kalbfleisch vom Metzger grob hacken lassen und mit Kümmel, Muskat, Majoran und Salz gut durchmengen. Die Masse in sorgfältig gereinigte Därme füllen und alle 8 cm ein Würstchen abdrehen. Zum Braten werden sie mit Schweineschmalz bepinselt. Am besten schmecken sie auf einem Rost über Holzkohlenglut von allen Seiten knusprig gebräunt.

Für das Sauerkraut das Schmalz erhitzen und die gewürfelte Zwiebel darin anbräunen. Das Kraut hinzufügen, mit ⅛–¼ l Wasser auffüllen und die Gewürze beimengen. In einem geschlossenen Topf etwa eine Stunde dünsten. Zum Schluß die Speckwürfel auslassen und über das gegarte Sauerkraut geben.

Zu Rostbratwürsten und Sauerkraut mundet vorzüglich deftiges frisches Bauernbrot und ein würziges Bier.

Kärrnersbraten

Dieser Braten soll ein Spezialgericht der Würzburger „Kärrner", also der Fuhrleute, gewesen sein, die einstmals in der Kärrnergasse zu Hause waren. Der Braten ist auch unter dem Namen „Gefüllter Nabelfleck" bekannt und war und ist beliebt, weil er deftig schmeckt und zugleich preiswert zuzubereiten ist.

1½ kg Rindfleisch (Rippe), 50 g Butter; 1 Bund Suppengrün (1 Stück Sellerie, 2 Möhren, 1 Stange Lauch) für die Brühe. Für die Füllung: 2 Zwiebeln, 50 g Butter, 4 Brötchen, 2 EL feingehackte Petersilie, je 1 Prise Pfeffer und Salz

Das Fleisch vom Metzger so aufschneiden lassen, daß eine Tasche entsteht. Die Rippen aber nur leicht lösen, nicht herausnehmen. Für die Füllung die in Ringe geschnittenen Zwiebeln in der heißen Butter dünsten, die in kleine Würfel geschnittenen Brötchen dazugeben und anrösten, anschließend die Petersilie, Pfeffer und Salz nach und nach untermengen. Die Füllung in die Fleischtasche geben und diese mit einem Zwirnsfaden zunähen. Dann das kleingeschnittene Suppengrün und die Fleischtasche in 1 l kochendem Salzwasser etwa 90 Minuten vorgaren. Aus der Brühe herausnehmen, die Rippenknochen ganz herauslösen und den Braten in einem Bräter mit der Butter und einer Tasse Brühe in den Backofen geben. Bei 200 °C (Gasbackofen: Stufe 3) eine Stunde braten, ab und zu begießen.

Dazu ißt man am besten Kartoffelklöße (Rezept siehe S. 210).

Fränkischer Schweinerücken

Das Schweinefleisch steht nach wie vor ganz an der Spitze der Beliebtheitsskala der deutschen Hausfrau – und das zu Recht. Jede Landschaft hat ihre eigenen Rezepte, und fast jede Köchin macht es eine Nuance anders. Es wäre daher ein untaugliches Unterfangen, auch nur annähernd die vielen Möglichkeiten aufzählen zu wollen, wie man Schweinefleisch zubereiten kann.

1 kg Schweinerücken, je 1 Prise Salz, Kümmel und Majoran, 1 Bund Petersilie, 1 große Zwiebel, 1 Scheibe Graubrot, 1 Schuß Weißwein

Das Fleisch bereits beim Metzger vom Rückgratknochen lösen und den Knochen kleinhacken lassen. Das Fleisch waschen, mit Salz, Kümmel, Majoran und der feingehackten Petersilie gut einreiben und auf den Grillrost im Ofen legen. In die Grillpfanne eine Tasse Wasser, die zerhackten Knochen, die Zwiebel und das Graubrot geben. Bei mittlerer Hitze sollte das Fleisch in etwa 90 Minuten gar werden. Während der Bratzeit muß man das Fleisch häufig begießen.

Der Bratensaft in der Grillpfanne wird zum Schluß durch ein Sieb gegossen und mit Weißwein abgeschmeckt.

Dazu reicht man Klöße (Rezept siehe S. 210) und Weißkrautsalat (Rezept siehe S. 206).

Hirsch in Nußrahm

Urtümlich und menschenleer war einst der Spessart, nur von Wildschwein und Bär, von Hirsch und Luchs durchstreift. Bereits im 13. Jahrhundert entstanden im Spessart reizende Jagdsitze. Und damals wie heute war der Abschuß eines Hirsches die Krönung einer erfolgreichen Jagdsaison.

**800 g schwere Hirschkeule,
500 g Wildknochen, 2 Lorbeerblätter,
6 Wacholderbeeren, 1 l Buttermilch,
Thymian, Preiselbeeren, Salz,
Pfefferkörner, 1 Bund Suppengrün
(1 Möhre, 1 Stück Sellerie,
1 Stange Lauch), ¼ l Rotwein,
1 EL (10 g) Butter, 1 EL Mehl,
etwas Butterschmalz,
100 g gemahlene Haselnüsse,
150 g Schlagsahne (30 % Fett)**

Die Hirschkeule mit den Lorbeerblättern und Wacholderbeeren in die Buttermilch einlegen und zwei bis drei Tage kühl stehenlassen. Die Wildknochen zerkleinern, mit den Wacholderbeeren und Lorbeerblättern aus der Beize, Thymian, Preiselbeeren, Salz und Pfefferkörnern würzen und kräftig anbraten. Das kleingeschnittene Suppengrün hinzugeben und mit ½ l Wasser und Rotwein ablöschen. Die Wildknochen etwa anderthalb bis zwei Stunden köcheln lassen, danach die Brühe durch ein Sieb geben und mit dem mit Butter verkneteten Mehl andicken. Die Hirschkeule aus der Beize nehmen, mit Küchenkrepp gut abtrocknen und fein schnetzeln. Mit Salz und Pfeffer würzen und in Butterschmalz kurz in der heißen Pfanne anbraten. Die Wildsoße dazugeben und 20 Minuten köcheln lassen.

Zum Schluß rührt man die Haselnüsse ein und nimmt die Pfanne vom Feuer, um die geschlagene Sahne unterzuheben.

Wildschweinbraten

Nicht nur im Spessart, auch in der Rhön, im Fichtelgebirge und im Frankenwald wurde und wird gern gejagt, denn auch hier ist der Wildbestand reichhaltig.

1 Frischlingsrücken oder Schlegel (Keule), je 1 Prise Pfeffer und Salz, 60–80 g Fett, 50 g Speck, 1 TL Wacholderbeeren, einige Nelken, 2 Zwiebeln, 1 TL Pfefferkörner, 2 Lorbeerblätter, Brotrinde von einer Scheibe Graubrot, ¼ l Fleischbrühe, ¼ l Rotwein, 1 EL Mehl oder Speisestärke, 75 g saure Sahne (10 % Fett), 2–3 EL Johannisbeergelee

Das gut abgehangene Fleisch waschen und, wenn noch Schwarte (die ohne Borsten sein muß) vorhanden ist, in diese kleine Vierecke einritzen. Das Fleisch mit Salz und Pfeffer einreiben und im Bräter mit dem zuvor heißgemachten Fett übergießen, dann den Speck, die Gewürze und die Brotrinde hinzufügen. In der vorgeheizten Röhre so lange braten, bis das Fleisch schön braun ist. Anschließend die Brühe hinzufügen und das Fleisch wenden. In der zweiten Hälfte der Bratzeit mit dem Rotwein auffüllen und den Braten mehrmals mit dem eigenen Saft übergießen. Die Brathitze sollte bei 200–220 °C (Gasbackofen: Stufe 3–4) liegen, die Bratdauer beträgt auf der unteren Schiene im Ofen für den Rücken eine bis anderthalb, für den Schlegel anderthalb bis zwei Stunden. Das Fleisch sollte am Knochen zart rosa sein. Den fertigen Braten aus der Soße nehmen und heiß stellen, die Soße mit in kaltem Wasser angerührtem Mehl oder Speisestärke binden und aufkochen lassen. Dann mit Sahne und Johannisbeergelee abschmecken.

Das Fleisch vom Rücken schneidet man schräg zur Faser, das Fleisch vom Schlegel quer zur Faser und überzieht es dann mit der Soße.

Hefebuchteln

Bei dieser süßen Mehlspeise kann man einmal die Phantasie spielen lassen, denn auf die Füllung kommt es an. Sie kann aus Pflaumenmus, Quark, Mohn oder verschiedenen Marmeladearten bestehen. Am besten ist, man probiert anhand des Rezeptes verschiedene Füllungen, denn immerhin erhält man aus der angegebenen Menge 12–15 Buchteln.

500 g Mehl, 40 g (1 Würfel) Hefe, 3–4 EL Zucker, knapp ¼ l Milch, 2 Eier, 100 g Butter, 1 Prise Salz, Füllmasse nach Belieben (z. B. Pflaumenmus, Aprikosenmarmelade oder Quark), etwas Butter und Puderzucker zum Bestreichen

Etwas Mehl in eine Schüssel geben, eine Vertiefung in die Mitte drücken und dort hinein die zerkrümelte Hefe mit 1 TL Zucker und gut 1 EL lauwarmer Milch schütten. Das Ganze zu einem Vorteig verrühren und gut zugedeckt an einem warmen Ort etwa 20 Minuten lang gehen lassen. Nun das restliche Mehl, die Milch, Eier, die weiche Butter sowie Zucker und Salz dazugeben und den Teig so lange schlagen, bis er Blasen wirft und sich von der Schüssel löst. Den fertigen Teig nochmals zugedeckt etwa eine Stunde lang in leichter Wärme gehen lassen. Danach fast fingerdick auswellen und etwa handtellergroße Stücke ausrädeln. In die Mitte dieser Teigstücke setzt man gut 1 TL voll Füllmasse und zieht die Teigränder vorsichtig über der Masse zusammen, so daß diese nicht mehr auslaufen kann. Die Buchteln in eine gut gefettete Form setzen, mit flüssiger Butter bepinseln und bei 200 °C (Gasbackofen: Stufe 3) 30–45 Minuten gelbbraun backen. Danach mit Puderzucker bestreuen.

Nürnberger Lebkuchen

Die Lebkuchen haben diese schöne Stadt an der Pegnitz wahrscheinlich berühmter gemacht, als ihre großen Söhne oder ihre Geschichte es vermochten. Die Lebkuchen sind vorweihnachtliche Boten des nahenden Festes. Es gibt Lebkuchen, die hellbraun auf ihren Oblaten liegen, orientgewürzte Elisen, honigdunkle Soßenlebkuchen, dunkelbraune Gewürzplätzchen mit Kardamomgeschmack. Auf dem berühmten Christkindlesmarkt der Spielzeugstadt Nürnberg kann man alljährlich die unterschiedlichsten Lebkuchenvariationen bewundern, schnuppern und kosten.

2 Eier, 200 g Zucker, 40 g gewürfeltes Zitronat, 125 g Mehl, 75 g geriebene Mandeln, 75 g geschnittene Mandeln, etwas abgeriebene Zitronenschale, 2 Messerspitzen Zimt, 1 Messerspitze gemahlene Nelken, 1 Messerspitze Kardamom, 16–20 Oblaten

Die Eier mit dem Zucker schaumig rühren, das Mehl, die Mandeln, das Zitronat, die Zitronenschale und die Gewürze zur Eimasse dazugeben und alles gut verrühren. Den Teig etwa ½ cm dick auf den Oblaten verteilen. Die Lebkuchen bei 175 °C (Gasbackofen: Stufe 2) etwa 20 Minuten im Backofen backen. Anschließend mit Zucker- oder Schokoladenguß überziehen.

Die Lebkuchen sind zuerst hart und müssen eine Zeitlang in einer Blechdose aufbewahrt werden.

Weißkrautsalat mit Speck

Der fränkische Krautsalat wird immer aus dem sogenannten Frühkraut bereitet. Unter dem Frühkraut versteht man jene Weißkrautarten, die bereits im Sommer reifen.

Etwa 500 g schwerer Weißkrautkopf, Pfeffer, Salz, ½ Zwiebel, 2 EL Essig, 1 gute Prise feingehackter Kümmel, 100 g durchwachsener Speck

Zunächst die schlechten Außenblätter entfernen, dann den Kopf zerteilen und den Strunk heraustrennen. Das Kraut in feine Streifen schneiden, anschließend mit der Holzkeule gründlich stampfen. Das Salz, die feingehackte Zwiebel und frisch gemahlenen Pfeffer hinzufügen, das Ganze eine gute halbe Stunde ziehen lassen. In der Zwischenzeit ⅛ l Wasser und den Essig zusammen mit dem Kümmel aufkochen und noch heiß über den Salat gießen. Erst unmittelbar vor dem Auftragen wird der gewürfelte Speck ausgebraten und über das Kraut gegeben, möglichst ohne das Auslaßfett.

Dätscher

Franken ist berühmt für seinen trockenen, charaktervollen und kernigen Wein. Und selbstverständlich haben die Franken dazu auch das passende Salzgebäck kreiert.

15 g Hefe, ¼ l Milch, 500 g Mehl, 125 g Butter- oder Schweineschmalz, 200 g Kartoffeln, 50 g Butter, 75 g saure Sahne (10 % Fett), Salz, Kümmel

Die Hefe zerbröseln und mit lauwarmer Milch und etwas Mehl zu einem Vorteig rühren, zugedeckt an einem warmen Ort gehen lassen. Die Kartoffeln kochen, reiben und mit dem Vorteig, dem restlichen Mehl und dem Fett verkneten. Diesen Teig zu dünnen, tellergroßen Fladen ausrollen, auf ein gefettetes Backblech legen, mit zerlassener Butter und saurer Sahne bestreichen und mit Salz und Kümmel bestreuen.

Im Backofen bei 225 °C (Gasbackofen: Stufe 4) backen.

Die Dätscher noch ofenwarm zu Wein oder Bier reichen.

Blöcher

800 Jahre hat die Flößerei die Menschen im Frankenwald ernährt. Und die dicksten Stämme nannte man früher Blöcher. Heute sind „Blöcher" eine kulinarische Köstlichkeit.

500 g Mehl, 1 Messerspitze Backpulver, 250 g Butter, 50 g Zucker, 2 Eigelb, 1 Prise Salz, 1 EL Arrak, 250 g saure Sahne (10 % Fett), Fett zum Ausbacken, Zucker und Zimt zum Bestreuen

Mehl und Backpulver in eine Schüssel sieben. Zucker, zerlassene Butter und Eigelb, saure Sahne, Arrak und Salz dazugeben und alles zu einem glatten Teig verarbeiten. Über Nacht in den Kühlschrank stellen. Am nächsten Tag den Teig ausrollen, in 2 cm breite Streifen schneiden, um ein Rundeisen wickeln und so lange in siedendes Fett halten, bis der Teig sich von dem Eisen löst und goldbraun ist. Die „Blöcher" auf einer Platte abkühlen lassen und mit Zucker und Zimt bestreuen.

Coburger Schmätzle

Auch moderne Hausfrauen werden es sich nicht nehmen lassen, Kuchen und Gebäck ab und zu selbst zu backen. Wie wär's dann mit diesem Rezept?

50 g Zitronat, 100 g Haselnüsse, 2 Eier, 4 EL Honig, ½ Päckchen Pfefferkuchengewürz, 1 Prise Salz, ½ Päckchen Backpulver, 300 g Mehl, 1 Schuß Rum

Das Zitronat und die Nüsse fein hacken. Die Eier, 3 EL flüssigen Honig, das Pfefferkuchengewürz, Salz, Zitronat und Nüsse gut miteinander verrühren. Das mit dem Backpulver gesiebte Mehl und den Rum dazukneten und aus dem Teig kleine Kugeln formen. Den restlichen Honig mit etwas heißem Wasser verdünnen, die Kugeln damit bestreichen, auf ein gefettetes Backblech legen und 20 Minuten bei 175 °C (Gasbackofen: Stufe 2) backen. Die Schmätzle in einer Blechdose lagern.

Kümmerlessuppe

Im Mai werden sie gesät, Anfang Juli können die ersten geerntet werden. Die Rede ist von Gurken oder, wie die Franken sagen, von den Kümmerles.

Etwa 1 kg frische Salatgurken, 1 EL (10 g) Butter, 2 EL Mehl, etwas Schlagsahne, 1 Prise Salz, gehackter Dill, Schnittlauch und Petersilie

Die Gurken schälen, würfelig schneiden und in etwas Wasser andünsten. Aus der Butter und dem Mehl eine helle Mehlschwitze machen und mit dem Gurkensud auffüllen. Abkühlen lassen, mit Sahne verfeinern und mit Salz abschmecken. Anschließend die Gurkenstückchen (Kümmerles) und die feingehackten Kräuter dazugeben.

Die Kümmerlessuppe kann man warm, aber auch kalt servieren.

Coburger Klöße

Das oberfränkische Coburg wird wegen seiner mittelalterlichen Baureste und der schönen Renaissancebauten weithin gerühmt. Doch nicht nur architektonische Schätze birgt die Stadt, sondern sie bietet auch leibliche Genüsse, zum Beispiel diese Kartoffelklöße.

2 kg Kartoffeln, Salz, 2 altbackene Brötchen, 4 EL (40 g) Fett

Die Kartoffeln schälen, ein Drittel in Scheiben schneiden und mit so viel Salzwasser ansetzen, daß sie bedeckt sind. Nach dem Weichkochen zu Brei verrühren oder durch eine Kartoffelpresse drücken und warm stellen. Die anderen zwei Drittel roh in etwas Salzwasser mit einem Schuß Essig reiben, anschließend durch ein Tuch seihen und fest ausdrücken. Das ausgedrückte Wasser sammeln und die abgesetzte Stärke mit dem rohen und dem gekochten Kartoffelbrei vermengen; nach Bedarf salzen. Die Brötchen in kleine Würfel schneiden und in heißem Fett rösten. Nun Klöße formen und in die Mitte die gerösteten Brötchenwürfel drükken. Die Klöße in 2 l kochendes Salzwasser geben und zugedeckt 30 Minuten weiterköcheln lassen.

Bratwurst in Biersoße

Der Vielzahl der Bratwurstrezepte in Franken entsprechen auch die Möglichkeiten, wie man Bratwürste zubereiten kann. Bratwürste in Biersoße ist eine der zahlreichen Varianten.

8–12 Bratwürste (je nach Größe und Appetit), 50 g Fett, ¼ l dunkles Bier, 1 EL Mehl, Salz, Pfeffer, etwas Majoran

Die Würste in heißes Wasser legen und einige Minuten ziehen lassen. Inzwischen das Fett in einer Pfanne erhitzen. Die Würste abtrocknen und ins heiße Fett legen. Rundum braun braten, aus der Pfanne nehmen und warm stellen. Mehl in der Pfanne anschwitzen und mit Bier ablöschen. Mit Salz, Pfeffer und Majoran würzen und kurz aufkochen lassen. Die Soße über die Würste gießen. Dazu reicht man Bauernbrot und ein kühles Bier. Aber auch Sauerkraut (Rezept siehe S. 192) paßt dazu.

Blaue Zipfele

(für 10 Personen)

Eine weitere Erfindung im „Bratwurstland" Franken ist die „Bratwurst blau", etwas derb und mit geradezu bildhafter Deutlichkeit auch „Blauer Zipfel" genannt.

8–12 Bratwürste (je nach Größe), 1 Schuß Essig, 3–4 Zwiebeln, einige Senfkörner, 3 Nelken, 1–2 Lorbeerblätter, 4–5 Pfefferkörner, 4–5 Wacholderbeeren, je 1 Prise Zucker und Salz, 1 Möhre, 1 Stück Sellerie, ½ Petersilienwurzel, ¼ l Frankenwein

1 l Wasser, Essig, die in Ringe geschnittenen Zwiebeln, das kleingeschnittene Gemüse und die Gewürze etwa 10–15 Minuten zu einem kräftigen Sud kochen, dann den Wein dazugeben. Den Topf von der Kochstelle nehmen und die Bratwürste 10–15 Minuten darin ziehen lassen.

Die „Blauen Zipfele" in einer Terrine im Sud anrichten und Bauernbrot und Zwetschgenwasser dazu reichen.

Nürnberger Gwerch

Gwerch bedeutet zu hochdeutsch Durcheinander und ist in diesem Fall ein pikantes Gemisch aus Butter und Limburger Käse. Zur Information: Es heißt „der" Gwerch!

150 g Limburger, 150 g Butter, 1 Zwiebel, je 1 Prise Pfeffer, Paprikapulver und Salz, 3–4 Rettiche

Den möglichst weichen Limburger mit der weichen Butter so lange durcheinander-„manschen", bis eine cremeartige Masse entsteht. Die kleingehackte Zwiebel zum Schluß daruntermengen. Den „Gwerch" nun zu einem runden Ballen formen, außen mit Pfeffer und Paprikapulver einreiben und gut eine Stunde in den Kühlschrank stellen.

In der Zwischenzeit die Rettiche putzen und in dünne Scheiben schneiden, salzen, mit einem Teller zudecken und ziehen lassen, bis man den Käse aus dem Kühlschrank nimmt. Dann den Rettich kräftig durchschütteln und alles mit einem frischen, deftigen Schwarzbrot und einem frischen Bier servieren.

Kühkäs

Auch der Frankenkenner wird diese Spezialität nicht überall finden. Doch wo sie angeboten wird, sollte man sie zum Vesper oder einfach so zwischendurch genießen.

250 g Speisequark (40 % Fett), 100 g reifer Romadur, je 1 Prise Pfeffer, Kümmel und Salz, 2 kleine Zwiebeln, 1 Eigelb, ½ TL Natron

Die Zwiebeln fein hacken und alle Zutaten gut miteinander verrühren und in einer leicht gefetteten Pfanne kurz erhitzen. Danach die Masse erkalten lassen und zu einem Ballen formen. Dazu reicht man herzhaftes Schwarzbrot und ein frisches Bier.

Ein geflügeltes Wort über die Hessen sagt, sie seien der größte Volksstamm, den es gar nicht gibt. Und so ist es auch schwierig zu bestimmen, was die Hessen und ihre Küche kennzeichnet, denn jeder Landstrich, ob Vogelsberg oder Schwalm, Wetterau oder Westerwald, ob Taunus oder Odenwald, ob am Rhein oder an der Lahn, die hier die Argensteiner Mühle umfließt, jeder dieser Landstriche hat seine eigene Art zu kochen

Hessen

Im 1. Jahrhundert n. Chr. beschreibt Tacitus in seiner „Germania" die Chatten, die Vorfahren der heutigen Hessen, als „einen abgehärteten Menschenschlag mit gedrungenem Gliederbau, trotzigem Blick und großer Tatkraft, ... reich an Besonnenheit und Überlegung". Zu einem ähnlichen Urteil kommt 1700 Jahre später der Hanauer Jacob Grimm, der zusammen mit seinem Bruder Wilhelm die bis heute unvergessene Sammlung seiner „Kinder- und Hausmärchen" herausgab; er schreibt seinen Landsleuten „einen gewissen Ernst, eine gesunde, tüchtige und tapfere Gesinnung" zu.

Die Chatten wanderten etwa im 3. Jahrhundert v. Chr. in das Gebiet von Vogelsberg und Wetterau ein, und noch heute entspricht dieser ursprüngliche Siedlungsraum fast genau der Mitte Hessens. Im Norden schirmt sich das Land gegen Niedersachsen ab mit Reinhards-, Kaufunger und Habichtswald, gegen Osten, also gegen Thüringen, bilden Spessart und Rhön die Grenze, gegen Westen Taunus und Westerwald, und im Süden, jenseits des Maintals, erhebt sich der Odenwald.

Eingebettet in die ausgedehnten Waldlandschaften der hessischen Mittelgebirge, findet man romantische kleine Ortschaften, stille Dörfer und kleine Städtchen, die noch weitgehend unberührt geblieben sind von den Einflüssen des südwestlichen Hessens und seiner Metropole Frankfurt mit seinen reichen Patriziern, Großkaufleuten, Waren- und Geldhändlern.

Im bäuerlichen, kleinstädtischen Milieu der hessischen Mittelgebirge waren die Lebensbedingungen hart, und hier galt das böse Wort:

Adolf

„Im Lande Hessen gibt's hohe Berge und nichts zu essen, große Krüge und sauren Wein, pfui, wer möchte ein Hesse sein! Wenn Schlehen und Hagebutten nicht geraten, haben sie nichts zu beißen und zu braten."

Ganz so schlimm, wie der Volksmund es hier beschreibt, war es zwar nicht, doch abgesehen von der fruchtbaren Wetterau mußten die Hessen ihrem Boden mit großen Mühen die kargen Erträge abringen. Aber wenn einmal ausreichend in die Scheunen eingefahren werden konnte, dann fanden sie auch Anlässe zum ausgiebigen Feiern, so ausgiebig, daß die Landesherren sich mit Verboten immer wieder eifrig bemühten, die ausgedehnten „Gastereien und Schmausereien" einzuschränken.

Doch nicht nur das üppige Essen war der Obrigkeit ein Dorn im Auge, auch die Trinkgewohnheiten ihrer Untertanen erregten ihren Unwillen. Zunächst war der Wein das gewöhnliche Getränk auch des „gemeinen Mannes", denn in früheren Jahrhunderten wurde der Weinbau noch in ganz Hessen betrieben. Daß dieses Getränk ausgesprochen sauer gewesen sein muß, läßt sich leicht vorstellen. Nach dem Dreißigjährigen Krieg ging der Weinbau stetig zurück, und nur Klöster, Adel und Fürsten konnten es sich noch leisten, Wein zu trinken, den man dann jedoch von den bevorzugten Lagen am Rhein bezog. Die Lagen im Rheingau liefern heute zwar nur etwa vier Prozent der gesamten deutschen Lese, doch nehmen die Weine aus dem Rheinknie zwischen Lorch, Rüdesheim und der Mainmündung unter den deutschen Weinen eine gehobene Position ein.

Mit dem Rückgang des Weinbaus stieg die Popularität des Biers, das im 17. und 18. Jahrhundert von jedem Bürger und Bauern selbst gebraut wurde; aber auch die „Unsitte" des Branntweintrinkens breitete sich aus, allen Eindämmungsversuchen der Obrigkeit zum Trotz. Und noch eine andere „Flüssigkeit" trat in dieser Zeit ihren Siegeszug an, das Frankfurter Nationalgetränk Apfelwein, auf hessisch „Äbbelwoi" oder „Stöffche" genannt. 1648 erhielt ein Sachsenhäuser Gärtner die erste offizielle

Malerisch wie das mittelalterliche Michelstadt im Odenwald (großes Bild oben) wirkt auch diese alte Gasthaustür in Ziegenhain am Knüllgebirge (unten rechts), die geradezu einlädt, hier einzutreten. Denn vielleicht erwarten den Gast schon die Würste aus hauseigener Schlachtung, die die Großmutter eigenhändig im Räucherkamin aufgehängt hat (unten links), sowie ein kühler Äbbelwoi (unten Mitte)

1 6 9 8

Schankerlaubnis für dieses Getränk, das mit jedem Glas besser schmeckt. Mit einem grünen Kranz, den er vor sein Haus hängte, zeigte er an, daß hier „gezapft“ werde, ein Hinweis, der bis heute Gültigkeit hat. Und für den Äbbelwoitrinker gehören „Handkäs mit Musik“ oder „Frankforter Rippcher“ dazu, die – im Gegensatz zum oberhessischen Kasseler, das gepökelt und geräuchert wird – nur gepökelt sind und die außerdem kalt gegessen werden.

Wie der Äbbelwoi, so wurden auch die „Frankfurter Würstchen“ über die Grenzen hinaus bekannt. Das im „Worschtquartier“ westlich des Doms erfundene schlanke Zwillingspaar wurde erstmals 1562 urkundlich erwähnt und wurde bis in unser Jahrhundert hinein in Frankfurt schlicht „Bratwurscht“ genannt. Doch die Besucher der alten Reichsstadt bezeichnen sie schon seit Goethes Zeiten als „Frankfurter Würstchen“, und 1929 wurde diese Bezeichnung dann auch amtlich festgelegt.

Und noch eine Spezialität hat zum guten Ruf der Frankfurter Küche beigetragen: die Grüne Soße, die man jedoch nicht hier erfunden, sondern vermutlich irgendwann aus Frankreich „importiert“ hat.

Daß man jedoch nicht nur Deftiges zuzubereiten versteht, zeigen zwei süße Köstlichkeiten: die Brenten und die nach einer Frankfurter Patrizierfamilie benannten „Bethmännchen“, die sich besonders zur Weihnachtszeit großer Beliebtheit erfreuen.

Daß hier vielleicht ein bißchen viel von der Frankfurter Küche gesprochen wurde, hat seinen Grund darin, daß man kaum Quellen findet, die darüber Auskunft geben, wie und was man in früheren Jahrhunderten auf dem Lande kochte. Doch wird auch hier wie anderswo bei den wöchentlichen Markttagen zwischen Bürger und Bauer ein reger Austausch darüber stattgefunden haben, was in den Kochtopf kommt und wie, mit welchen Zutaten und Gewürzen man es am schmackhaftesten zubereiten kann. Und wenn die alte Weisheit noch Gültigkeit haben sollte, daß alle Kultur vom Magen ausgeht, dann steht der Hessen Kultur in hoher Blüte.

Künstlerische Vollendung hat in Hessen der Fachwerkbau erreicht. Eines der schönsten Beispiele dafür ist die evangelische Pfarrkirche in Sellnrod im Vogelsberg aus dem 17. Jahrhundert (großes Bild). Künstlerische Vollendung anderer Art hat auch die Frankfurter Grüne Soße berühmt gemacht. Die Bildfolge (oben von links nach rechts und dann von oben nach unten) zeigt ihre Zubereitung

Frankfurter Grüne Soße

Beinahe alles, was an Küchen- und Gewürzkräutern besonders pikant mundet, vereinigt diese grüne Soße. Wer Schalotten und Borretsch dem Namen nach nicht kennt, dem sei geholfen: Borretsch ist auch unter dem Namen Gurkenkraut erhältlich, man verwendet von diesem Gewürz die frischen, jungen Blätter. Schalotten, auch Eschlauch genannt, verdanken ihren Namen der heute israelischen Stadt Askalon und sind mit der gemeinen Küchenzwiebel verwandt, bestehen aber aus kleinen, zusammengesetzten Zwiebeln. Wichtig bei der Grünen Soße ist, daß man mindestens sieben verschiedene Kräuter verwendet. Weniger ginge zur Not zwar auch, aber dann ist es eben keine Grüne Soße mehr. Die Zubereitung beziehungsweise die Zutaten sind variabel, und wer's nicht gar so kalorienreich mag, kann ohne weiteres einen Teil des Öls durch saure Sahne oder Joghurt ersetzen.

25 g Schnittlauch, 25 g Petersilie, 25 g Kerbel, 25 g Kresse, 25 g Sauerampfer, 25 g Borretsch, 25 g junge Schalotten, 10 g Estragon, 10 g Dill, 10 g Bohnenkraut (des weiteren passen dazu auch Pimpernell, Liebstöckel, Basilikum und Zitronenmelisse), 3 Eier, Salz, 3 EL Weinessig, ¼ l Öl

Alle Kräuter gründlich waschen und ganz fein hacken. Die Eier hart kochen und ebenfalls hacken. Aus Salz, Essig und Öl eine Marinade herstellen und mit den Kräutern und Eiern vermischen.

Grüne Soße schmeckt köstlich zu kaltem Braten, Ochsenfleisch, Fisch oder Folienkartoffeln.

Hessischer Speckhecht

Typisch für die hessische Küche ist, daß man zu vielen Speisen Schmand – auf hochdeutsch: Sahne – zugibt. Manches einfache Gericht wird dadurch zu einer wahren Delikatesse erhoben. Auch wer der Meinung ist, bei diesem Hecht sei mit dem Speck des Guten bereits genug getan, wird durch die herrliche Soße aus Sahne mit Essig und Zitronensaft eines Besseren belehrt.

Etwa 1 kg schwerer Hecht, 100 g Speck, Salz, 100 g Butterschmalz, 250 g Schmand oder Schlagsahne (30 % Fett), 1 EL Kräuteressig, ½ Zitrone

Den ausgenommenen Hecht schuppen, unter kaltem Wasser abspülen und trockentupfen. Alle 3 cm vom Kopf bis zum Schwanz auf beiden Seiten des Fischrückens einen Einschnitt machen und mit dem in Stifte geschnittenen Speck spicken. Den ganzen Fisch salzen und Kopf und Schwanz mit einem Faden zusammenbinden. Das Butterschmalz in einer Pfanne schmelzen, den Hecht hineingeben und bei kleiner Hitze unter häufigem Begießen mit dem zerlassenen Fett etwa 20 Minuten mehr ziehen als braten lassen. Dann die Sahne dazugießen und den Fisch darin weitere 15 Minuten garen. Anschließend den Hecht aus der Pfanne nehmen und auf einer vorgewärmten Platte anrichten. Die Soße mit Essig und Zitronensaft würzen und über den Hecht geben.

Dazu werden Petersilienkartoffeln und frischer Salat gereicht.

Praunheimer Staudensellerie-kuchen

Was für den Elsässer und den Lothringer die „Quiche Lorraine“ und für die Süddeutschen der Zwiebelkuchen ist, das ist für den Frankfurter und den Hessen der Staudenselleriekuchen. Als herzhafte Zwischenmahlzeit oder als – wenn auch deftige – Vorspeise gibt es kaum etwas Schmackhafteres!

1 Staudensellerie, 3 Zwiebeln, 175 g durchwachsener Speck, 2 EL (20 g) Butter, 1 gehäufter EL Speisestärke, 250 g saure Sahne (10 % Fett), 4 Eier, 250 g Hartkäse, Muskat, Pfeffer, Salz, 1 Paket (300 g) Tiefkühl-Blätterteig

Den gesäuberten Staudensellerie in Salzwasser etwa 25 Minuten köcheln lassen, dann durch ein Sieb abgießen. Die Zwiebeln würfeln und den Speck in Streifen schneiden. Die Butter in einer Pfanne zerlassen, die Zwiebeln darin hellgelb rösten und den Speck kurz mitbraten. Den Käse reiben, mit der Zwiebel-Speck-Mischung vermengen und mit Muskat, Pfeffer und Salz abschmecken. Den Blätterteig auftauen lassen, zu einem Kreis von etwa 31 cm Durchmesser ausrollen. Eine runde Springform (Durchmesser: 26 cm) gleichmäßig damit auslegen und rundum den Teig zu einem Rand hochziehen. Den Staudensellerie in längliche Stücke schneiden und sternförmig auf dem Blätterteig verteilen. Zwiebel, Speck und geriebenen Käse darübergeben. Die Speisestärke mit der sauren Sahne und den Eiern verquirlen und über den Kuchen gießen. Im vorgeheizten Backofen etwa eine Stunde bei 200 °C (Gasbackofen: Stufe 3) backen.

Der Kuchen wird warm als Vorspeise oder als Zwischenmahlzeit gegessen.

Frankfurter gestowtes Kalbfleisch

In alten Frankfurter Chroniken ist nachzulesen, daß bereits im 14. Jahrhundert Köche im Dienste der Stadt standen. Damals hatte der Hohe Rat der Stadt seinen eigenen Küchenchef, der ausschließlich für diese feinen Herren kochte. Diese Privilegien gibt es heute nicht mehr. Der Oberbürgermeister muß heute wie alle anderen auch in der Kantine speisen.

Der Begriff „gestowt" stammt aus dem Niederdeutschen, wo „stowen" soviel wie dämpfen bedeutet. Dieses leichtverdauliche Gericht ist übrigens in Schwaben und Franken unter dem Namen „eingemachtes Kalbfleisch" beliebt und wird dort mit Bandnudeln gegessen.

**1 kg Kalbsschulter, 8 EL Öl,
500 g Zwiebeln, ¼ l Weißwein, Salz,
Pfeffer, 2 Nelken, 1 Lorbeerblatt,
1 Zitrone, 1 EL (10 g) Butter, 3 Eigelb,
250 g Schlagsahne (30 % Fett),
frisch geriebene Muskatnuß**

Das Kalbfleisch in Würfel schneiden. Öl in einem Topf erhitzen, die feingewürfelten Zwiebeln darin hellgelb rösten, die Kalbfleischwürfel dazugeben und dämpfen, bis das Fleisch weiß wird. Weißwein, Salz, Pfeffer, Nelken und Lorbeerblatt hinzufügen und bei kleiner Hitze etwa 45 Minuten weich dünsten. Das Fleisch herausnehmen und warm stellen. Den Zitronensaft in die Soße geben und einkochen lassen, Butter hinzufügen. Die Soße vom Herd nehmen und die mit den Eigelb verrührte Sahne unterschlagen, mit Muskatnuß abschmecken und über die Fleischwürfel gießen.

Als Beilage eignen sich gut Salzkartoffeln und Blumenkohl.

Schweinegeschnetzeltes in Apfelwein mit Backobst

Der „Äbbelwoi“ oder das „Stöffche“ wurde erstmals in einer Rechtsverordnung Karls des Großen erwähnt. So ärmlich damals die Speisekarte für die weniger Betuchten gewesen ist, so gering war auch die Auswahl an alkoholischen Getränken. Neben dem traditionellen Bier, das freilich ganz anders aussah und schmeckte als heute, kannte man noch den Birnen- und Apfelwein. Der Anbau von Wein steckte in Deutschland damals noch in den Kinderschuhen. Daß man Apfelwein aber auch zum Verfeinern von Soßen nehmen kann, wurde erst viel später zum kulinarischen Allgemeingut.

500 g Backobst, 1 EL (10 g) Schmalz, 750 g Schweineschnitzel, 4 Zwiebeln, Salz, Pfeffer, 1 TL Paprikapulver, ¼ l Apfelwein, 125 g Schlagsahne (30 % Fett), 1 EL Apfelmus

Das Backobst gründlich waschen und über Nacht in abgekochtem, kaltem Wasser einweichen. Das Fleisch schnetzeln, Schmalz in einem Topf erhitzen und das Fleisch darin kräftig anbraten. Die Zwiebeln in feine Ringe schneiden und mitbraten. Mit Salz, Pfeffer und Paprikapulver würzen und mit ⅛ l Einweichwasser ablöschen. Das Backobst kleinschneiden und mit dem Apfelwein zum Fleisch geben. 20 Minuten schmoren lassen, eventuell mit weiterem Einweichwasser verdünnen. Die Sahne mit dem Apfelmus verrühren und das Geschnetzelte damit binden.

Reis und frischer Salat eignen sich besonders gut als Beilage zu diesem Gericht.

Weckewerk

Weckewerk ist ein Gericht, das man vor allem in Nordhessen antrifft und das dort einst ein fester kulinarischer Bestandteil des Schlachtfests war, weil man alle anfallenden Reste von Schwarten und Kleinfleisch dazu verwenden konnte. Auch heute noch ist es ein sogenanntes Verwertungsgericht, wenn von größeren Festivitäten noch Fleisch- und Bratenreste übriggeblieben sind. Weckewerk ist eine köstliche Beigabe zu Pellkartoffeln und frischem Salat.

5–6 altbackene Brötchen, ¼ l Fleischbrühe, 750 g Restfleisch (Schweinefleisch, Schwarten, Gehacktes), 2 Zwiebeln, je 1 TL Majoran und Kümmel, Salz, Pfeffer, Fett zum Ausbacken

Die Brötchen in der Fleischbrühe einweichen. Das Fleisch durch den Fleischwolf drehen, mit den gehackten Zwiebeln, den Gewürzen und den eingeweichten, ausgedrückten Brötchen vermengen. Kräftig pfeffern und salzen und nochmals gut durchkneten. Aus der Masse einen ovalen Laib formen, das Fett in der Pfanne erhitzen und bei mittlerer Hitze den Laib etwa 20–30 Minuten durchbraten lassen. Das fertige Weckewerk in Scheiben aufschneiden.

Dazu paßt als Getränk am besten ein kühles Bier und ein klarer Schnaps.

Spitzbuwe mit Specksoße

Dieses Rezept stammt aus dem Gebiet des Vogelsbergs, dem hessischen Mittelgebirge mit dem Taufstein als höchster Erhebung. Die „Spitzbuwe" sind in ähnlicher Form in ganz Süddeutschland bekannt und beliebt, werden hier aber „Bauchstecherle", „Schupfnudeln" oder treffend-hintersinnig „Bubenspitzle" genannt. Hessisch allerdings ist die Specksoße, die dem Gericht erst den rechten Pfiff gibt.

Für die Spitzbuwe: 800 g Kartoffeln, 100 g Speisestärke, 1 Ei, 1 TL Salz, Pfeffer.
Für die Specksoße: 20 g Speck, 2 Zwiebeln, 4 EL Mehl, ¼ l Milch, Salz

Die Hälfte der Kartoffeln in der Schale garen, pellen und reiben, die andere Hälfte schälen und roh reiben. Die roh geriebenen Kartoffeln in einem Tuch über einer Schüssel fest ausdrücken, bis sie fast trocken sind. Das ausgedrückte Kartoffelwasser eine Weile stehenlassen, bis sich die Kartoffelstärke am Schüsselboden abgesetzt hat, dann die Flüssigkeit abgießen und die Stärke mit den geriebenen rohen und gekochten Kartoffeln vermengen. Speisestärke, Ei, Salz und Pfeffer dazutun und alles gut durchkneten. Den Teig zu fingerlangen, 2–3 cm dicken Würstchen formen, etwa 2 l Salzwasser aufkochen und die Spitzbuwe 20 Minuten darin ziehen, aber nicht kochen lassen. Währenddessen den Speck würfeln, in der Pfanne auslassen, die gewürfelten Zwiebeln dazugeben und hellgelb rösten. Das Ganze mit Mehl bestäuben, anschwitzen und unter ständigem Rühren Milch und ¼ l Wasser langsam zugießen. Etwa zehn Minuten einkochen lassen. Mit Salz abschmekken. Die Spitzbuwe aus dem Wasser nehmen und abtropfen lassen, mit der heißen Specksoße übergießen.

Mit hartgekochten Eiern und Kopfsalat wird daraus eine wohlschmeckende Mahlzeit.

Hasenkeule in Wacholder-rahmsoße

Im Rheingau, dem berühmten Weinanbaugebiet Hessens, wird der Wein nicht als Durstlöscher angesehen, sondern als ein edles Produkt höchster Vollendung geschätzt und vor allem zu festlichen Gerichten gereicht. Zur Hasenkeule empfiehlt es sich, keinen bernsteinfarbenen Weißen zu trinken, sondern zum Beispiel einen dunklen Assmannshäuser Spätburgunder – natürlich aus einem Römer.

**4 Hasenkeulen, Salz, Pfeffer,
15 Wacholderbeeren, 50 g Schmalz,
50 g durchwachsener Speck,
1 Speckschwarte, 1 Zwiebel,
2 Lorbeerblätter, ¼ l Rotwein,
1 EL Speisestärke,
250 g Schlagsahne (30 % Fett)**

Die Hasenkeulen waschen, trockentupfen, salzen, pfeffern und mit zehn zerdrückten Wacholderbeeren einreiben. Schmalz in einem Bräter erhitzen, den gewürfelten Speck und die in große Stücke geschnittene Speckschwarte darin glasig braten, die gehackte Zwiebel dazugeben und hellgelb rösten. Die vorbereiteten Hasenkeulen obenauflegen, Lorbeerblätter und die restlichen Wacholderbeeren dazugeben und etwa 30 Minuten bei geschlossenem Deckel braten. Dann nach und nach den Rotwein hinzufügen und das Fleisch etwa 45 Minuten darin garen. Die Hasenteile herausnehmen und warm stellen. Den Bratensaft einkochen lassen und mit in kaltem Wasser angerührter Speisestärke binden. Die Soße vom Feuer nehmen, die Sahne einrühren und durch ein Sieb passiert über die Hasenkeulen geben.

Dazu reicht man Kartoffelklöße (Rezept siehe S. 210) und mit Preiselbeeren gefüllte Birnen.

Wildschwein-roulade

Daß der hämische Spruch, im Land der Hessen gäb's nichts zu essen, nicht zutreffend ist, beweist dieses Rezept, an dem sich der hohe Standard der hessischen Küche ablesen läßt. Und derjenige, der diese Roulade zubereitet und sie seinen Gästen vorsetzt, wird an den zufriedenen Gesichtern um sich herum erkennen können, wie sehr dies Rezept Wohlgefallen hervorzurufen vermag.

1 kg Rippen- oder Bauchstück eines jüngeren Wildschweins, Senf, Salz, Pfeffer, 125 g magerer, durchwachsener Speck, 3 Zwiebeln, 5 EL Öl, ¼ l Fleischbrühe, 125 g Schlagsahne (30 % Fett)

Das Rippenstück ausbeinen, das Fleisch auseinanderbreiten, etwas klopfen und mit Senf bestreichen. Dann salzen und pfeffern. Den Speck in dünne Scheiben schneiden und das ganze Fleisch damit bedecken. Die Zwiebeln würfeln und ebenfalls daraufgeben. Dann das Stück Fleisch von der Längsseite her aufrollen und mit einem Faden zu einer großen Roulade zusammenbinden. Öl in einem Bräter erhitzen und die Roulade darin von allen Seiten anbräunen, mit Fleischbrühe ablöschen und etwa anderthalb Stunden unter häufigem Begießen garen. Anschließend die Soße mit Schlagsahne verfeinern. Zum Anrichten wird die Roulade in Scheiben geschnitten und mit der Soße übergossen.

Bandnudeln und frischer Salat schmecken hervorragend dazu, und als Getränk reicht man am besten einen trockenen Rotwein.

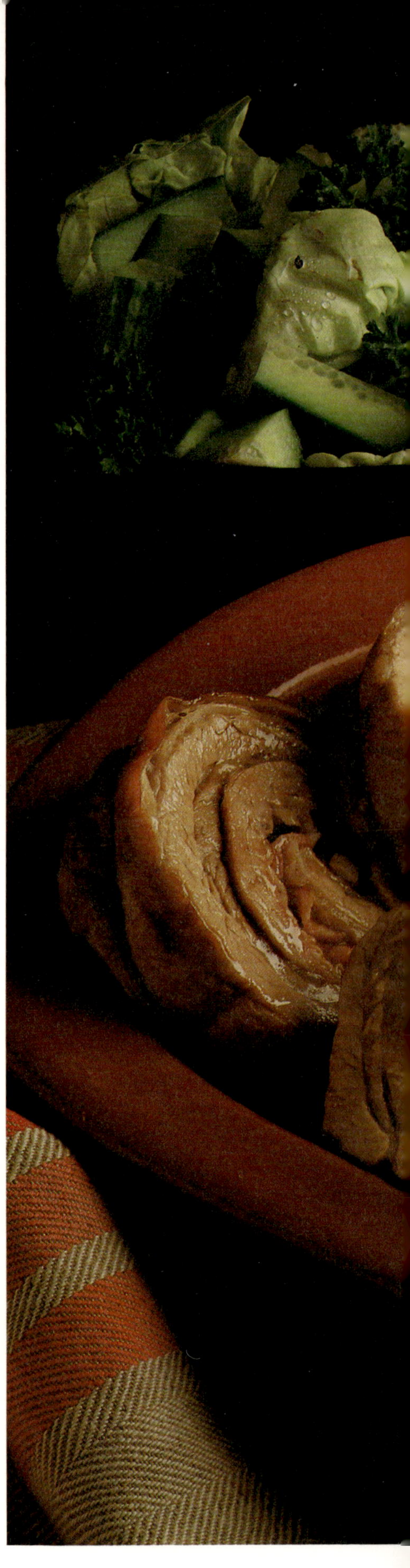

Eckenheimer Kräuterkalbsrolle

Anfang des 19. Jahrhunderts hat ein Frankfurter einmal geschrieben: „Frankfurts Küche steht neben der Wiener und Hamburger, ja überflügelt sie noch durch französische Feinheiten, deutschen Schwartenmagen und Spanferkel. Sie hält die weise Mitte zwischen französischer Überfeinerung und britisch-nordischer Derbheit, eine weise Mitte zwischen den Fleischtöpfen Ägyptens, pikanten Soßen und Ragouts und schwerfälligen deutschen Mehlspeisen.“ Die Eckenheimer Kräuterkalbsrolle ist dafür der beste Beweis.

1 kg Kalbsbrust ohne Knochen, Pfeffer, Salz, je 1 Bund Schnittlauch, Petersilie, Kerbel, Estragon, Basilikum und Dill, 2 Zwiebeln, 30 g Paniermehl, 2 Eier, ¼ l Wasser, 50 g Butterschmalz, 2 EL Öl, ¼ – ½ l Fleischbrühe, 1 EL Speisestärke, 125 g Schlagsahne (30 % Fett)

Das Fleisch der Länge nach einschneiden, waschen und trockentupfen. Von beiden Seiten mit Pfeffer und Salz bestreuen. Alle Kräuter sowie die Zwiebeln fein hacken und zusammen mit dem Paniermehl, den Eiern und dem Wasser zu einer geschmeidigen Masse verrühren, salzen und pfeffern und auf der Innenseite des Fleisches gleichmäßig verteilen, dabei rundum einen 2 cm breiten Rand frei lassen. Vorsichtig aufrollen und mit einem Faden umwickeln. Das Butterschmalz in einem Bräter erhitzen, die mit Öl bepinselte Kalbsrolle hineinlegen und im Backofen bei 225 °C (Gasbackofen: Stufe 4) etwa anderthalb Stunden braten. Von Zeit zu Zeit etwas Fleischbrühe darübergießen. Den fertigen Braten warm stellen und den Bratensaft mit in kaltem Wasser angerührter Speisestärke binden. Zum Schluß die Sahne unterrühren und abschmecken.

Diebchen mit Schustersoße

Diebchen heißen in Hessen die lockeren, ein wenig grünen Klöße, die vor allem in Nordhessen mit Specksoße (Schustersoße), aber auch mit Apfelmus gegessen werden.

Für die Klöße: 1 kg Kartoffeln, 150 g Mehl, 1–2 Eier, etwas Milch (je nach Festigkeit des Teigs), 1 TL Salz, Majoran, Pfeffer, Petersilie, Schnittlauch, 200 g Dauerwurst.
Für die Specksoße: 100 g fetter Speck, 2 Zwiebeln, 2 EL Mehl, ⅜ l (375 ml) Fleischbrühe, 1 EL Essig

Die Hälfte der Kartoffeln in der Schale garen, pellen und reiben. Die andere Hälfte schälen, roh reiben und in einem Tuch über einer Schüssel fest ausdrücken, so daß sie fast trocken sind. Das ausgedrückte Kartoffelwasser ruhig stehenlassen, bis sich die Kartoffelstärke am Schüsselboden abgesetzt hat. Dann die Flüssigkeit abgießen und die Stärke mit den geriebenen rohen und gekochten Kartoffeln vermengen. Die Eier, Mehl, Salz, Pfeffer, Majoran sowie gehackte Petersilie und Schnittlauch hinzufügen und alles zu einem festen Teig verkneten. Sollte der Teig zu fest sein, etwas Milch zugeben. Aus dem Teig Klöße formen und in deren Mitte einen Dauerwurstwürfel legen. Die Klöße in kochendem Salzwasser 20 Minuten ziehen lassen.

Für die Soße den gewürfelten Speck auslassen und die kleingeschnittenen Zwiebeln darin hellgelb rösten. Mit Mehl bestäuben und bräunen. Die Fleischbrühe zugießen und etwas dicklich einkochen lassen. Mit dem Essig säuerlich abschmecken. Die Schustersoße über die Diebchen geben.

Zu diesem einfachen, aber köstlichen Essen passen gut Gewürzgurken und rote Bete.

Fraaß (Weißkrautauflauf)

In Hessen findet man nicht nur das größte zusammenhängende Rosenanbaugebiet Europas, die größten zusammenhängenden Basaltvorkommen der Welt und das einzige Hutmuseum dieser Erde, sondern auch ein Gericht, das den etwas ungerechten Namen „Fraaß“ trägt. Gut zubereitet schmeckt nämlich dieser Auflauf aus Weißkohl, Hackfleisch und Speck hervorragend, kein Fraaß für Fresser, sondern ein deftiges Mahl für gute Esser.

1 kg Weißkraut, 2 altbackene Brötchen, ¼ l Milch, 250 g Hackfleisch, 2 Zwiebeln, 50 g Speck, Salz, Pfeffer, 4 EL (40 g) Butter

Das geputzte und gewaschene Weißkraut grob schneiden, in etwa 1½ l Salzwasser kurz aufkochen und abtropfen lassen. Die Brötchen grob zerkleinern und in Milch einweichen. Das Hackfleisch mit den kleingeschnittenen Zwiebeln, dem gewürfelten Speck, den eingeweichten Brötchen, Salz und Pfeffer kräftig vermengen und anschließend mit dem Kraut mischen. Eine Auflaufform mit hohem Rand einfetten und die Masse hineinfüllen. Mit Butterflöckchen besetzen. Im Backofen bei 200 °C (Gasbackofen: Stufe 3) gut anderthalb bis eindreiviertel Stunden backen. Mit Salzkartoffeln anrichten.

Hessische Speck-pfannkuchen

Die Speckpfannkuchen waren und sind eine in Hessen weitverbreitete und beliebte Spezialität. Noch heute sieht man vor allem in kleineren Orten in den Fenstern der Gasthöfe einladende Schilder mit der Aufschrift „Heute Speckpfannkuchen". Hier sollte auch ein Nichthesse unbedingt ein bißchen verweilen, denn sonst entgeht ihm ein herrlicher Schmaus – zugegeben, mit sehr vielen Kalorien!

4 Eier, 250 g Mehl, ½ l Milch, 1 Prise Salz, 200 g durchwachsener Speck, 1 kleine Stange Lauch, 2 Tomaten, Pfeffer, 10 EL Öl, Petersilie

Die Eier mit dem Mehl, der Milch und einer Prise Salz zu einem Pfannkuchenteig verrühren. Eine Weile ruhenlassen. Inzwischen den in Streifen geschnittenen Speck anbraten, den in Ringe zerteilten Lauch und die gewürfelten Tomaten hinzufügen, das Ganze pfeffern und weich dünsten. Anschließend vom Feuer nehmen. Öl in einer Pfanne erhitzen, ein Viertel des Gemüses hineingeben und mit einem Viertel des Pfannkuchenteigs übergießen. Den Speckpfannkuchen auf beiden Seiten etwa je drei Minuten goldbraun und knusprig anbraten. Die Menge reicht für etwa vier Pfannkuchen.

Mit Petersilie garnieren und mit frischem Salat auf den Tisch bringen.

Oberhessisches Kasseler

In Oberhessen, beginnend mit der Wetterau, der Kornkammer des Landes, wird das Hessische bäuerlicher. Wortendungen werden eingespart, wie etwa „heirot“ statt „heiraten“ oder „schlof“ statt „schlafen“. Diese Sparsamkeit in der Sprache findet im Essen jedoch keine Entsprechung. Deftig, reichlich und gut gewürzt sind die Speisen in Oberhessen seit alters. Das traditionsreiche Kasseler wird noch mit Gewürzen verfeinert und mit geriebenem Emmentaler überbacken.

3 EL Öl, 750 g rohes Kasseler ohne Knochen, ¼ l herber Weißwein, 1 rote Paprikaschote, 1 grüne Paprikaschote, 1 Stange Lauch, 2 Zwiebeln, 200 g Champignons, 3 EL (30 g) Butter, 1 EL Mehl, 50 g Tomatenmark, Majoran, Basilikum, Salz, Pfeffer, 125 g geriebener Emmentaler

Das Öl in einem Topf erhitzen und das Fleisch darin von allen Seiten kurz anbraten, mit Weißwein auffüllen und etwa 30–40 Minuten schmoren. Inzwischen das Gemüse und die Pilze putzen, die Paprikaschoten in feine Streifen schneiden, die Lauchstange sowie die Zwiebeln in große Stücke zerteilen, die Champignons halbieren. Alles in Butter andünsten, mit Mehl bestäuben und das Tomatenmark unterrühren. Den Bratensatz dazugeben und unter ständigem Rühren zehn Minuten köcheln lassen. Mit Majoran, Basilikum, Pfeffer und Salz abschmecken. Das Fleisch in dicke Scheiben schneiden und in eine feuerfeste Form legen, das Gemüse darübergeben und mit dem geriebenen Emmentaler bestreuen. Im Backofen bei 250 °C (Gasbackofen: Stufe 5) 15–20 Minuten überbacken, bis der Käse goldbraun ist.

Lammkoteletts mit Zwiebelmus

Lammkoteletts sind zart und in der Regel so klein, daß man zwei für jede Person vorbereiten muß. In Hessen werden Zwiebeln in der Küche ganz besonders gern verwendet, und es gibt eine ganze Reihe außergewöhnlicher Rezepte, um Zwiebeln in raffinierten Zubereitungen zu präsentieren. Auch die Kombination von Lammkoteletts und Zwiebelmus ist eine dieser hessischen Schöpfungen.

**8 Lammkoteletts, frisch gemahlener Pfeffer, Salz, 5 EL Öl.
Für das Zwiebelmus: 1 EL (10 g) Butter, 200 g Zwiebeln, 8 Pfefferkörner, 30 g roher Schinken, 2 EL Mehl, 100 ml Fleischbrühe, 100 g Schlagsahne (30 % Fett), Salz, Pfeffer, 1 EL (10 g) Butter**

Die Lammkoteletts mit Pfeffer und Salz einreiben und in heißem Öl von beiden Seiten gut anbraten. Für das Zwiebelmus in einer Pfanne Butter zerlassen, die in Ringe geschnittenen Zwiebeln, Pfefferkörner und den gewürfelten rohen Schinken hineingeben und bei schwacher Hitze langsam schmoren. Sobald die Zwiebeln weich sind, das Mehl darüberstäuben und hell anschwitzen. Mit Brühe und Sahne auffüllen und einkochen lassen. Die Masse durch ein Sieb passieren und mit Salz und Pfeffer abschmekken. Zum Schluß einen Löffel Butter unterziehen.

Die angebratenen Lammkoteletts nebeneinander in eine feuerfeste Form legen, das Zwiebelmus darüber verteilen und im Backofen oder Grill bei starker Oberhitze goldbraun backen.

Mit Stangenweißbrot und einem gemischten Salat servieren. Dazu trinkt man am besten einen leichten Rotwein.

Frankfurter Bethmännchen

Die Bethmännchen sind eine Frankfurter Spezialität. Sie wurden zum erstenmal 1840 im Haus des Moritz von Bethmann, Sohn einer berühmten Frankfurter Patrizierfamilie und Erbe des seit 1743 bestehenden Bankhauses, zum Tee gereicht. Ursprünglich soll der Koch der Familie die Marzipanhäufchen mit vier Mandelblättchen versehen haben. Doch als ein Sohn starb, wurde eine Mandel weggelassen. Seither drückt man nur drei Mandeln in die Gebäckkugeln.

200 g Marzipanrohmasse, 60 g Puderzucker, 3 EL Mehl, 1 Eiweiß, 50 g gemahlene Mandeln, etwas Fett. Für die Verzierung: 50 g ganze Mandeln, 1 Eigelb, 1 EL Wasser

Die Marzipanrohmasse mit dem Puderzucker, Mehl, Eiweiß und den gemahlenen Mandeln zu einem glatten Teig verkneten. Aus dem Teig kleine Kugeln formen und auf ein gefettetes Backblech setzen. Die ganzen Mandeln brühen, abziehen, halbieren und jeweils drei Mandelhälften senkrecht in jede Kugel drücken. Das Eigelb mit Wasser verrühren und die Bethmännchen damit bepinseln. Bei 150 °C (Gasbackofen: Stufe 1) im Backofen etwa 15 Minuten backen.

Rüdesheimer Apfelauflauf

Rüdesheim, der bekannte Weinort am Rhein, ist ganz sicher nicht wegen seines Apfelauflaufs in die Geschichte eingegangen, sondern weil es malerisch rechtsrheinisch gelegen ist, mit reizvollen Winkeln und Gassen, wo man dem Rebensaft – vor allem in der berühmten Drosselgasse – manchmal allzu reichlich zuspricht. Und weil in Rüdesheim nichts ohne „Wein, Weib und Gesang“ geht, darf auch bei dem Apfelauflauf ein Schuß Weißwein nicht fehlen.

Für den Apfelauflauf: 1 l Milch, 1 Prise Salz, 50 g Butter, 100 g Zucker, 1 Päckchen Vanillinzucker, 125 g Grieß, 1 kg Äpfel, 200 ml Weißwein, 1 Zitrone, 50 g Sultaninen, 4 Eier, 4 EL Schlagsahne (30 % Fett), Zucker und Zimt zum Bestreuen.
Für die Vanillesoße: 20 g (1 Päckchen) Vanillesoßenpulver, ½ l Milch, 2 EL Zucker

Für den Auflauf Milch aufkochen, Salz, Butter, 50 g Zucker, Vanillinzucker und Grieß unter stetem Rühren hinzufügen. Bei kleiner Hitze etwa zehn Minuten aufquellen lassen. Die Äpfel schälen, vom Kerngehäuse befreien und in feine Scheiben schneiden. Den Weißwein, Zitronensaft und den restlichen Zucker darübergeben. Die in Wasser aufgequollenen Sultaninen mit einem Wiegemesser zerkleinern und ebenfalls zu den Äpfeln geben. Die Eier in Eiweiß und Eigelb trennen. Aus dem Eiweiß Eischnee schlagen und zusammen mit Sahne und Eigelb unter den Grießbrei rühren. Mit den vorbereiteten Äpfeln vermischen und in eine gebutterte feuerfeste Form füllen. Bei 180 °C (Gasbackofen: Stufe 2) etwa 40 Minuten im Ofen backen.

In der Zwischenzeit nach der Packungsanleitung aus dem Vanillesoßenpulver, Zucker und Milch eine Vanillesoße zubereiten. Den fertigen Auflauf mit Zimtzucker bestreuen und mit der Vanillesoße servieren.

Frankfurter Kranz

Als C. J. Weber vor über 150 Jahren in seinen „Briefen eines in Deutschland reisenden Deutschen" schrieb, daß Frankfurts Küche „auf der Höhe der Zeit" stehe und die Gasthöfe Frankfurts die ersten Deutschlands seien, muß er wohl auch diesen Kranz probiert haben – eine inzwischen nicht nur in Frankfurt berühmte Köstlichkeit.

Für den Teig: 125 g Butter, 4 Eier, 125 g Zucker, ½ unbehandelte Zitrone, 150 g Mehl, 100 g Speisestärke, ½ Päckchen Backpulver.
Für die Buttercreme: ½ l Milch, 100 g Zucker, 40 g (1 Päckchen) Vanillepuddingpulver, 250 g Butter, 100 g Puderzucker, 2 EL Rum, etwa 200 g Krokant zum Bestreuen

Für den Teig die Eier in Eiweiß und Eigelb trennen, die Butter schaumig rühren und abwechselnd ein Eigelb und einige Eßlöffel Zucker unter ständigem Rühren zugeben, bis die Masse hell cremefarbig ist. Die Zitrone abreiben, mit Mehl, Speisestärke und Backpulver vermischen und löffelweise in den Teig rühren. Zum Schluß das Eiweiß zu steifem Schnee schlagen und locker unter den Teig heben. In eine gefettete Kranzform füllen und bei 175–200 °C (Gasbackofen: Stufe 2–3) 30 Minuten backen. Den Kranz abkühlen lassen.

Für die Buttercreme aus der Milch, dem Zucker und dem Päckchen Vanillepuddingpulver nach Packungsanleitung einen Pudding kochen. Während des Abkühlens häufiger umrühren, damit sich keine Haut bildet. Die Butter mit Puderzucker schaumig rühren und löffelweise den erkalteten Pudding daruntermischen. Zum Schluß mit Rum verfeinern. Den Kranz zweimal waagrecht glatt durchschneiden, mit der Buttercreme füllen und außen bestreichen. Mit Krokant von allen Seiten bestreuen.

Handkäs mit Musik

(für 1 Person)

Wer den Frankfurter Äbbelwoi schätzt und sich ein wenig in Frankfurt und Umgebung auskennt, dem wird diese kalorienarme Köstlichkeit bestimmt nicht entgangen sein.

120 g Handkäse, 2 EL Essig, 1 EL Wasser, 1 EL Öl, 1 Zwiebel, frisch gemahlener Pfeffer

Den gut ausgereiften Handkäse – er darf nicht hart sein – auf einen Teller legen. Aus Essig, Wasser, Öl und der in Ringe geschnittenen Zwiebel eine Marinade herstellen und über den Handkäse geben. Eine Drehung frisch gemahlenen Pfeffer obendrauf. Den Teller zudecken, und nach ein bis zwei Tagen verkündet ein intensiver Duft, daß der Handkäs zum Verzehr bereit ist. Dazu werden Bauernbrot und Butter gereicht.

Lumpen und Flöh

Seinen „poetischen“ Namen verdankt dieses Gericht dem wie kleine Lumpenfetzen aussehenden Weißkraut und den Kümmelkörnern, die beim Kochen wie Flöhe im Topf hüpfen. In Hessen rankt sich um dieses Gericht die Legende, daß die Iren es aus Hessen mit in ihre Heimat genommen und dort als „Irish Stew“ berühmt gemacht hätten.

1 kg Weißkraut, 500 g Hammelfleisch, Salz, Pfeffer, reichlich Kümmel

Das Weißkraut putzen, waschen und kleinschneiden, das Hammelfleisch vom Knochen befreien und würfeln. ¼ l Wasser mit Salz aufkochen, Fleisch und Kraut hineingeben, pfeffern und viel Kümmel hinzufügen. Bei kleiner Hitze etwa zwei Stunden garen. Den Eintopf zum Schluß mit Kümmel und Pfeffer abschmecken und möglichst heiß auf den Tisch bringen.

Dazu passen ein herzhaftes Bauernbrot und ein kühles Bier oder auch ein Glas „Äbbelwoi“.

Beulchen

Eigentlich gehören bei diesem Gericht die Kartoffelklöße, der Lauch und die Blutwurst zusammen in einem Leinensäckchen gegart, woraus sich auch der Name ableitet (Beutel).

600 g gekochte Kartoffeln, 150 g rohe Kartoffeln, 150 g Mehl, ⅛ l Milch, 1 Ei, Salz, 750 g Lauch, 50 g Butter, Salz, Muskat, ⅛ l Fleischbrühe, 1 EL Speisestärke, gehackte Petersilie, 500 g Blutwurst, 50 g Butter zum Anbraten

Die Kartoffeln reiben und mit dem Mehl, der Milch, dem Ei und Salz zu einem Teig kneten. Daraus Knödel formen und in kochendem Salzwasser garen. Den Lauch in fingerlange Stücke schneiden, in Butter andünsten, mit Salz und Muskat würzen und Fleischbrühe aufgießen. Bei schwacher Hitze garen und mit der in kaltem Wasser angerührten Speisestärke binden. Mit Petersilie bestreuen. Die Blutwurst in Scheiben schneiden, in Butter anbraten und über die Knödel verteilen. Das Lauchgemüse dazulegen.

Frankfurter Brenten

Der Barocklyriker Hofmann von Hofmannswaldau dichtete schon: „Der zungen hongseim, des herzen marcipan." Auch in Hessen ist diese uralte Weisheit auf breites Verständnis gestoßen, wie nicht zuletzt die Frankfurter Brenten beweisen, das Lieblingskonfekt Goethes, das ihm Mutter Aja paketeweise nach Weimar schicken mußte.

500 g Marzipanrohmasse, 120 g Puderzucker, 1 Eiweiß, 2 EL Mehl

Die Marzipanrohmasse mit dem Puderzucker, dem ungeschlagenen Eiweiß und Mehl zu einem festen Teig verkneten. Auf einem mit Zucker bestreuten Brett den Teig etwa 4 mm dick ausrollen und in gut bemehlte Holzmodel drücken. Aus den Formen vorsichtig auf ein bemehltes Backblech setzen und 24 Stunden trocknen lassen. Am nächsten Tag das Blech mit gefettetem Pergamentpapier belegen und die Brenten 25 Minuten bei 165 °C (Gasbackofen: Stufe 1) backen.

Schepperlinge

Dieses Rezept stammt aus einer Zeit, da körperlich noch hart gearbeitet wurde und man zu fast jeder Mahlzeit sehr kräftige Gerichte zu sich nahm, auch zum Vesper oder zwischendurch.

400 g Kartoffeln, 2 Brötchen, 3/8 l (375 ml) Milch, 2 Eier, 1/2 TL Salz, 50 g Speck, Butter zum Bestreichen

Die Kartoffeln in der Schale garen, pellen und durch die Kartoffelpresse drücken. Die Brötchen in der Milch einweichen, zerkleinern, gut durchrühren und warm stellen. Dann die eingeweichten Brötchen mit den durchgepreßten Kartoffeln und den Eiern vermengen und zu einem Teig verarbeiten, mit Salz abschmecken.

Ein Kuchenblech mit dem Speck einfetten, den Teig eßlöffelweise in Form von kleinen Fladen aufs Blech setzen und etwa 20 Minuten bei 200°C (Gasbackofen: Stufe 3) backen. Die heißen Schepperlinge mit Butter bestreichen und sofort essen, denn dann schmecken sie am besten. Dazu gibt es heißen Kaffee.

Äbbelwoi-Suppe

Man vermutet, daß bereits die Germanen neben ihrem Met ein alkoholisches Getränk kannten, das aus Äpfeln vergoren wurde. Das Frankfurter Nationalgetränk blickt also bereits auf eine lange Tradition zurück. Daß man daraus aber auch eine köstliche Suppe bereiten kann, dürfte nur eingefleischten Hessen geläufig sein.

1 1/2 l Apfelwein, 130 g Zucker, 1 Zimtstange, 1/2 unbehandelte Zitrone, 1 EL Mehl, 2 Eigelb

In einem emaillierten Topf wird der Apfelwein mit 1/2 l Wasser, Zucker, Zimtstange und Zitronenscheiben 15 Minuten leicht gekocht. Das Mehl mit 1/2 Tasse kaltem Wasser anrühren und unter ständigem Rühren mit dem Schneebesen in den kochenden Apfelweinsud geben. Nochmals fünf Minuten aufkochen lassen. Anschließend den Topf vom Feuer nehmen und die zwei Eigelb unterschlagen.

Rhöner Hutzelklöße

An vielen Berghängen und Höhen lodern am Aschermittwoch in der Rhön die Frühlingsfeuer. Kulinarischer Höhepunkt dieses Tages ist, wenn abends, nach dem Gang durchs Dorf und dem Besenschlagen, richtige Hutzelklöße auf den Teller kommen.

500 g Mehl, 20 g (1/2 Würfel) Hefe, 1/8 l Milch, 60 g Zucker, 1 Prise Salz, 3 Eier, 60 g Butter, 250 g Hutzeln (getrocknete Birnen), süßer Obstsaft

Das Mehl mit zerbröckelter Hefe, warmer Milch, Zucker, Salz, Eiern und Butter zu einem Hefeteig kneten, der an einem warmen Ort 30 Minuten gehen soll. Die Hutzeln vorher einige Stunden in abgekochtem, kaltem Wasser einweichen lassen, abtrocknen und kleinschneiden. In den Hefeteig einarbeiten und große Klöße formen, diese wiederum 30 Minuten gehen lassen. Die Klöße vorsichtig in reichlich kochendes Salzwasser setzen und 20 Minuten ziehen lassen. Mit Obstsaft beträufelt heiß servieren.

Rhöner Kartoffelsuppe

Wie der Name bereits andeutet, stammt diese Kartoffelsuppe aus dem großen Gebiet der Rhön und ist ein typisch ländlich-derbes Gericht des hessischen Mittelgebirges. Daß der sich über weite Teile der Hohen sowie der Kuppen-Rhön erstreckende Naturpark zu den schönsten in Deutschland gehört, sei hier noch am Rande vermerkt.

500 g Kartoffeln, 1 große Möhre, ½ Sellerieknolle mit Blättern, 1 Stange Lauch, 100 g durchwachsener Speck, Salz, 125 g Schlagsahne (30 % Fett), 1 TL Majoran, gehackte Petersilie, 150 g rohes Sauerkraut

Die Kartoffeln schälen und vierteln, das Suppengemüse und den Speck würfeln. Alle Zutaten in etwa 1½ l Salzwasser 45 Minuten langsam kochen und dann durch ein grobes Sieb drücken. Das Mus in den Topf zurückgeben und mit der Sahne sowie dem Majoran noch einmal aufkochen lassen. Mit gehackter Petersilie und rohem, kleingeschnittenem Sauerkraut überstreuen und heiß servieren.

Hessischer Schaumwein

An Sekt und Champagner sollte man bei diesem Getränk lieber nicht denken, denn es ist schon arg zuckrig und eignet sich vor allem als Getränk an kühlen Winterabenden. Aber auch als Dessert ist es empfehlenswert, und dann kann es seine Verwandtschaft zur französischen Sauce Chaudeau oder auch zur italienischen Sabaione nicht leugnen.

1 l Apfelwein oder herber Weißwein, 4 Eier, 200 g Zucker, 4 TL Arrak nach Belieben

Alle Zutaten in einem Topf aufs Feuer stellen und mit dem Schneebesen so lange miteinander verrühren, bis die Flüssigkeit aufkocht. Nicht weiterkochen lassen, sonst gerinnt die Masse! In hübsche Gläser füllen und je nach Geschmack vielleicht einen Teelöffel Arrak dazugeben. Hat man keinen Apfelwein zur Hand, kann man selbstverständlich auch Weißwein verwenden. Dazu reicht man Löffelbiskuit.

Schnitz und Schnitz

Dieses nicht nur alte, sondern auch sehr typische Gericht hat seinen Namen von den kleingeschnitzten Kartoffeln, die den getrockneten Birnen – auch als Schnitz bezeichnet – und dem Speck beigegeben werden.

500 g Hutzeln (getrocknete Birnen), 350 g durchwachsener Speck, 500 g Kartoffeln, Salz

Die Hutzeln über Nacht in 1 l abgekochtem, kaltem Wasser einweichen. Am nächsten Tag die Hutzeln zusammen mit dem Einweichwasser und dem in grobe Stücke zerkleinerten Speck aufsetzen und etwa 20 Minuten ziehen, aber nicht kochen lassen. Die in Stücke geschnittenen Kartoffeln und Salz hinzufügen und das Ganze weitere 30 Minuten garen.

Dieses Gericht wird im Hessischen als Eintopf gegessen und ist besonders im Odenwald beliebt.

Oft wird die Pfalz als Gottesgarten bezeichnet, und blickt man wie hier auf das vergoldete Speyer und den Rheinstrom, so hegt man keinerlei Zweifel an diesem Urteil. Daß ein durch Üppigkeit der Vegetation und ein durch mildes Klima gesegneter Landstrich geradezu einlädt, das Leben in vollen Zügen zu genießen, wird jeder Pfälzer aus vollem Herzen bestätigen; und wie ließe sich das Leben besser genießen als bei Festen, Feiern und kulinarischen Köstlichkeiten

Pfalz

„Uff die Bäm, die Pälzer kommen!" Diesen „Warnruf" kennen alle Stämme und Völkerschaften, die an die Pfalz angrenzen: die Saarländer, die Rheinhessen, die Badener und die Elsässer. Doch ganz so schlimm, wie dieser Warnruf klingt, sind sie nicht, die Pfälzer. Zwar trampeln sie gerne in alle nur erdenklichen Fettnäpfchen, die so in der Welt herumstehen, doch keineswegs absichtlich, vielmehr hängt diese „Begabung" mit ihrem etwas plumpen, tolpatschigen Naturell zusammen sowie mit ihrer unerschütterlichen Überzeugung von sich selbst. Diese Überzeugung drückt sich darin aus, daß der Pfälzer alles besser weiß, und wenn dem nicht so ist, so ersetzt er halt das bessere Wissen durch Lautstärke. Hinzu kommt dann noch die recht drastische Ausdrucksweise der Bewohner dieses Landstrichs.

Ihren Niederschlag findet diese drastische Ausdrucksweise in den in der Pfalz so beliebten „Sprich", und als Beispiel seien hier zwei Sprüche angeführt, die das Verhältnis des Pfälzers zu den leiblichen Genüssen deutlich machen: „Die Pälzer saufe und achiele (= spezieller Ausdruck für „viel essen"), daß selbscht de Mage kriecht sei Schwiele" und „Liewer än Bauch vum Esse und Drinke als än Buckel vum Schaffe". Doch nicht nur viel, sondern auch gut und deftig ißt man in der Pfalz, und da man obendrein Geselligkeit über alles schätzt, nimmt dieses Völkchen jede Gelegenheit wahr zu feiern. Blättert man einen pfälzischen Festkalender durch, so findet man im Reigen des Jahres eine Unzahl privater und öffentlicher Feiern.

Alter pfälzischer Brauch ist es, die Schlachtung eines Schweins im erweiterten Familienkreis, mit Freunden und Bekannten festlich zu begehen. Für Kesselfleisch mit Salz und Brot oder auch mit „Quellgrumbeere und Zwiwwelsalat", mit geriebenem Meerrettich und einer Prise Pfeffer, für frische hausgemachte Leber- und Griebenwurst, für Schwartenmagen und eben gefüllte Bratwürste, roh oder aus der Pfanne, für all diese herzhaften Genüsse haben die meisten Pfälzer eine große Vorliebe.

Durch kaum zu bewältigende Mengen edler, aber kräftiger Speisen und erlesener, nicht selten „umwerfender" Getränke zeichnen sich auch die Kommunions- und Konfirmationsfeiern sowie die Pfälzer Bauernhochzeiten aus. Und ein Höhepunkt im Festkalender eines jeden Dorfes und Städtchens ist das traditionelle Kirchweihfest, die „Kerwe", bei der sich die Pfälzer Hausfrauen und Töchter von alters her verpflichtet und von der Konkurrenz der anderen Frauen und Mädchen angespornt fühlen, ihre Kuchenbackkünste derart unter Beweis zu stellen, daß so mancher hauptberufliche Bäkker und Konditor blaß vor Neid wird.

Was den einen die „Kerwe", das ist den Dörfern an der Deutschen Weinstraße das Weinfest. In einer sogenannten Weingasse reihen sich dann die überdachten Ausschankstellen aneinander, die altbekannten Weingüter öffnen ihre Höfe und Gärten, an Tischen und Bänken läßt man sich zu Speis und Trank nieder, zu hausgemachten Würsten, allerlei Fleischgerichten und zu Käsehappen, die eine handfeste Unterlage für so manchen Schoppen Wein bilden. Auf ein Weinfest sei besonders hingewiesen, das im Herbst, wenn der erste Most im Keller beim Gären gurgelt, in Landau gefeiert wird: das Fest des Federweißen.

Die Pfalz ist nämlich nicht nur ein Land der Feste und der guten Küche, sondern auch ein Weinland; mit 21000 Hektar Anbaufläche und einem durchschnittlichen Ertrag von 250 Millionen Litern pro Jahr ist es das größte Weinanbaugebiet in Deutschland. Die Krone aller pfälzischen Weine ist zweifellos der Riesling, eine

In dem milden Klima der Pfalz gedeiht sogar Tabak. Im Sommer werden seine Blätter gebündelt (rechts oben) und in Tabakspeichern zum Trocknen aufgehängt (großes Bild links). Verbreitet sind auch die Eßkastanien, die „Keschte" (rechts unten), die zum neuen Wein verzehrt werden. Und als ein Beispiel für die vielen pfälzischen Feste mag die Szene vom Wormser Backfischfest (rechts Mitte) dienen

Rebe, die höchste Ansprüche stellt an Klima, Bodenbeschaffenheit und Lage, gefolgt vom Silvaner, der milder als der Riesling und genügsamer in seinen Ansprüchen ist. Der Dritte im Bunde der pfälzischen Spitzenweine ist der Müller-Thurgau, eine Kreuzung aus Riesling und Silvaner. Diese drei Weißweine beanspruchen zusammen mehr als die Hälfte der gesamten Anbaufläche. Nur 15 Prozent der Anbaufläche sind den Rotweinen vorbehalten, dem milden, süffigen Portugieser und dem samtigen Spätburgunder. Beide Sorten werden häufig auch als Weißherbst gekeltert.

Und zum Abschluß noch der Versuch, eine oft gestellte Frage zu beantworten: Welcher Wein paßt zu welchem Essen? Als Faustregel kann man festhalten: Zu Fisch und zu hellem Fleisch wie Huhn, Kalb- oder Schweinefleisch trinke man Weißwein, zu dunklem Fleisch wie Rindersteak, Roastbeef, Lamm und Wild, aber auch zu Käse paßt Rotwein. Natürlich ist auch hier keine Regel ohne Ausnahme, und wenn einer gar nicht weiß, was er tun soll, dann ist ein Weißherbst immer richtig, der eine Art Zwitterstellung einnimmt. Und damit bleibt dann nur noch zu wünschen: Prosit!

Nicht nur Obst und Gemüse aller Art gedeiht in der klimatisch so begünstigten Pfalz, sondern auch und vor allem köstlicher Wein. In tiefen, kühlen Kellern reift er oft noch in Holzfässern, wie hier in einem Weingut in Deidesheim (links).
Von der Liebe der Pfälzer zu einem guten Wein zeugen auch diese reich verzierten Weinpokale aus dem 17. Jahrhundert (kleines Bild oben)

Pfälzer Saumagen

Krönender Ausdruck der fast innigen Beziehung des Pfälzers zum Schwein ist der Saumagen. In der ganzen Welt gibt es nicht seinesgleichen. In seiner Verbreitung bleibt er auf das Gebiet der Pfalz, der ehemaligen Kurpfalz, beschränkt, obwohl der Pfälzer diesen – nach seinem Geschmack – Hochgenuß jedem gönnen möchte. Der Saumagen setzt einige Kochkunst voraus, doch er entlohnt die Mühen eben mit seiner Einmaligkeit. Man kennt ihn gekocht und gebraten als Ganzheit aufgetischt, aber auch in Scheiben aufgeschnitten und angebraten.

1 Saumagen, 1–1½ kg Kartoffeln, 750 g magerer Schweinebauch, 375 g gehacktes Rindfleisch, 3 Eier, 2 große Zwiebeln, Majoran, Salz, Pfeffer, Muskat, etwas Fett

Den frischen und geputzten Saumagen muß man beim Metzger vorbestellen. Er wird gründlich gesäubert und über Nacht gewässert. Mehrmals dick mit Salz einreiben und die Schleimschicht damit entfernen, immer wieder abspülen. Zuerst zwei der drei Ausgänge am Saumagen zubinden. Die Kartoffeln kochen, in Würfel schneiden, den Schweinebauch würfeln, die Zwiebeln schneiden und in etwas Fett andünsten. Alle Zutaten miteinander vermengen und kräftig würzen. Den Saumagen mit der Masse füllen, aber nicht zu voll (sonst platzt er), und zubinden. In siedendem Salzwasser gut drei Stunden ziehen lassen (nicht kochen!).

Den Saumagen kann man bereits so mit Genuß essen, jedoch gibt es auch die Möglichkeit, ihn in Scheiben aufzuschneiden und in Butter anzubraten. Dazu wird Weinkraut (Rezept siehe S. 172), frisches Bauernbrot und ein herber Pfälzer Wein gereicht.

Siebeldinger
Qualitätswein mit
Theo Frey,

Franzosensuppe

Kein Wunder, daß bei der Nachbarschaft der Pfalz zu Frankreich, speziell zum Elsaß, in vielen Pfälzer Kochbüchern auch eine Franzosensuppe zu finden ist. Wiewohl diesseits der Grenze gerne deftig und somit schwer gegessen wird, liebt man doch hin und wieder auch pikantere, leichtere Gerichte, wie sie von „drüben" kommen. Natürlich bewundern auch die Pfälzer uneingeschränkt – wie alle Feinschmecker der Welt – die Suppen und Soßen der Franzosen. Diese Franzosensuppe, deren Hauptzutaten aus Gemüsen bestehen, kommt den Erzeugnissen aus den Pfälzer Gärten sehr entgegen und ißt sich besonders gut im Sommer.

**½ Weißkrautkopf, 4 Möhren,
500 g Erbsen, 1 kleine Sellerieknolle,
1 kleiner Blumenkohl, 1 Zwiebel,
1 Bund Petersilie, 2 EL (20 g) Butter,
1½ l Fleischbrühe, kleingeschnittenes
Suppenfleisch, Salz, Pfeffer, Muskat**

Alle Gemüse putzen und sehr fein schneiden, den Blumenkohl in kleine Röschen brechen. Die Butter erhitzen, die Gemüse sowie die nur grob gehackte Zwiebel und die Hälfte der gehackten Petersilie darin zehn Minuten dünsten. Mit der heißen Fleischbrühe auffüllen und kräftig durchkochen lassen. Wenn man hat, kleingeschnittenes Suppenfleisch dazugeben. Mit Salz, Pfeffer und Muskat würzen und zum krönenden Abschluß den Rest der gehackten Petersilie darüberstreuen.

Dazu paßt am besten ein frisches Stangenweißbrot.

Pfälzer Fleischklöße

„Fleeschknepp" nennt der Pfälzer mit wäßrigem Mund die Fleischklöße. Bei jedem größeren Festessen erscheinen in Pfälzer Haushalten die Fleeschknepp als willkommenes und nie langweiliges Zwischengericht. Als Beilage zu ihnen kennt man eigentlich ausschließlich Meerrettich, sowohl frisch gerieben als auch in Soßenform.

Für die Fleischklöße:
250 g Schweinefleisch,
250 g Rindfleisch, 250 g Kalbfleisch,
2 altbackene Brötchen, 2 Eier, Salz,
Pfeffer, Muskat, 1 Bund Petersilie,
Fleischbrühe.
Für die Meerrettichsoße:
5 altbackene Brötchen, ⅜ l (375 ml)
Milch, 100 g frisch geriebener
Meerrettich, ½ TL Salz, 1 TL Zucker,
etwas Zitronensaft

Für die Fleischklöße werden die Brötchen und das Fleisch durch den Wolf gedreht. Eier, Gewürze und die feingehackte Petersilie dazugeben. Die Masse wird zu einem glatten Teig verarbeitet. Danach läßt man sie eine Zeitlang in Ruhe stehen. Mit feuchten Händen formt man eigroße Klöße und läßt sie in siedender Fleischbrühe garen.

Für die Meerrettichsoße die Rinde von den Brötchen abreiben, die Brötchen in Scheiben schneiden, mit der Milch übergießen und etwa 15 Minuten stehenlassen. Unter Rühren die Brötchenmasse bis zum Aufkochen erhitzen, den Topf vom Herd ziehen und den Meerrettich untermischen. Die Soße mit Salz, Zucker und Zitronensaft abschmecken und noch heiß servieren. Dazu reicht man frisches Weißbrot.

Fasan in Weinblättern

In dem bis zu 40 Kilometer breiten Streifen zwischen Rhein und den Haardtbergen beziehungsweise den Höhenzügen der Vogesen dehnt sich der Obst- und Gemüsegarten der Pfalz aus, der in den Sommermonaten auch vom Duft reifender Tabakpflanzen erfüllt ist. Hier nisten die Fasane besonders gern. Es macht ihnen Spaß, sich in der üppigen Pflanzenwelt zu tummeln, nicht ahnend, daß die Jäger auch ihre Freude daran haben, im Herbst in diesen Gefilden auf Fasanenjagd zu gehen. Die Umhüllung der Vögel in der Pfanne mit Weinblättern ist landesüblich und wirkt durchaus dekorativ.

2 etwa 800 g schwere Fasane, Pfeffer, Salz, Thymian, Majoran, 1 Knoblauchzehe, 1 großer säuerlicher Apfel, 125 g (8 dünne Scheiben) Speck, grüne Weinblätter, 2 EL (20 g) Butterschmalz zum Anbraten

Die gerupften und ausgenommenen Fasane waschen, innen und außen pfeffern und salzen. Außerdem innen mit Thymian, Majoran und der zerdrückten Knoblauchzehe würzen. Zwei Scheiben des ungeschälten Apfels in den Bauch eines jeden Fasans stecken. Jeden Fasan mit Speck umwickeln, die gut gewaschenen grünen Weinblätter als äußere Hülle mit Bindfaden festbinden und das Ganze in einer Pfanne mit Butterschmalz ringsum anbraten. Die Fasane anschließend in einer Kasserolle im Backofen bei 200 °C (Gasbackofen: Stufe 3) etwa 40–50 Minuten braten.

Mit Weinkraut (Rezept siehe S. 172) und einem Riesling oder weißen Burgunder servieren.

Gockel in Wein

Nichts liegt näher als die Vermutung, das Rezept für den Gockel in Wein, den Hahn in Wein, stamme gewiß aus dem benachbarten Elsaß. Ist doch der „coq au vin" heute weltbekannt. Aber ohne den Elsässern oder Franzosen, den Meistern in der Küche, am Zeug flicken zu wollen, sicher hat die Behauptung etwas für sich, daß überall, wo Wein wächst, irgendwann irgend jemand den Einfall hat, Hähnchen in Wein zu kochen. Riesling, Silvaner und auch Müller-Thurgau sind dazu bestens geeignet. Und breite Nudeln schmecken dazu interessanter als Reis.

2 frische Hähnchen, Salz, Pfeffer,
2 EL (20 g) Butterschmalz zum Anbraten,
200 g Champignons,
1 Glas Silberzwiebeln, ¼ l Weißwein,
250 g Schlagsahne (30 % Fett),
etwas Speisestärke

Die Hähnchen vierteln, salzen, pfeffern und in heißem Butterschmalz gut anbraten. Die in Scheiben geschnittenen Champignons und die abgetropften Silberzwiebeln dazugeben und mit anschmoren. Mit dem Wein ablöschen und 30 Minuten dünsten. Die Hähnchen herausnehmen und warm stellen. Den Bratensatz mit einem Holzlöffel vom Boden lösen, die Sahne hinzufügen und eventuell mit etwas in kaltem Wasser angerührter Speisestärke binden. Mit Wein, Salz und Pfeffer noch einmal kräftig würzen. Die Hähnchen in einer Schüssel mit der Soße übergießen und auftragen.

Hase im Topf

In der Mundart heißt dieses Gericht „Dippehas". Es hat gegenüber dem Hasenbraten, den alle Welt kennt, den Vorzug, den Hasen saftiger zu machen. Früher wurden zur Zubereitung gußeiserne „Dippe" – auf hochdeutsch: Töpfe – bevorzugt, heute verwendet man Gefäße aus Ton. Und jeder Pfälzer wird eine Einladung zum Dippehas mit einem Zungenschnalzer quittieren, weil er weiß, daß ihm die Hausfrau etwas Ungewöhnliches bieten will.

500 g frischer Schweinebauch, 4 EL Öl, 5 Zwiebeln, 2 Knoblauchzehen, 1 Hase (bratfertig in 8–12 Teile zerlegt), Pfeffer, Salz, 1 l Rotwein, 125 g Schwarzbrot, 3 Lorbeerblätter, 8–10 Wacholderbeeren, 2 Gewürznelken

Den gewürfelten Schweinebauch im Bräter in Öl anbraten. Die grobgeschnittenen Zwiebeln, die zerdrückten Knoblauchzehen sowie die gepfefferten und gesalzenen Hasenteile dazugeben und anbraten. Mit Rotwein ablöschen. Das Schwarzbrot zerbröseln, mit den Gewürzen mischen, in den Bräter geben und einmal kurz aufkochen lassen. Den Bräter zudecken und bei 200 °C (Gasbackofen: Stufe 3) im vorgeheizten Backofen etwa anderthalb Stunden schmoren lassen.

Dazu passen am besten Kartoffelklöße (Rezept siehe S. 210), die man in der Pfalz als „Schneebällchen" bezeichnet. Ein Glas Rotwein dazu rundet das Festmahl ab.

Spargelpfannkuchen

Spargel als Gemüse wird heutzutage in den Küchen aller Gegenden verarbeitet. Der Spargelpfannkuchen stammt aus dem Gebiet um Speyer und aus der jenseits des Rheins benachbarten Bruchsaler Gegend. Pfannkuchen erfreuen sich übrigens auch in der Pfalz großer Beliebtheit und werden hier, wie anderswo zuweilen, mit Fleischhaschee oder mit Marmelade gefüllt. Zum Spargelpfannkuchen kann man auch Gemüse dritter und vierter Wahl verwenden und hat dann ein ebenso nahrhaftes wie wohlschmeckendes und preiswertes Gericht.

**1 kg Gemüsespargel, 1 EL (10 g) Butter,
1 TL Zucker und 1 TL Salz zum Kochen
der Spargel.
Für den Pfannkuchenteig: 250 g Mehl,
¼ l Milch, 4 Eier, Salz,
4 EL Öl zum Ausbacken**

Die Spargel putzen, in kleine Stücke brechen und in reichlich Salzwasser, dem Butter und Zucker beigefügt sind, nicht zu weich kochen. Die Spargelstücke mit dem Schaumlöffel herausheben und gut abtropfen lassen.

Für die Pfannkuchen einen dickflüssigen Teig aus allen Zutaten bereiten und eine halbe Stunde quellen lassen. Dann die Spargelstückchen zu dem Teig geben. Öl in einer Pfanne erhitzen und den Teig mit einem Schöpflöffel darin verteilen. Den Pfannkuchen von beiden Seiten goldgelb backen.

Dazu reicht man einen knackigen Kopfsalat.

Herzpfeffer mit Dampfnudeln

Dies ist das klassische Pfälzer „Viehstrichgericht". „Viehstrich" wurde der Weg von Speyer bis Neustadt, entlang dem „Pfefferminzbähnel", genannt. Das Bähnel war eine Schmalspurbahn, die gemächlich Gemüse, Obst und Pfefferminze aus dem „Gäu" – so heißt im Dialekt der fruchtbare Landstrich zwischen Rhein und Haardtgebirge – nach Neustadt brachte. Und über den Viehstrich trieben die Gäubauern ihr Vieh zum Viehmarkt nach Neustadt. Pfefferminzbähnel und Viehstrich gehören längst vergangenen Zeiten an, fort lebt aber noch das Gericht, das die Viehtreiber gerne in den Wirtschaften am Wege zu sich nahmen: Herzpfeffer mit Dampfnudeln.

2 Schweineherzen, 1 Schweinezunge, 500 g Schweinekamm ohne Knochen, 1 Bund Suppengrün (1 Stück Sellerie, 2 Möhren, 1 Stange Lauch), 1 Zwiebel, 2 Knoblauchzehen, 50 g Mehl, 3 EL (30 g) Butter, Pfeffer, Salz, Muskat und Koriander

Das kleingeschnittene Suppengrün, Zwiebeln und Knoblauchzehen in 2 l Wasser etwa eine Stunde kochen lassen. In diesen Sud werden die Herzen, die Zunge und der Schweinekamm eingelegt und gekocht, bis sie weich sind. Anschließend das Fleisch erkalten lassen, die Brühe entfetten. Aus Mehl und Butter eine Mehlschwitze herstellen, mit einem Teil der Brühe aufgießen. Mit Pfeffer, Salz, Muskat und Koriander würzen und das Fleisch – in mundgerechte Stücke zerteilt – dazugeben. Dazu ißt man Dampfnudeln (Rezept siehe S. 303).

Kastaniengemüse

Jeder sollte in der Schule gelernt haben, daß die Pfalz, vor allem die Südpfalz, das mildeste Klima Deutschlands, ja im Sommer wahrhaft südländische Temperaturen hat. Demnach ist diese Gegend auch mit südländischer Vegetation gesegnet. Hier reifen Feigen, Aprikosen, Mandeln und nicht zuletzt Kastanien. „Keschte" sagen die Einheimischen. König Ludwig I. von Bayern hat in der Pfalz, in der damals bayerischen Rheinprovinz, bei Edenkoben ein königliches Sommerschloß im klassizistischen Stil errichten lassen, das heute den Nachlaß des Malers Max Slevogt beherbergt. König Ludwig nannte die Gegend um das Schloß Ludwigshöhe „die schönste Bannmeile seines Königreiches". Es wird erzählt, er habe die Pflanzung von Edelkastanien besonders gefördert. Heute werden sie sackweise in den Wäldern der Haardt gesammelt. Die Pfälzer gehen dann „in die Keschte".

**1 kg Eßkastanien, ¾ l Fleischbrühe,
2 große Zwiebeln, 125 g Butter,
2 EL Zucker, Salz**

Die Kastanien mit den kreuzweise eingeschnittenen braunen Schalen 20 Minuten in Salzwasser kochen. Kalt abschrecken und sofort schälen. Sehr vorsichtig muß auch die dünne braune Haut der Kastanien abgeschält werden. Dann die Kastanien in die Fleischbrühe geben und im offenen Topf auf kleine Flamme stellen. In der Zwischenzeit in einer Pfanne die feingehackten Zwiebeln in der Butter glasig rösten, den Zucker dazugeben, salzen. Dieses Butter-Zwiebel-Zucker-Gemisch über die Kastanien schütten und sehr vorsichtig durchrühren.

Am besten schmeckt das Gemüse zu Gänsebraten.

Hunsrücker Spießbraten

In der Edelsteinschleiferstadt Idar-Oberstein steht dieses originelle Gericht in vielen Gaststätten das ganze Jahr über auf der Speisekarte. Den „Schpeßbroore" brachten Hunsrücker von den Diamantenfeldern Südamerikas mit. Im Haushalt bereitet man ihn so:

4 Scheiben à 250 g Roastbeef oder abgehangene Hochrippe, 4 Zwiebeln, Salz, schwarzer Pfeffer, 4 EL Öl. Für den Salat: 4 Tomaten, 1 Salatgurke, ½ Kopfsalat, 2 EL Essig, 4 EL Öl, Salz, weißer Pfeffer, 1 Prise Zucker, ½ Bund Dill

Die Zwiebeln schälen und in Scheiben schneiden. Das Fleisch abwechselnd mit den Zwiebelscheiben in eine Schüssel schichten, dabei mit Salz und Pfeffer bestreuen. Etwa vier Stunden im Kühlschrank gut durchziehen lassen. In der Zwischenzeit den Salat vorbereiten: Dazu die Tomaten waschen, die Gurke schälen, abtrocknen und beides in dünne Scheiben schneiden, auf vier Teller verteilen, gewaschene und zerpflückte Salatblätter dazugeben. Essig, Öl, Salz, Pfeffer und Zucker in einer Schüssel verrühren, würzig abschmecken, Dill hacken und hineinmischen. Das Fleisch aus der Schüssel nehmen, mit Öl einpinseln, auf dem Rost unter dem vorgeheizten Grill von jeder Seite etwa acht Minuten grillen oder in der Pfanne braten, zwischendurch nochmals mit Öl bestreichen. Auf vorgewärmter Platte anrichten.

Die Salatsoße über die Salatportionen verteilen, Salat und Fleisch servieren und dazu Kräuterbutter sowie Grau- oder Weißbrot reichen.

Schweinekamm nach Jägerart

Das wichtigste an diesem Rezept ist die Beize, in die das Fleisch gut zwei Tage eingelegt werden soll. Hierbei sollte man nicht an der falschen Stelle sparen, denn der Rotwein sollte nicht nur gerade ordinäre Tafelqualität haben. Auch der echte Weinessig ist unbedingt notwendig, denn dessen Säure wird ausschließlich aus dem Alkohol des Weines gewonnen, mit geringen Zusätzen von Essigsäure. Nur so ist der edle und ausgewogene Geschmack des Fleisches zu erreichen.

1½ kg Schweinekamm,
50 g Butterschmalz, 125 g Schlagsahne (30 % Fett), 2 EL Preiselbeeren.
Für die Beize:
¾ l Wasser, ⅜ l (375 ml) Rotwein, ⅜ l (375 ml) Weinessig, 1 Stück Sellerie, 2 Möhren, 1 Stange Lauch, 6 Wacholderbeeren, 2 gestoßene Nelken, 1 TL Basilikum, 1 gehäufter TL Salz, Schale einer unbehandelten Zitrone, 2 kleine frische Fichtenzweige

Die genannten Zutaten für die Beize in einen Steintopf füllen, das Fleisch hineinlegen, mit den Fichtenzweigen bedecken und zwei bis drei Tage ziehen lassen. Nachdem der Beizvorgang beendet ist, das Fleisch herausnehmen und gut abtrocknen. Das Bratfett in einem Bräter erhitzen und das Fleisch von allen Seiten gut anbräunen. Mit ½ l Beize ablöschen und im Backofen unter häufigem Begießen bei 200 °C (Gasbackofen: Stufe 3) etwa anderthalb Stunden garen. Das Fleisch herausnehmen und warm stellen. Die Soße durch ein Sieb passieren und noch einmal mit der Sahne aufköcheln lassen. Mit Preiselbeeren anrichten.

Dazu reicht man Salzkartoffeln oder Kartoffelpüree sowie Rotkraut.

Zimtnudeln

Die Zimtnudeln sind eine verfeinerte Fortentwicklung der Rohrnudeln, wie man sie in nahezu allen deutschen Landschaften kennt. Die Rohrnudeln heißen in der Pfalz „Backofeknepp", was wieder für die plastische Ausdrucksweise der Pfälzer spricht. Man weiß sofort, um was es sich bei „Backofeknepp" handelt. Da aber der Pfälzer, zumindest beim Essen, vom Einfachen zum Üppigen, geschmacklich Reizvollen strebt, ersann oder übernahm er zur eigenen Freude die Zimtnudeln.

**500 g Mehl, 20 g (½ Würfel) Hefe,
50 g Zucker, ¼ l Milch, 2 Eier,
60 g Butter, 1 unbehandelte Zitrone,
1 Prise Salz.
Zum Wälzen:
50 g Butter, Zucker und Zimt**

Etwas Mehl in eine Schüssel geben, die Hefe zerbröckeln, etwas lauwarme Milch und Zucker hinzufügen, mit etwas Mehl verrühren und zugedeckt an einem warmen Ort gehen lassen. Dann die restliche lauwarme Milch und das Mehl dazugeben, die Zitrone abreiben, Eier, zerlassene Butter und Salz hinzufügen und alles zu einem mittelfesten Teig verkneten. Kleine Nudeln abstechen und diese auf einem Brett gehen lassen. Dann die Nudeln in zerlassener Butter, in Zucker und Zimt wälzen und eng in eine Springform oder Auflaufform setzen. Eine halbe Stunde bei 200 °C (Gasbackofen: Stufe 3) im vorgeheizten Ofen backen. Nach dem Backen sofort noch einmal mit zerlassener Butter bestreichen, damit sich keine harte Kruste bildet. In der Form auskühlen lassen. Dazu paßt Kompott nach Belieben, aber auch eine Weinsoße (Rezept siehe S. 302) oder – in der Pfalz immer – ein Gläschen Wein.

Wolfszähne

Hinter diesem gefährlichen Namen verbirgt sich ein Gebäck. Das Rezept stammt aus Urgroßmutters Kochbuch, hat also eine beachtliche Tradition. Dabei steht mit zittriger Handschrift der Hinweis, daß Wöchnerinnen und Rekonvaleszenten mit Wolfszähnen und Weincreme besonders schnell wieder auf die Beine zu bringen seien. Wolfszähne sind sogar zu purem Wein als Zugabe denkbar. Sie gelten jedenfalls mit ihrer besonders kräftigenden Wirkung, wenngleich sie in ihrer Konsistenz trockenem Biskuit ähneln, als eine der beliebtesten Süßspeisen der Pfalz. Wahrscheinlich nicht zuletzt deshalb, weil sie zum begleitenden Weintrinken geradezu herausfordern. Um sie zu backen, braucht man allerdings ein dachziegelförmiges Wolfszahnblech.

**150 g Zucker,
1 Päckchen Vanillinzucker, 2 Eier,
150 g Mehl, Butter für die Form**

Den Zucker, den Vanillinzucker und die Eier etwa eine Viertelstunde lang gut rühren. Dann unter weiterem ständigen Rühren nach und nach das Mehl daruntermischen. Das Wolfszahnblech mit Butter bestreichen und die Masse teelöffelweise daraufgeben. Die sich dabei bildenden Stangen etwa 20 Minuten bei 175 °C (Gasbackofen: Stufe 2) im Backofen hellbraun backen.

Pfälzer Mandelplatte

Zu den vielen in der Pfalz reifenden Früchten gehören auch Mandeln. Alljährlich schlägt sich in den regionalen Zeitungen der Wettbewerb nieder, wo zuerst die Mandelbäume in Blüte stehen: ob an der Deutschen Weinstraße in der Pfalz oder an der Bergstraße zwischen Heidelberg und Bensheim. In der Pfalz, in Gimmeldingen, einem Vorort von Neustadt, gibt jedenfalls ein Mandelblütenfest stets Kunde davon, daß der Frühling endgültig seinen Einzug gehalten hat. Und wo Mandelblüten auf deutschem Boden den Frühling anzeigen, darf man sich getrost einer bevorzugten Landschaft rühmen.

Für den Teig: 250 g Schlagsahne (30 % Fett), 250 g Zucker, 1 Päckchen Vanillinzucker, 4 Eier, 500 g Mehl, 1 Päckchen Backpulver, 1 Prise Salz, etwas Butter und Mehl für das Blech.
Für den Guß: 125 g Butter, 250 g Zucker, 1 Päckchen Vanillinzucker, 6 EL Schlagsahne (30 % Fett), 200–300 g Mandelstifte

Aus allen Teigzutaten einen glatten Rührteig herstellen. Diesen Teig auf ein gefettetes und gemehltes Blech geben und zehn bis zwölf Minuten bei 200°C (Gasbackofen: Stufe 3) vorbacken. Für den Guß die Butter zerlassen, mit den übrigen Zutaten einen zweiten Teig herstellen und diesen auf den vorgebackenen Kuchen auftragen. Nochmals gut zehn Minuten ausbacken, bis die Mandelstifte goldbraun sind. Auskühlen lassen und zum Kaffee oder einem Glas Gewürztraminer servieren.

Weincremetorte

Natürlich gibt es in einem Weinland ein Gebäck, das unmittelbar mit Trauben und Wein zu tun hat. Es ist die Weincremetorte. Kenner solcher Süßigkeiten mag sie in gewisser Weise an die Zuger Kirschtorte aus der Schweiz erinnern. Wie diese mit Kirschwasser getränkt ist, nimmt der Teig der Weincremetorte Wein und auch ein Quantum Weinbrand in sich auf. Es handelt sich also gewiß nicht um eine trockene Sache. Im Gegenteil: „Die Woicremetort' ritscht vun selwer, do brauchschd kän Kaffee nochzuschitte!" Die Torte macht zwar etwas Mühe, aber die Mühe lohnt sich.

Für den Teig: 250 g Mehl, 125 g Butter, 2 Eigelb, 60 g Zucker, 2 EL Weinbrand.
Für die Füllung:
2 Eier, 6 Blatt weiße Gelatine, 60 g Zucker, ⅛ l lieblicher Weißwein, 250 g Schlagsahne (30 % Fett), 250 g Trauben, Aprikosenmarmelade, 40 g Mandelblättchen, 1 EL (10 g) Butter

Die Teigzutaten verkneten, eine Springform (Durchmesser: 26 cm) ausfetten und Boden und Rand mit dem Teig auslegen. Etwa 30 Minuten kalt stellen, dann den Teigboden mit einer Gabel mehrmals einstechen. Anschließend etwa 20 Minuten bei 200 °C (Gasbackofen: Stufe 3) backen. Nach dem Abkühlen aus der Form nehmen. Für die Füllung die Eier in Eiweiß und Eigelb trennen, die Gelatine in etwas kaltem Wasser einweichen. Eigelb und 2 EL Wasser schaumig schlagen, Zucker unterrühren und den Wein dazugeben. Die eingeweichte Gelatine bei schwächster Hitze auflösen und unter die Mischung ziehen. Kalt stellen. Jeweils das Eiweiß und die Sahne steif schlagen, unter die dickende Creme ziehen. Diese Creme auf den Teigboden füllen und mit den entkernten Traubenbeerenhälften belegen. Die Teigwand mit Marmelade bestreichen und mit den in Butter gerösteten Mandelblättchen bekleben.

Gefüllter Kranz

„Ich will kän Kranz, wann ich gschtorwe bin, liewer än Kranzkuche." Derartige Scherze macht man in der Pfalz gern. Auf der anderen Seite ist der Wunsch verständlich, denn schon die alten Ägypter gaben ihren Toten Nahrung mit ins Grab. Man unterscheidet einen einfachen Hefekranz, den die Pfälzer gerne in den Kaffee tunken, und den gefüllten Kranz, der gewollt protzig ist und durch die reichhaltigen Zutaten rasch Freunde für sich gewinnt.

Für den Hefeteig: 500 g Mehl, ⅛ l Milch, 40 g (1 Würfel) Hefe, 200 g Butter, 2 Eier, 100 g Zucker, 1 Prise Salz.
Für die Füllung: 4 Eiweiß, 200–300 g geriebene Haselnüsse, 200 g Zucker, 1 Päckchen Vanillinzucker, 1 Schuß Dosenmilch, 50 g Butter

Für den Teig rührt man die Hälfte des Mehls mit lauwarmer Milch, etwas Zucker und der zerbröckelten Hefe an, läßt ihn an einem warmen Ort gehen und arbeitet dann das restliche Mehl, zerlassene Butter, den restlichen Zucker, Salz und die Eier darunter. Während der Teig geht, schlägt man inzwischen das Eiweiß zu steifem Schnee, gibt die geriebenen Haselnüsse, Zucker und Dosenmilch dazu, so daß eine geschmeidige, streichfähige Masse entsteht. Den Hefeteig rollt man zu einem Quadrat aus und bestreicht ihn zuerst mit zerlassener Butter, dann mit der Haselnußmasse. Der bestrichene Teig wird aufgerollt und dabei ständig mit zerlassener Butter bepinselt. Die fertige Rolle wird in eine gut gefettete Kranzform von etwa 28 bis 30 cm Durchmesser gelegt. Nochmals 30 Minuten gehen lassen. Bevor man den Kuchen in den vorgeheizten Backofen stellt, sticht man ihn mehrmals an der Oberfläche mit einem Zahnstocher ein. Der Kranz wird bei 200 °C (Gasbackofen: Stufe 3) etwa 45 Minuten bis eine Stunde gebacken. Wenn er erkaltet ist, kann man ihn mit Puderzucker bestäuben.

Handkäs, hausgemacht

Wie Hausmacher Wurst ißt der Pfälzer mit Vorliebe auch hausgemachten Handkäse. Und in den Dörfern Ober- und Niederlustadt wird alljährlich um den 1. Mai ein Handkäsfest gefeiert.

1 l frische Milch, Salz und Kümmel, Wein zum Anfeuchten

Die Milch so lange sauer werden lassen, bis sie eine feste Konsistenz erreicht hat. In ein mit Nesseltuch ausgeschlagenes Sieb schütten, damit die Molke abtropft. Die zurückbleibende Käsemasse mit Salz und Kümmel würzen und etwa handtellergroße Käselaibchen formen; zum Trocknen in einen warmen Raum stellen. Nach drei bis vier Tagen werden die Käselaibchen, mit Wein angefeuchtet, in einen Steinguttopf geschichtet und mit einem weingetränkten Nesseltuch abgedeckt. Den Topf verschließt man mit Pergamentpapier. Das Abdecktuch muß alle zwei bis drei Tage frisch mit Wein befeuchtet werden, bis der Handkäse reif, also innen nicht mehr weiß ist.

Speckkartoffelsalat

Eine der bekanntesten Pfälzerinnen war zweifellos Elisabeth Charlotte (1652–1722), Liselotte von der Pfalz genannt. Sie heiratete den Herzog Philipp von Orléans, den Bruder König Ludwigs XIV. von Frankreich. Berühmt sind ihre urwüchsigen Briefe, die sie aus dem höfisch-eleganten Frankreich in ihre Heimat sandte und in denen sie oft auch der Gerichte ihrer Heimat gedenkt. Sicher hätte ihr auch dieser Speckkartoffelsalat geschmeckt.

1 kg Salatkartoffeln, 250 g durchwachsener Räucherspeck, 2 große Zwiebeln, Salz, Pfeffer, 1 Prise Zucker, Essig, ½ l Fleischbrühe

Die Kartoffeln in der Schale garen, pellen und warm in dünne Scheiben schneiden. Mit der heißen Fleischbrühe übergießen und richtig durchtränken. Räucherspeck und Zwiebeln fein würfeln und in einer Pfanne hellgelb anrösten. Zu den Kartoffelscheiben dazugeben. Mit Salz, Pfeffer, Zucker und Essig kräftig abschmecken.

Zwetschgenkuchen

„Ah, Quetschekuche", ruft der Pfälzer lustvoll aus, wenn der Kaffeetisch gedeckt und Zwetschgenkuchen aufgetragen wird. Denn dieser ist für ihn der beste Obstkuchen.

500 g Mehl, ⅛ l Milch, 40 g Hefe, 200 g Butter, 2 Eier, 100 g Zucker, 1 Prise Salz, Fett für das Blech, 2 kg Zwetschgen, Zucker und Zimt zum Bestreuen

Die Hälfte des Mehls rührt man in lauwarmer Milch und Hefe an, läßt das Ganze gut aufgehen, arbeitet dann das restliche Mehl, die zerlassene Butter, die Eier, den Zucker und das Salz darunter. Nach nochmaligem Gehen wird der Teig auf bemehltem Brett ausgerollt und möglichst dünn (!) auf das mit Fett bestrichene Blech gebracht. Die entkernten und zipflig geschnittenen Zwetschgen dachziegelförmig auf den Teig legen, nochmals kurz gehen lassen und im Backofen bei 200 °C (Gasbackofen: Stufe 3) etwa 20–30 Minuten backen. Noch heiß mit Zucker und Zimt bestreuen.

Grüne Nüsse

In der Pfalz grünt so mancher Nußbaum nicht direkt vor dem Haus, aber in der Ortsgemarkung. Nußbäume gehören zum Landschaftsbild.

500 g grüne Walnüsse (Ende Juni, Anfang Juli gepflückt), 500 g Zucker, eventuell ⅛ l Branntwein

Die grünen Nüsse in kaltes Wasser einlegen und mehrfach mit einer Gabel durchstechen. Das Wasser täglich ein- bis zweimal erneuern. Nach neun Tagen die Nüsse mit kochendem Wasser übergießen, abtropfen lassen. Den Zucker in ¼ l Wasser auflösen und kochen, bis die Flüssigkeit klar ist. Die Nüsse dazugeben und kochen, bis sie schwarz und weich sind. Das Ganze in ein Glas oder einen Steinguttopf geben und nach dem Erkalten verschließen. Will man die Nüsse alkoholisch, vermischt man sie mit ⅛ l Branntwein. Nach zwei Jahren haben die Nüsse das richtige Aroma.

Eingelegte Zwetschgen

Eine spezielle Beilage zum Pfälzer Suppenfleisch sind eingelegte Zwetschgen. Und in Großmutters handgeschriebenem Kochbuch fand sich folgendes Rezept:

2 kg Zwetschgen, 500 g Zucker, ¾ l Weinessig, ½ Zimtstange, 2 Nelken, 1 Stückchen Schale einer unbehandelten Zitrone

Die Zwetschgen werden halbiert, entsteint und in einen Steinguttopf gelegt. Zucker und Essig zum Kochen bringen und heiß über die Zwetschgen gießen. Am nächsten Tag gießt man den Saft ab, kocht ihn auf und gießt ihn wieder heiß über die Früchte. Am dritten Tag wird der Saft nochmals aufgekocht, nun aber mit den Gewürzen, und erneut zu den Früchten gegeben. Nach dem Erkalten bindet man den Topf mit Pergament zu und stellt ihn in einen dunklen, kühlen Raum. Die eingelegten Zwetschgen stehen jetzt, solange der Vorrat reicht, als Beilage jederzeit zur Verfügung.

Kerbelsuppe

Die Kerbelsuppe ist in der Pfalz – und nicht nur dort – die klassische Suppe für den Gründonnerstag. Ihr etwas eigenartig herber Geschmack ist allerdings nicht jedermanns Sache, aber auch in diesem Fall gilt: Probieren geht über Studieren!

50 g Butter, 90 g Grünkernmehl, 1½ l Fleischbrühe, Pfeffer, Salz, ein Hauch Muskat, 2 Handvoll frischer Kerbel, 200 g Schlagsahne (30 % Fett), in Butter geröstete Semmelbrösel

Aus Butter und Grünkernmehl eine helle Mehlschwitze herstellen. Mit der Fleischbrühe auffüllen, mit Pfeffer, Salz und Muskat würzen und etwa 15 Minuten kochen lassen. Den gewaschenen und feingewiegten Kerbel dazugeben. Nochmals kurz aufkochen lassen, anschließend die Sahne hinzufügen, nun aber nicht mehr kochen lassen. Vor dem Servieren mit den in Butter gerösteten Semmelbröseln bestreuen.

Weinsoße

In der Pfalz wird behauptet, Weinsoße sei die einzige Soße der Welt, die um ihrer selbst willen gekocht und auch ohne etwas dazu gegessen werden könne. Dies hindert jedoch die Pfälzer nicht daran, sie auch gerne zu Dampfnudeln zu verspeisen.

½ l herber Weißwein, 80–100 g Zucker, 1 TL Speisestärke, 2 Eier

Wein, ¼ l Wasser und Zucker als Gemisch erhitzen, aber nicht kochen. Die Speisestärke mit 2 EL kaltem Wasser gut verrühren. Nun das Gemisch zum Sieden bringen, die angerührte Speisestärke mit dem Schneebesen einrühren und ein- bis zweimal aufkochen lassen. Die Soße vom Herd ziehen. Die Eier in Eiweiß und Eigelb trennen. Das Eiweiß zu steifem Schnee schlagen. Die Weinsoße nochmals erhitzen, die beiden Eidotter dazugeben und fünf Minuten mit dem Schneebesen oder elektrischen Handrührgerät schlagen. Nun die Soße endgültig vom Herd nehmen und den Eischnee vorsichtig unterheben.
Die Weinsoße noch warm servieren.

Dampfnudeln

Das Prädikat einer perfekten Köchin erhält ein Pfälzer Mädchen erst mit der Fähigkeit, Dampfnudeln, das pfälzische Nationalgericht, bereiten zu können.

500 g Mehl, 20 g (½ Würfel) Hefe, 50 g Zucker, ¼ l Milch, 2 Eier, 80 g Butter, 1 unbehandelte Zitrone, 1 Prise Salz

Mehl in eine Schüssel geben, in einer Vertiefung inmitten des Mehls die zerbröckelte Hefe mit etwas Zucker und der Hälfte der lauwarmen Milch verrühren und ein wenig gehen lassen. 60 g zerlassene Butter, den restlichen Zucker, die restliche Milch, die Eier und die abgeriebene Schale der Zitrone dazugeben und den Teig gut verarbeiten. An einem warmen Ort zugedeckt eine knappe halbe Stunde gehen lassen. Dann kinderfaustgroße Nudeln abstechen, auf ein mit Mehl bestäubtes Brett setzen und nochmals gehen lassen. In einen flachen, gut schließenden gußeisernen Topf oder Bräter einen Finger hoch Wasser, die restliche Butter und eine Prise Salz geben. Aufkochen lassen und die Nudeln hineingeben. So lange bei geschlossenem Deckel kochen, bis die Flüssigkeit verdampft ist und sich der angenehme Geruch der Krüstchen ausbreitet. Dampfnudeln werden warm, vornehmlich mit Weinsoße (Rezept siehe S. 302) oder eingelegten Zwetschgen (Rezept siehe S. 302) gegessen.

Rostige Ritter

Rostige Ritter sind eine süße Mehlspeise, die vornehmlich in der Hinterpfalz beheimatet ist, einem waldreichen Gebiet, in dem – wie man früher sagte – die armen Leute wohnten.

10 altbackene Milchbrötchen, 6 Eier, 1 l Milch, 4 EL Zucker, Zimt, Butterschmalz

Mit einem Reibeisen die braune Kruste der Brötchen abreiben, die Brösel aufbewahren. Die Eier mit der Milch verrühren, die abgeriebenen Brötchen in die Eiermilch einlegen, bis sie vollgesogen sind, dann ausdrücken. Daneben von den Bröseln, dem Zucker und dem Zimt eine Panade herstellen. Darin werden die feuchten Brötchen gewälzt und in einer Pfanne von allen Seiten knusprig, „rostig", gebraten.

Bratäpfel in Wein gedünstet

Mit dieser Nachspeise schlägt man zwei Pfälzer Fliegen mit einer Klappe. Die Pfalz hat viel Obst, und sie hat viel Wein, und in diesem Rezept sind beide „Schätze" vereint.

4 große säuerliche Äpfel, 4 EL Johannisbeergelee, 20 Rosinen, 10 Mandeln, ¼ l Weißwein, 2 EL (20 g) Butter, 2 EL Zucker, 1 TL Zimt

Aus den ungeschälten Äpfeln das Kerngehäuse herausstechen. Johannisbeergelee mit den Rosinen und den abgezogenen und gehackten Mandeln vermengen und in die Äpfel füllen. Den Wein in eine gefettete Auflaufform gießen, die Äpfel hineinstellen und im vorgeheizten Backofen bei 220 °C (Gasbackofen: Stufe 4) braten. Wenn die Äpfel nach etwa 20 Minuten aufgeplatzt sind, aus dem Ofen nehmen, auf jeden Apfel ein Stück Butter legen, mit Zucker und Zimt bestreuen und dampfend heiß servieren.

Wer auf der Suche nach alten Rezepten durch das Rheinland streift, durch die Orte an der Mosel – wie beispielsweise das romantische Ediger –, an Sieg, Ahr, Rur, Agger, Wupper und Niers, wer dort einkehrt, alte Kochbücher oder handgeschriebene, seit Generationen weitergegebene Rezepte studiert, der stößt auf so manche Leckerei und so manches Familienrezept, das ihm unvergeßlich bleiben wird

Rheinland

Wer ans Rheinland denkt, sieht im allgemeinen eine Industrielandschaft vor sich mit qualmenden Schloten und mit Hochöfen und Fördertürmen. Aber noch hat die Industrie nicht alle Landschaft am Rhein aufgefressen, und gerade der Kontrast zwischen ländlichen Gebieten einerseits und industriellen Zentren andererseits birgt den eigentümlichen Reiz dieser Region.

Und was wäre das Rheinland ohne Industrie? Der Steinkohlebergbau und die Eisenverarbeitung haben das Land um Rhein und Ruhr zu einem der bedeutendsten Industriegebiete Deutschlands gemacht, dessen Mittelpunkt die Städte Köln und Düsseldorf bilden.

Wer nach Düsseldorf, dem „Schreibtisch des Ruhrgebiets", nicht aus geschäftlichen Gründen kommt, den lockt der teuerste Kilometer Deutschlands, die Königsallee, kurz „Kö" genannt, wo man flaniert, um zu sehen und gesehen zu werden. Als zweiter Magnet wirkt die Altstadt, weniger wegen irgendwelcher historischer Sehenswürdigkeiten – in diesem Punkt kann Düsseldorf nicht mit Köln konkurrieren –, sondern „um einen draufzumachen". In den Straßen und Gassen um den Marktplatz sowie in der Bolker- und Flingerstraße findet man genügend Gelegenheit dazu, und hier wird auch das würzige, dunkle Altbier gezapft.

Doch nicht nur Düsseldorf hat sein Bier, auch Köln. Das „Kölsch" ist wie das Alt obergärig gebraut und leicht, aber blond, weil zum Brauen nicht so stark geröstetes Malz verwendet wird wie beim Alt, dafür ist es stärker gehopft. Und auch dem Kölner geht in seinen Gaststätten nichts über seine „Jemötlichkeit".

Bei Heinr.
Logirt man zu

Seufzer

Im Süden ist das Rheinland Weinland. Hier am Rhein zwischen Koblenz und dem Drachenfels, an der Mosel mit ihren beiden Nebenflüssen Saar und Ruwer sowie am Unterlauf der Ahr wachsen auf Schieferhängen die Reben, deren Anbau bereits die Römer förderten. Die Eroberer von jenseits der Alpen ließen es sich hier überhaupt recht gut gehen. Sie gründeten links des Rheins ihre Kolonien – der Name Köln weist heute noch auf diesen römischen Ursprung der Stadt hin –, brachten ihre südliche Lebensart und ihre hochentwickelte Eßkultur mit ins rauhe Germanien.

Nach den Römern kamen die Franken ins Land, und noch oft sollten im Lauf der Jahrhunderte die Herrschaftsverhältnisse wechseln; doch nicht zuletzt mit Hilfe ihrer sprichwörtlichen Frohnatur verstanden es die Rheinländer immer wieder, sich mit den neuen Herren und den neuen Verhältnissen zu arrangieren.

Die im 19. Jahrhundert einsetzende Industrialisierung brachte zumindest teilweise Reichtum ins Land. Heute verraten die schmucken bergischen Häuser mit dem schwarzweißen Fachwerk und die mit blaugrauen Schieferplatten gedeckten Dächer und Wetterseiten nichts mehr davon, wie arm es noch um 1800 in den oberbergischen Dörfern zuging und wie karg oft der Tisch gedeckt war.

Eine ähnliche Entwicklung läßt sich auch jenseits des Rheins, in der Eifel, beobachten. Auch hier klagten die Bauern über steinigen oder lehmigen, „faulen" Boden. Wo sich Kohle- und Erzgruben, Hütten und Metallverarbeitung sowie Kohlebergbau entwickelten, breitete sich bescheidener Wohlstand aus. Wo sich jedoch keine Industrie ansiedeln konnte, weil Bodenschätze fehlten oder weil die engen Täler verkehrsmäßig „hinterm Berg" lagen, da lebten die Eifelbewohner noch lange ärmlich und waren gezwungenermaßen „genügsam".

Dieselbe „Genügsamkeit" herrschte auch im Westerwald, dem östlichen Teil des Rheinischen Schiefergebirges zwischen der Sieg im Norden und der Lahn im Süden. Zwar erkannte man im 18. Jahrhundert rasch, daß sich die

Lang ist's her, daß man zu Pferd oder zu Fuß reiste und „Logis" suchte (oben), aber vieles hat auch dem Wandel der Zeit widerstanden. So trinkt man auch heute noch das obergärige dunkle Bier (unten links), so wird im Kannenbäckerland noch immer Steingutgeschirr geformt (unten rechts), und neben den Industriezentren stößt man in Remscheid-Lennep auf romantische Gäßchen (unten Mitte)

Dreifaltigkeit des Speiseplans – Haferbrei, Bohnensuppe, Dickmilch – durch Kartoffeln auflockern und erweitern ließ, aber dennoch wurden viele zu Hause nicht mehr satt und zogen auf Wanderschaft als Kesselflicker, Scherenschleifer, Nagelschmiede oder Hausierer. Besonders auffällig waren die „Dippewagen" aus dem Kannenbäckerland im Westerwald: Pferdewagen, die über und über mit Töpfen (= „Dippe") behängt waren.

Im Gegensatz zu diesen Landstrichen bestand im Land am Niederrhein nie Anlaß zu Klagen über karges Essen. Der Boden hier ist gut, der Westwind bringt genug Regen, und schon an den großen Höfen erkennt man, daß sich hier die Arbeit des Bauern lohnt. Landschaft, Dörfer und Städtchen erinnern bereits an Holland, das nur noch einen Katzensprung weit entfernt ist und dessen bekannt gute Küche sich bis hier ins Niederrheinische hinein ausgebreitet hat.

Wer würde nicht gern an einem klaren Wintertag in dieses Haus in Hochstraßen im Bergischen Land eintreten wollen (großes Bild links)? Vielleicht wartet drinnen bereits ein gedeckter Tisch mit heißem Kaffee und den berühmten Aachener Printen. Sie müssen ja nicht so groß sein wie dieser ein Meter hohe, reichverzierte Printenmann neben seinem Holzmodel (kleines Bild oben)

Rievkooke

„Mer kann ooch met Rievkooke Wind maache", sagt der Kölner zu einem Vorfall, der die entstandene Aufregung nicht lohnt – in gehobener Sprache: „Man kann auch mit Kartoffelpfannkuchen Wind erzeugen." Diese Reibekuchen gehören im Rheinland zu den beliebtesten Gerichten, und mancher Junge rühmt sich, wie viele davon er schon auf einen Sitz verdrückt hat. Dabei kann man von den besten am meisten vertilgen – sie werden nämlich klein und vor allen Dingen sehr dünn gebacken, damit möglichst viel Kruste entsteht. Und die Hausfrau muß sich schon dranhalten, die fröhlichen Esser mit Nachschub zu versorgen, denn auf Vorrat kann man die Reibekuchen nicht backen, sie werden allzu schnell weich. Am besten backt man also in zwei Pfannen. Und da man in jedem Fall mehr ißt, als man eigentlich Hunger hat, sollte man sich anschließend einen Klaren genehmigen.

Für die Reibekuchen: 1 kg Kartoffeln, 2 Eier, 1 Zwiebel, 1 TL Salz, Öl zum Braten.
Für den Apfelbrei: 1 kg Äpfel, ¼ l Wasser, 60–100 g Zucker, etwas Zimt

Die Kartoffeln waschen, schälen und reiben. Kurze Zeit stehenlassen und anschließend durch ein Sieb die Flüssigkeit abgießen. Die Zwiebel fein hacken oder reiben und mit den Eiern und Salz unter die Kartoffeln geben. In der Bratpfanne Öl erhitzen und den Teig löffelweise einfüllen, flach drücken und die kleinen Kuchen auf beiden Seiten knusprig goldbraun werden lassen. Die Reibekuchen werden sofort heiß mit Apfelbrei serviert.

Für den Apfelbrei die Äpfel waschen, vierteln, entkernen (nicht schälen!) und mit wenig Wasser im geschlossenen Topf dünsten, bis sie zerfallen. Durch ein Sieb streichen und das Mus mit Zucker und etwas Zimt abschmecken.

Rheinischer Endiviensalat

„Et jov bloß Zupp, Schlot un Jemös“, ist nicht gerade ein Kompliment für die gastgebende Hausfrau. Man braucht bei der Salatbereitung ja auch nicht so zu verfahren, wie es ein Kölner Kochbuch Anfang vorigen Jahrhunderts empfahl: „Der Salat wird mit wenigem Salze und Pfeffer bestreut, mit Oel begossen und dann schon gemischt, damit das Wasser sich verliere. Hierauf wird der Essig darübergegossen ...“ Demgegenüber steht die bergische und niederrheinische Art, den Endiviensalat mit geriebenen Kartoffeln zu mischen und überhaupt „noch jet dranzudonn“. Und nicht vergessen sollte man, seinen Gästen auch ein gutes Stück Fleisch vorzusetzen, denn auch der beste Salat ist „nur“ Beikost.

2 große Kartoffeln,
1 großer Kopf Endiviensalat,
200 g durchwachsener Speck,
1 Zwiebel, 4 EL Öl, 3 EL Essig, 1 TL Salz,
½ TL Pfeffer, 1 Prise Zucker

Die Kartoffeln in der Schale garen. Inzwischen den Salat putzen, in feine Streifchen schneiden, waschen und gut abtropfen lassen. Den kleingewürfelten Speck kräftig anbraten. Aus der gehackten Zwiebel, Öl, Essig, Salz, Pfeffer und Zucker eine Marinade rühren und den Salat hineingeben. Die gekochten Kartoffeln pellen, noch warm durch die Kartoffelpresse drücken und kurz vor dem Servieren zusammen mit dem Speck unter den Salat ziehen.

Pillekuchen

„Des Morgens gegen neun Uhr essen sie Erdäpfel, entweder zu Kuchen gebacken oder mit Wasser und Salz gekocht. Wenig ist des Brotes, welches sie dazu essen, und noch weniger der Butter“, heißt es in einem Bericht über das Bergische Land aus dem Jahr 1803. Als der Anbau der Kartoffel sich Mitte des 18. Jahrhunderts durchsetzte, erwies sie sich für die Kleinbauern des Westerwaldes, der Eifel und des Bergischen Landes als wahrer Segen. Die bis dahin karge und eintönige Kost mit dem Brei aus geröstetem oder gemahlenem Hafer oder Weizen als Hauptbestandteil konnte nun mit der vielseitig verwendbaren Kartoffel variiert werden. Eines dieser herzhaften Gerichte aus dem Bergischen Land ist der Pillekuchen, auch „Pinncheskoke“ genannt.

1 kg Kartoffeln, 125 g durchwachsener Räucherspeck, 2 Zwiebeln, 1½ TL Salz, ½ TL Pfeffer, 1 Messerspitze Muskat, 3 Eier, 2 EL Mehl, 2 EL saure Sahne (10 % Fett)

Die gewaschenen, geschälten Kartoffeln in dünne Stifte schneiden. Den Räucherspeck würfeln und in einer großen Pfanne ausbraten. Die gehackten Zwiebeln darin andünsten und die Kartoffeln zugeben. Unter öfterem Wenden goldgelb braten und mit den Gewürzen abschmecken. Eier, Mehl und saure Sahne mit etwas Salz und Pfeffer verrühren, über die Kartoffeln gießen und stocken lassen. Dazu reichlich grünen Salat servieren.

Bergischer Heringsstipp

Der Hering war früher, weil er noch massenhaft gefangen wurde und sich zudem leicht konservieren läßt, die billigste Fastenspeise im überwiegend katholischen Rheinland. Doch auch die Leute im Bergischen Land, obwohl als gute Protestanten bekannt, hatten nichts gegen diesen katholischen Gesellen einzuwenden, zauberten aber aus dem wohlfeilen Fisch eine ausgesprochen wohlschmeckende Spezialität.

4 Salzheringe, 3 Zwiebeln, je 6 Pfeffer- und Senfkörner, 2 Äpfel, 1–2 Gewürzgurken, 500 g saure Sahne (10 % Fett)

Die Salzheringe ausnehmen (die Heringsmilch aufheben) und einige Stunden wässern, dabei mehrmals das Wasser erneuern. Kopf, Schwanz, Haut und Gräten entfernen und die Heringsfilets in mundgerechte Stücke schneiden. Die Heringsstücke lagenweise mit Zwiebelringen in einen Steintopf schichten. Mit Pfeffer- und Senfkörnern bestreuen. Die Heringsmilch durch ein Sieb streichen, mit der sauren Sahne verrühren, die geschälten Äpfel und die Gewürzgurke gewürfelt dazugeben und alles über die Heringsstücke gießen. Im Kühlschrank 2–3 Tage durchziehen lassen.

Die Heringe mit Pellkartoffeln, sogenannten Quellmännern, oder mit Brot und Butter servieren. Und dazu gehört natürlich ein kühles Bier.

Kölsche Kaviar met Musik

Zum Kaviar des kleinen Mannes hat der Kölner die „Blootwoosch“ erkoren, und die Musik dazu liefern ihm die scharfen Sächelchen als Zutaten. Übrigens dient die Blutwurst nicht nur als deftige Grundlage für den Dämmerschoppen, sondern auch als untrüglicher Test, um die echten von den unechten Kölnern zu unterscheiden, denn wer dieses Wort nicht mit dem richtigen Tonfall ausspricht, „dä is ene Imi“, der ist ein imitierter Kölner.

500 g Blutwurst, 2–3 Zwiebeln, Senf, 2 TL Paprikapulver, 4 Roggenbrötchen

Die Blutwurst enthäuten, in Scheiben schneiden und auf vier Teller verteilen. Mit Zwiebelringen, Senf und Paprikapulver garnieren und je ein Roggenbrötchen – in Köln „Röggelche“ genannt – dazulegen.

Wer übrigens den Kaviar mit Musik in einer Düsseldorfer Wirtschaft essen möchte, fragt besser nach „Flönz met Öllich“, denn so nennt man dort die Blutwurst mit Zwiebeln. Im Bergischen Land dagegen sagt man „nekke Hennes“ (= nackter Hans) zu diesem Gericht. Aber überall trinkt man das bodenständige Altbier oder Kölsch dazu.

Himmel und Erde mit Blutwurst

„Fuideifi“ werden Bayern oder andere Süddeutsche zu diesem Gericht sagen, da sie Süßes zu Salzigem wohl nur bei Wild akzeptieren. Aber ein Versuch ist sie wert, diese Mischung aus Äpfeln vom Himmel und Äpfeln aus der Erde (Kartoffeln), und vielleicht geht es dem Skeptiker dann so wie jenem Schwabenmädle, das nach einem zaghaften Versuch gleich zwei Teller davon verputzte. Beim Einkauf der Blutwurst sollte man den Metzger fragen, ob sie auch Buchweizengrütze oder wenigstens Mehl enthalte, denn sonst zerläuft sie beim Braten zu Brei und bekommt nie die schöne Kruste, die aus einer billigen Wurst einen Leckerbissen macht.

1 kg Kartoffeln, 1 kg Äpfel, 2 EL Zucker, 1 EL Zitronensaft, ½ TL Salz, 1 Prise Pfeffer, 1 Prise Muskat, 100 g durchwachsener Räucherspeck, 2 Zwiebeln, 500 g Blutwurst

Die Kartoffeln schälen, waschen, vierteln und in Salzwasser weich kochen. Die Äpfel schälen, vierteln, das Kerngehäuse entfernen und mit Zucker und Zitronensaft musig kochen. Die Kartoffeln abgießen und zu Mus stampfen. Mit einem Schneebesen die Äpfel und Kartoffeln gut untereinanderschlagen. Mit Salz, Pfeffer und Muskat abgeschmeckt in einer Schüssel warm halten. Den feingewürfelten Speck gut ausbraten, die in Scheiben geschnittenen Zwiebeln zugeben, goldbraun werden lassen und beides aus der Pfanne nehmen. In dem Fett die etwa 1 cm dicken Blutwurstscheiben von beiden Seiten anbraten. Die Wurstscheiben auf das Kartoffel-Apfel-Gemisch legen und mit dem Speck und den Zwiebelringen bedecken.

Kaninchentopf

Wer schon einmal wilde Kaninchen in possierlichen Sprüngen über Rheinwiesen oder noch kahle Felder umeinandertanzen sah, denkt kaum daran, daß Bauer und Förster diese bräunlichgrauen Gesellen gar nicht lieben. Wem aber je ein solches Wildkarnickel angeboten wird, der sollte zugreifen, denn sein Fleisch ist schmackhafter als das des Stallhasen.

Etwa 1½ kg schweres Kaninchen, 1 TL Salz, ½ TL Pfeffer, 2 EL Mehl, 2 EL Essig, 750 g Schwarzwurzeln, 3 EL Öl, 1 Zwiebel, 1 EL Senf, 1 Glas (150 ml) trockener Weißwein, ¼ l Hühnerbrühe, 250 g tiefgekühlte Erbsen, 150 g saure Sahne (10 % Fett), 2 EL gehackte Petersilie

Das küchenfertige Kaninchen in Portionen teilen und mit Salz und Pfeffer einreiben. Mehl mit Essig und 1 l kaltem Wasser mischen und die geschälten, in 3 cm lange Stücke geschnittenen Schwarzwurzeln sofort hineingeben, damit sie sich nicht verfärben. Dann das Essigwasser abgießen, die Schwarzwurzeln mit klarem Wasser abspülen und in Salzwasser etwa fünf Minuten kochen. Anschließend in einem Sieb mit kaltem Wasser abschrecken. Die Kaninchenteile in Öl ringsum knusprig anbraten. Die grobgewürfelte Zwiebel ebenfalls mitrösten und den Senf dazugeben. Weißwein und Hühnerbrühe erhitzen und einen Teil davon an den Braten gießen. Im Backofen bei 200°C (Gasbackofen: Stufe 3) etwa 25 Minuten schmoren lassen. Nach und nach die restliche Flüssigkeit hinzufügen und das Fleisch häufig begießen. Die Schwarzwurzeln, die Erbsen und eventuell noch etwas Brühe zugeben und aufwallen lassen. Die saure Sahne mit dem Bratensaft verrühren und das Gericht noch etwa 20 Minuten köcheln lassen. Beim Anrichten mit gehackter Petersilie bestreuen.

Hammelragout auf rheinische Art

„Das Hammelfleisch ist nach dem Ochsenfleisch das kräftigste und nahrhafteste und allen Schwachen und Reconvalescenten sehr zu empfehlen, vorausgesetzt, daß das Fett abgeschnitten ist, welches schwer im Magen liegen würde und einen unangenehmen talgartigen Geschmack besitzt." So steht es in einem alten Kochbuch. Im Rheinland, wo noch in jüngster Zeit die Schäfer mit ihren Wanderherden über die Rheinwiesen zogen, liebt man das Hammelfleisch kräftig gewürzt.

1 kg Hammelschulter, 50 g fetter Speck, 50 g durchwachsener Räucherspeck, 2 Zwiebeln, 1 Knoblauchzehe, 5 Tomaten, ½ TL Puderzucker, 1½ TL Salz, 1 TL Pfeffer, 1½ EL Mehl, ½ l Fleischbrühe, 1 EL Madeira

Das Fleisch in etwa 3 cm große Würfel schneiden. Den Speck würfeln und im Bratentopf auslassen. Das Fleisch dazugeben und ringsum kräftig anbraten. Die Zwiebel grob würfeln, die Knoblauchzehe zerdrücken und beides noch etwa zehn Minuten mitschmoren. Die Hitze etwas reduzieren. Die Tomaten mit heißem Wasser kurz überbrühen, die Schalen abziehen, in Viertel schneiden und zum Fleisch dazugeben. Puderzucker, Salz, Pfeffer und Mehl darüberstreuen und unterrühren. Die Fleischbrühe angießen und das Ragout zugedeckt etwa anderthalb Stunden schmoren lassen. Zum Schluß mit Madeira abschmecken und sehr heiß auf den Tisch bringen.

Als Beilage serviert man grüne Bohnen und Salzkartoffeln, und je nach Geschmack kann man das Ragout noch mit hartgekochten Eiern verzieren.

Rheinischer Sauerbraten

Früher hatte man nur drei Möglichkeiten, Fleisch über längere Zeit zu konservieren: einpökeln, räuchern oder, nur leicht gesalzen, in einem Steinguttopf mit einer Essigmarinade einlegen und den Topf mit geschmolzenem Rinderfett verschließen. Auf diese Weise hielt sich das Fleisch im Keller, es wurde fast schwarz und schmeckte vor allem als Braten vorzüglich. So war der Sauerbraten geboren.

**1 kg Rindfleisch, 1 TL Salz, ½ TL Pfeffer, 50 g Rosinen, 80 g Öl, 1 EL Tomatenmark, 1 EL Mandelstifte, 1 TL Speisestärke.
Für die Marinade: ¼ l Weinessig, 2 Zwiebeln, ½ Petersilienwurzel, 1 Möhre, 10 Pfefferkörner, 2 Wacholderbeeren, 2 Gewürznelken, 1 Lorbeerblatt**

Für die Marinade ½ l Wasser mit Essig, den feingewürfelten Zwiebeln, der feingeschnittenen Petersilienwurzel und Möhre sowie den Gewürzen aufkochen. Die erkaltete Marinade über das Fleisch gießen und zugedeckt etwa drei Tage kühl stehenlassen. Zwischendurch das Fleisch mehrmals wenden, schließlich aus der Marinade nehmen, abtrocknen und mit Salz und Pfeffer einreiben. Die gewaschenen Rosinen in kaltem Wasser quellen lassen. In einem Bratentopf das Öl erhitzen, das Fleisch darin von allen Seiten gut anbraten, die Marinade durchsieben und die im Sieb verbleibende Gemüsemischung kurz mit anbraten. Das Tomatenmark dazurühren und die Hälfte der erhitzten Marinade an das Fleisch gießen. Den Braten zugedeckt zwei Stunden bei mittlerer Hitze schmoren lassen, herausnehmen und warm halten. Den Bratensatz mit dem Rest der Marinade loskochen, durchsieben, mit Rosinen und Mandeln durchkochen und mit in kaltem Wasser angerührter Speisestärke binden.

Rheinische Pepse

Wenn man an die rheinische Küche denkt, fällt einem als eines der ersten Gerichte der Sauerbraten ein, und man meint damit ein sauer mariniertes und schön geschmortes Stück Rindfleisch. Viel häufiger kam aber früher wohl ein ähnlich zubereiteter Braten vom Schwein auf den Tisch, denn dazu konnte man Selbstgeschlachtetes verwenden, während das Rind zum Schlachten an den Metzger verkauft wurde. Woher der Name „Pepse“ für den Schweinesauerbraten kommt, müssen die Sprach- und Volkskundler noch ergründen.

750 g Schweineschulter, ½ TL Salz,
1 Prise Pfeffer,
4 EL (40 g) Schweineschmalz, 1 Zwiebel,
1 Möhre, 2 EL Mehl, 2 Sardellenfilets.
Für die Marinade: ¼ l Essig, 1 Zwiebel,
1 unbehandelte Zitrone, 2 TL Salz,
10 Pfefferkörner, 2 Nelken,
1 Lorbeerblatt, 1 TL Thymian

Aus ¼ l Wasser, dem Essig, der feingewürfelten Zwiebel, einer Scheibe Zitrone, Salz und den Gewürzen eine Marinade kochen. Das Fleisch in die abgekühlte Marinade legen und zwei Tage kühl stehenlassen. Jeden Tag das Fleisch wenden. Dann herausnehmen, abtrocknen und mit Salz und Pfeffer einreiben. In einem Bratentopf das Schmalz erhitzen und das Fleisch von allen Seiten gut anbraten, die kleingeschnittene Zwiebel und Möhre mitschmoren. Das Mehl zugeben und mitrösten. Mit zwei Tassen heißer Marinade ablöschen und den Braten zugedeckt im Backofen bei 200 °C (Gasbackofen: Stufe 3) in etwa anderthalb Stunden gar schmoren. Dabei immer wieder begießen. Das Fleisch herausnehmen und warm halten. Den Bratensatz mit etwas Marinade oder Wasser loskochen, die Soße durchsieben und die feingehackten Sardellenfilets dazugeben.

Dazu reicht man Kartoffelklöße (Rezept siehe S. 210) und Gemüse nach Belieben.

Schnüßkes un Öhrkes met soore Kappes

„En lecker Schnüß" hat nicht gerade etwas mit dem Essen zu tun, sondern ist vielmehr Ausdruck der Anerkennung für einen wohlgeratenen Mädchenmund und sein Drumherum. Dafür sind aber „Schnüßkes un Öhrkes" eine um so handfestere Mahlzeit nach dem „Ferkeschlaachte", dem Schlachttag. Früher nahm an einem solchen Ereignis die halbe Nachbarschaft teil. Es gab nicht nur etwas zu sehen, man konnte auch den einen oder anderen guten Ratschlag loswerden, und vielleicht bekam man noch ein „Levver-" oder „Blootwöschche" mit nach Hause.

1 kg Schweineschnauze und -ohren (frisch oder gesalzen), 60 g Schweineschmalz, 1 Zwiebel, 750 g Sauerkraut, 3 Äpfel, 2–3 Kartoffeln, 4 Wacholderbeeren, je 1 Prise Kümmel und Pfeffer, ¼ l Fleischbrühe, ¼ l Weißwein, 500 g Weintrauben nach Belieben

Das Fleisch gut waschen. Das Schmalz erhitzen, die feingeschnittene Zwiebel darin hellgelb rösten, das aufgelockerte Sauerkraut, die ungeschälten, feingeraspelten Äpfel, die geriebenen rohen Kartoffeln, die Gewürze, Fleischbrühe und Weißwein dazugeben. Das Fleisch zwischen das Kraut legen und zugedeckt in ein bis anderthalb Stunden weich kochen. Falls erforderlich, während des Kochens etwas Brühe nachgießen. Dann das Fleisch herausnehmen, in Portionsstücke schneiden und auf dem Sauerkraut anrichten. Dazu reicht man Kartoffelpüree.

Zur Abwechslung und Verfeinerung kann man zum Schluß noch etwas Weißwein und einige Weintrauben unter das Kraut geben.

Senfbraten

(für 6 Personen)

Ein altes gastronomisches Fachbuch nennt unter den Städten, wo „der vorzüglichste deutsche Speisesenf fabriciert wird", Düsseldorf und Koblenz. Der rheinische „Mostert", wie man den Senf hierzulande nennt, liegt in der Schärfe zwischen dem englischen, der sehr „hot", also scharf, zubereitet wird, und dem süßen, wie ihn die Bayern zu ihrer Weißwurst bevorzugen. Statt den Senf beim Essen kalt auf den Tellerrand zu geben und das Würstchen bissenweise hineinzutunken, sollte man ihm einmal die Gelegenheit geben, sich beim Braten innig mit dem Fleisch zu verbinden. Und man wird überrascht sein, wie der Senf im Verein mit den Gewürzen einen Schweinehals verzaubert.

**2 kg Schweinehals, 6 EL Öl, 50 g Mehl,
1 TL Salz, 1–2 TL grob gestoßener Pfeffer,
je 1 TL Majoran und Thymian,
1 Prise Rosmarin,
1 Glas (etwa 150 g) mittelscharfer Senf,
1 Flasche (700 ml) Weißwein,
500 g Schalotten,
1 kg frische Champignons**

Das Fleisch mit Öl einpinseln, in Mehl wenden und nochmals mit Öl bestreichen. Mit Salz und Pfeffer ringsum einreiben. Die Kräuter mischen und mit einem Teil davon das Fleisch würzen. Den Braten in einem Bratentopf auf der Oberseite dick mit Senf bestreichen, mit der restlichen Kräutermischung bestreuen und Öl darüberträufeln. Bei 200 °C (Gasbackofen: Stufe 3) insgesamt etwa zwei Stunden braten. Nach 15 Minuten ein Glas Weißwein zugießen und während der weiteren Garzeit die verdampfte Flüssigkeit durch Wein ersetzen. Nach anderthalb Stunden die geschälten Schalotten und die geputzten, unzerteilten Champignons zugeben und mitdünsten. Das Gemüse mehrmals wenden, damit es gleichmäßig weich wird.

Döppekooke

„En Döppe" ist für den Rheinländer ein Mitmensch, der nicht viel im Kopf hat oder sich zumindest ungeschickt anstellt – also ein Vetter des bayerischen „Depp". Aber im Gegensatz zu diesem ist „en Döppe" in der Küche unentbehrlich – es ist nämlich zunächst einmal ein Topf, und die Beliebtheit des „Topfkuchens" ist im Rheinland so weit verbreitet, daß er unter vielen verschiedenen Namen läuft: „Dippe-" oder „Duppekuchen", „Deppedotz", „Dopsches Koche", „Potthucke" ... Und die Variationsbreite seiner Zubereitung ist noch größer. Aber geriebene rohe Kartoffeln gehören immer dazu. Und so beginnt auch die Zeit der Döppekooken mit den Kartoffelfeuerchen im Herbst.

**1½ kg Kartoffeln, 3 Zwiebeln, 3 TL Salz,
½ TL Pfeffer, 3 Eier, 6 EL Öl,
100 g durchwachsener Speck**

Die geschälten Kartoffeln im Mixer zerkleinern oder fein reiben und einige Minuten stehenlassen, dann in ein engmaschiges Sieb geben, um das Wasser ablaufen zu lassen. Das Kartoffelwasser in einer Schüssel auffangen, nach etwa fünf Minuten vorsichtig abgießen und die am Schüsselboden abgesetzte Kartoffelstärke zu der Kartoffelmasse geben. Die Zwiebeln fein reiben, Salz, Pfeffer und Eier zur Kartoffelmasse dazugeben und alles gut verrühren. In eine feuerfeste Form 4 EL Öl geben und sie mit dem in dünne Scheiben geschnittenen Speck auslegen. Die Kartoffelmasse in die Form füllen und mit dem restlichen Öl beträufeln. Bei 200 °C (Gasbackofen: Stufe 3) etwa zwei Stunden backen lassen.

Sollte von dem Kuchen etwas übrigbleiben, so kann der Rest am nächsten Tag, in Scheiben geschnitten, in einer Pfanne knusprig gebraten werden.

wälder
e 0,7 l
REZEPTEN

Ballebäuschen

Wie der lustige Name dieses Kleingebäcks auf hochdeutsch richtig ausgesprochen wird – ob mit „sch" oder getrennt in „s" und „ch" –, rheinisch geschrieben und gesprochen wird es klar: Ballebäuskes. Dabei gibt es für den ersten Teil des Namens manche Abwandlung: von „Balle-" über „Bolle-" bis „Bulle-", und das „le" wird hier und dort auch noch weggelassen. Vom Rezept selbst gibt es natürlich ebenfalls etliche Varianten. Traditionell gehören die Ballebäuschen zur berühmten Bergischen Kaffeetafel, aber auch am Niederrhein backt man sie zu Neujahr und Karfreitag. Die „Ballebäuskespann" mit ihren halbkugeligen Vertiefungen kann aus Keramik oder Metall sein.

**3 Eier, 1 TL Salz, 125 g Zucker,
500 g Mehl, 1 Päckchen Backpulver,
¼ l Milch, 1 TL Zimt, 100 g Rosinen,
1 EL Rosenwasser, 250 g Butterschmalz,
Zucker und Zimt zum Bestreuen**

Die Eier in Eiweiß und Eigelb trennen. Die Eigelb mit Salz und Zucker verrühren, das gesiebte und mit Backpulver vermischte Mehl abwechselnd mit der Milch hinzufügen und mit Zimt, den gewaschenen, abgetrockneten Rosinen und Rosenwasser zu einem Teig verarbeiten. Zum Schluß das zu steifem Schnee geschlagene Eiweiß unterheben. Butterschmalz erhitzen und je einen Eßlöffel in die Vertiefungen der „Ballebäuskespann" füllen, vom Teig walnußgroße Stücke abstechen und in dem heißen Fett goldbraun backen. Zum Umdrehen und Herausnehmen der Ballebäuschen leistet eine Stricknadel gute Dienste. Wenn eine echte Ballebäuschenpfanne fehlt, können sie auch im Fett schwimmend gebacken werden. Am besten schmecken sie noch warm und mit Zucker und Zimt bestreut.

Korinthenplatz

Früher wurde dieses große Festbrot nur zur Kirmes, dem rheinischen Jahrmarkt, gebacken, später auch zu allen großen Festen des Jahres, und heute kann man den Platz bei vielen Bäkkern jeden Tag kaufen. Im Gegensatz zum „städtischen“ Platz in einer Kastenform wird der „Bureplatz“ vielfach noch als großer, runder, wohlgefällig aussehender Laib gebacken. Und vor dem Einschieben in den Ofen zieht die Bäuerin mit dem Messer ein großes Kreuz in den Laib, das beim Backen schön aufbricht.

1 kg Mehl, 60 g (1½ Würfel) Hefe, ¼–⅜ l Milch, 150 g Zucker, 2 Eier, 1 TL Salz, 1 TL Zimt, 375 g Korinthen, 200 g Butter, 1 Eigelb

Das Mehl in eine Schüssel sieben und in die Mitte eine Vertiefung drücken. Die zerbröckelte Hefe hineingeben und mit etwas lauwarmer Milch und Mehl zu einem dünnen Brei verrühren. Diesen Vorteig mit etwas Zucker und Mehl bestreuen und zugedeckt etwa 15–20 Minuten an einem warmen Ort gehen lassen. Ist der Teig doppelt so hoch aufgegangen, den restlichen Zucker, Eier, Salz, Zimt und warme Milch einrühren und mit dem Mehl und den gewaschenen und abgetrockneten Korinthen verkneten. Zum Schluß die flüssige, aber nicht heiße Butter zugeben und den Teig mit einem Holzlöffel kräftig abschlagen, bis er Blasen zeigt. Den Teig in eine gefettete Kastenform füllen oder – wie die Bauern es machen – in runder Form auf ein gefettetes Backblech setzen, mit verquirltem Eigelb bestreichen und oben kreuzweise einritzen. Danach den Teig nochmals eine Stunde gehen lassen. Den Backofen auf 250°C (Gasbackofen: Stufe 6) vorheizen und bei 200°C (Gasbackofen: Stufe 3) den Kuchen etwa eine Stunde backen.

Gefüllte Dütchen

Ein altes Eifeler Rezept soll eine findige Hausfrau aus dem malerischen Fachwerkstädtchen Monschau um die Jahrhundertwende zu neuem Leben erweckt haben. Seitdem werden in den Monschauer Backstuben wieder etwa zehn Zentimeter große runde Fladen aus einem Biskuitteig gebacken, tütenförmig zusammengerollt, in einem speziellen Brett mit runden Ausschnitten zum Abkühlen aufgestellt und für den Gast mit duftiger Schlagsahne gefüllt. Doch auch ohne dieses spezielle Brett kann man dieses köstliche Kleingebäck in heimischer Produktion herstellen.

**125 g Mandeln, 125 g Zucker, 1 Ei,
4 Eiweiß, 1 unbehandelte Zitrone,
250 g Schlagsahne (30 % Fett),
1 Päckchen Vanillinzucker**

Die Mandeln überbrühen, schälen, trocknen, fein mahlen und mit dem Zucker vermischen. Ein ganzes Ei und die Eiweiß dazugeben und so lange kräftig schlagen, bis die Masse blasig wird. Die abgeriebene Schale der Zitrone unterrühren und den Teig etwa eine Stunde ruhenlassen. Ein Backblech gut einfetten oder mit Backpapier auslegen und in Abständen Teighäufchen daraufsetzen. Diese laufen beim Backen zu dünnen runden Fladen von etwa 10 cm Durchmesser auseinander. Den Backofen auf 180–200 °C (Gasbackofen: Stufe 2–3) vorheizen und die Fladen hellgelb backen. Sofort noch warm mit der Hand über einen Kochlöffelstiel tütchenförmig zusammenbiegen. Die Dütchen auf das Blech stellen und noch so lange im Ofen backen, bis sie hellbraun sind. Die Sahne steif schlagen, mit Vanillinzucker abschmecken und in die erkalteten Dütchen füllen.

Spekulatius

Ob nun vom lateinischen „speculum" (= Spiegel, Bildnis) oder von „species artificiosa" (= kunstvolles Bildnis) der Name richtig abzuleiten ist, sollen die Sprachforscher und Volkskundler untereinander klären. Tatsache ist, daß dieses würzige Weihnachtsgebäck schon seit Jahrhunderten am deutschen und holländischen Niederrhein in Holzmodeln geformt und gebacken wird. Als Motive wählten die Modelschnitzer allerlei Tiere und Blumen, Szenen aus dem täglichen Leben und Religiöses, kurz, es gibt kaum etwas, was es nicht als Spekulatiusform gibt. Die kleineren Motive sind meist zu einem größeren Model zusammengefaßt, aber es gibt auch Einzelmodel von beträchtlicher Größe. Auch heute noch werden Spekulatiusmodel geschnitzt und sind in Haushaltsgeschäften erhältlich.

**500 g Mehl, ½ Päckchen Backpulver,
200 g Zucker, 1 Päckchen Vanillinzucker,
½ TL Zimt, ½ TL gemahlene Nelken,
½ TL Kardamom, 1 Messerspitze Salz,
½ unbehandelte Zitrone, 1 Ei,
150 g Butter, eventuell 1 EL Milch**

Das mit Backpulver vermischte Mehl auf das Backbrett sieben und in die Mitte eine Mulde drücken, in die man Zucker, Vanillinzucker, alle Gewürze, die abgeriebene Schale der Zitrone und das Ei gibt. Die feingeschnittene Butter darüber verteilen und das Ganze rasch zu einem glatten Teig kneten. Falls notwendig, etwas Milch zugeben. Den Teig eine Stunde kalt stellen. Portionsweise den Teig in die gut gemehlte Holzform drücken und mit einem Messer alles Überstehende abschneiden. Die Teigfiguren vorsichtig aus dem Holzmodel herausklopfen, auf ein gut gefettetes und gemehltes Backblech setzen und im vorgeheizten Backofen bei 200 °C (Gasbackofen: Stufe 3) goldbraun backen.

Aachener Printen

Der Sage nach waren die Printen das Lieblingsgebäck Karls des Großen, und man gab ihm eine Abschrift des Rezepts mit ins Grab. Als es im Lauf der Jahrhunderte in Vergessenheit geraten war, überlistete ein Bäckerlehrling den Teufel, ihm bei der Wiederbeschaffung zu helfen. Seitdem lassen sich die Aachener die Printen wieder schmecken. Dem Teufel aber gab der Lehrling vor dem versprochenen Lohn, dem Schlüssel zum Münster, die Printen zu versuchen. Der verschlang sie so gierig, daß er mit fürchterlichem Bauchgrimmen zur Hölle fuhr.

200 g Rübenkraut (Sirup), 200 g Zucker, 50 g Butter, 5 g Pottasche, 1 EL Kirschwasser, je 50 g Zitronat und Orangeat, je 15 g Zimt und Anis, je 3 g gemahlene Nelken und Kardamom, 1 Messerspitze Muskat, 1 unbehandelte Zitrone, 160 g gemahlene Haselnüsse, 400 g Mehl, 1 EL Kartoffelstärke

Rübenkraut (Rezept siehe S. 393), Zucker und Butter im Topf bei mäßiger Wärme mit 5 EL Wasser auflösen und abkühlen lassen. Die Pottasche mit Kirschwasser anrühren und mit gewürfeltem Zitronat, Orangeat, den Gewürzen, der abgeriebenen Schale einer Zitrone und den Haselnüssen zu dem Sirupgemisch in den Topf geben. Das Mehl hineinrühren und unterkneten. Der Teig muß etwa zwei Stunden ruhen. Dann wird er etwa 5 mm dick ausgerollt, in 3 × 8 cm große Streifen geschnitten und auf dem gefetteten Backblech ausgelegt. Die Kartoffelstärke mit etwas Wasser zu einer dünnen Brühe verrühren, aufkochen, bis der Guß dicklich, aber noch gut streichfähig ist, und die Printen vor und direkt nach dem Backen damit bestreichen. Die Printen etwa 15–20 Minuten bei 220–250 °C (Gasbackofen: Stufe 4–6) backen und vor dem Verzehr zwei bis drei Wochen kühl und luftig lagern.

Halve Hahn

Nichtrheinländer wundern sich oft, dieses Gericht zu sensationell günstigem Preis auf der Speisekarte zu finden, aber es ist eben kein halbes Brathähnchen, sondern – siehe obiges Bild. Über die Herkunft dieses Namens wird erzählt, arme Bauern auf Stadtbesuch hätten sich in der Kneipe beim „Köbes", dem Kellner, laut und für jeden hörbar „ene halve Hahn" bestellt, um vor den im Nebenzimmer sitzenden reicheren Gästen anzugeben.

4 Roggenbrötchen, 2 dicke, große Scheiben Holländer oder 2 Limburger Käse, Senf

Die Roggenbrötchen und die Käsescheiben oder – wie man es in Düsseldorf liebt – die Limburger halbieren, den Käse dick mit Senf bestreichen, zwischen die Brötchenhälften legen und das Ganze zusammengeklappt auf einem Holzbrett servieren. Und für den, der es ganz scharf mag, stellt man noch ein Senftöpfchen dazu.

Ähzesupp

Die Erbsensuppe brauchte gar nicht erst als wohlschmeckendes Gericht aus der Gulaschkanone populär gemacht zu werden, sie hat im Rheinland bereits alte Tradition.

500 g getrocknete grüne Erbsen, Schinkenknochen oder Schweinepfoten, 4 Kartoffeln, 2 Möhren, 1 Stück Sellerie, 1 Stange Lauch, 50 g fetter Speck, 1 Zwiebel, Salz, Pfeffer

Die Erbsen waschen und über Nacht in 1½–2 l abgekochtem, kaltem Wasser einweichen. Am nächsten Tag mit dem Einweichwasser aufsetzen und mit den Schinkenknochen oder den Schweinepfoten in zwei bis drei Stunden weich kochen. Kartoffeln, Möhren und Sellerie würfeln, den Lauch in Ringe schneiden, noch eine halbe Stunde mitkochen lassen. Das Fleisch kleinschneiden. Die Suppe mit Salz und Pfeffer abschmecken, die gewürfelte Zwiebel in Speck anbraten und in die Suppe geben.

Stielmus oder Rübstiel

Ähnlich wie die gemeinsamen Spinnabende, gab es besonders im Bergischen die fröhlichen Runden, in denen die Blätter vom Rübstiel gestreift und das Gemüse eingemacht wurde.

1 kg Rübstiel (Mangold), ½ l Fleischbrühe, 50 g Butter, 50 g Mehl, ¼ l Milch, ½ TL Salz, 1 Messerspitze Muskat

Die Mangoldblätter von den Stielen abstreifen, die zarten Blättchen fein schneiden, die Stiele und starken Blattrippen in 1–2 cm lange Stücke schneiden. Das Gemüse waschen, in der Fleischbrühe weich kochen und in einem Sieb abtropfen lassen. Die Kochbrühe aufheben. Die Butter zerlassen, das Mehl einrühren und hellgelb anschwitzen. Mit Milch und ¼ l der Kochbrühe ablöschen und mit Salz und Muskat würzen. Die Soße etwa zehn Minuten durchkochen und das Gemüse darin noch kurz ziehen lassen. Stielmus wird gerne zu Kotelett oder Bratwürsten mit Kartoffeln serviert.

Appeltaat

„Dat Bützche schmeckt wie Appeltaat", sagt der Pitter zu seinem Marieche und macht ihr und ihrem Kuß ein großes Kompliment, denn der Rheinländer schätzt die Appeltaat sehr.

400 g Mehl, 150 g Butter, 150 g Zucker, 2 Eier, 3 EL saure Sahne (10 % Fett), ½ unbehandelte Zitrone, 1 kg Äpfel, 1 Päckchen Vanillinzucker, 2 EL Weißwein, 50 g gehackte Mandeln, 50 g Rosinen

Mehl, Butter, Zucker, Eier, Sahne und abgeriebene Zitronenschale zu einem Teig verarbeiten und kalt stellen. Die geschälten, in Scheiben geschnittenen Äpfel mit Vanillinzucker und Weißwein dünsten. Zwei Drittel des Teigs ausrollen, in eine gefettete Springform (Durchmesser: 28 cm) legen, einen Rand hochdrücken; mit den Äpfeln belegen und mit Rosinen und Mandeln bestreuen. Den restlichen Teig ausgerollt darüberlegen. Im Backofen bei 200 °C (Gasbackofen: Stufe 3) 45–60 Minuten goldbraun backen.

Brotpudding

Dieser warme Brotpudding kann und will seine kulinarischen Beziehungen zu seinen englischen Vettern, zum Beispiel zu dem berühmten Plumpudding, nicht verleugnen.

3 Eier, 125 g altbackenes Weißbrot, 100 g Butter, 125 g Zucker, 1 Prise Salz, ⅛ l Milch, 1 Gläschen Rum, 125 g Rosinen, Semmelbrösel und Fett für die Form

Die Eier in Eiweiß und Eigelb trennen, das getrocknete Weißbrot fein reiben. Die Butter mit Zucker, Salz und Eigelb schaumig rühren. Das geriebene Brot zugeben und mit Milch und Rum verarbeiten, die Rosinen hinzufügen. Das Eiweiß zu steifem Schnee schlagen und vorsichtig unterheben. Die Masse in eine gut gefettete, mit Semmelbröseln ausgestreute Puddingform füllen und im Wasserbad zwei Stunden kochen lassen. Dann kann der Pudding gestürzt und warm serviert werden.

Eierkäse

Besonders im Westerwald lebt das Rezept hie und da noch fort, und in den Töpfereien des Kannenbäckerlandes werden auch noch heute die alten Eierkäseformen hergestellt.

9 Eier, 1 l Milch, 1 Prise Salz, 75 g Zucker, 1 EL Korinthen, 1 EL Mandelstiftchen

Die Eier verquirlen und in die Milch einrühren. Salz und Zucker hinzufügen. Die Korinthen in kochendem Wasser quellen lassen und abgießen. Die Eiermilch auf kleiner Flamme oder im Wasserbad unter ständigem Rühren erhitzen, bis sie gerinnt. In eine Eierkäseform gießen und die Korinthen dazwischenstreuen. Nach etwa zwei Stunden kann der Eierkäse gestürzt und mit den Mandelstiftchen besteckt werden.

Käse-Reis-Fladen

In der Eifel unterscheidet man zwischen schwarzen Fladen, die mit Dörrobst bedeckt sind, und weißen Fladen mit Reis oder Grieß. Aber Hauptsache ist, er schmeckt!

Für den Teig: 200 g Mehl, 100 g Butter, 1 Prise Salz, 1 Ei.
Für die Auflage: 1 kleine Packung tiefgekühlte Erbsen und Möhren, 2 EL (20 g) Butter, 2 EL Mehl, ⅛ l Milch, 1 Prise Salz, je 1 Messerspitze Pfeffer und Muskat, 1 Ei, 1 Tasse gekochter Reis, 100 g mittelalter Gouda

Mehl, Butter, Salz und Ei zu einem glatten Teig verkneten und eine halbe Stunde kalt stellen. Den Teig ausrollen und eine Springform (Durchmesser: 24 cm) damit auslegen. Den Rand gut andrücken und den Boden bei 175–200 °C (Gasbackofen: Stufe 2–3) etwa 15 Minuten vorbacken. Das Gemüse fünf Minuten lang in etwas Wasser kochen, abgießen. Aus Butter und Mehl eine helle Mehlschwitze herstellen, mit Milch ablöschen, mit Salz, Pfeffer und Muskat abschmecken und aufkochen. Das Ei in Eiweiß und Eigelb trennen, das Eigelb in die nicht mehr kochende Soße einrühren, den Reis, das Gemüse und den kleingewürfelten Käse dazugeben. Zum Schluß das zu steifem Schnee geschlagene Eiweiß unterziehen. Die Masse auf dem Fladen verteilen und bei 200 °C (Gasbackofen: Stufe 3) etwa 30 Minuten backen.

Warmbier

Früher war es üblich, daß die Hausfrauen alle paar Wochen ein Fäßchen Bier für die Familie brauten. Und aus dem vertrauten Umgang mit dem Bier vom Gerstenkorn an ergab sich, daß auch mit dem fertigen Getränk in der Küche noch weiter experimentiert wurde, und so entstand manches neue Rezept wie dieses vom Warmbier.

1 l dunkles Bier (Altbier), 80–100 g Zucker, 1 Stück Stangenzimt, 1 unbehandelte Zitrone, 2 Eigelb, 250 g Schlagsahne (30 % Fett)

Das Bier zusammen mit Zucker, Zimtstange und der dünn abgeschälten Zitronenschale zum Kochen bringen. Die Zuckermenge hängt von der Bitterkeit des Bieres ab. Den Zimt und die Zitronenschale wieder herausnehmen, das Eigelb mit der Sahne verquirlen und unter ständigem kräftigem Rühren in das Bier geben und nochmals bis kurz vor dem Siedepunkt erhitzen. Das Getränk in Keramikbechern oder Teegläsern servieren.

Waffeln

Der niederdeutsch-holländische Begriff „Waffeln" hängt sprachlich zusammen mit den „Waben" des Eisens, in dem dieses köstliche Etwas gebräunt wird.

125 g Butter, 50 g Zucker, 3 Eier, 250 g Mehl, ½ TL Backpulver, ¼ l Milch

Die Eier in Eiweiß und Eigelb trennen. Die Butter zerlassen, Zucker und Eigelb zugeben und alles schaumig rühren. Mehl und Backpulver gut vermischen und abwechselnd mit der angewärmten Milch einrühren. Das zu steifem Schnee geschlagene Eiweiß darunterziehen. Das Waffeleisen erhitzen und etwas einfetten. Den Waffelteig mit einem großen Löffel einfüllen und knusprige, hellbraune Waffeln backen. Die noch warmen Waffeln mit Vanillezucker, Puderzucker oder Zucker und Zimt bestreuen.

Schnibbelbohnen

Von der Abneigung der alten Ägypter, Bohnen zu essen, über den Brauch der Römer, den Schatten ihrer Verstorbenen Bohnen als Speise vorzusetzen, bis in die Bauerngärten von Eifel, Bergischem Land und Westerwald, wo die Bohnen neben den Erbsen als beliebteste Gemüseart angebaut wurden, war es ein weiter Weg.

1 kg Stangenbohnen, 60 g Butter, 1 l Fleischbrühe, 1 Zweig Bohnenkraut, 1 TL Salz, 1 EL Mehl, 1 EL gehackte Petersilie

Die Bohnen waschen, auf beiden Seiten die Fäden gründlich abziehen und die Bohnen in dünne, schräge Streifen schnibbeln. In einem großen Topf 50 g Butter zerlassen, die geschnibbelten Bohnen dazugeben und zugedeckt etwa zehn Minuten dünsten, bis sie zusammengefallen sind. Dann die Fleischbrühe aufgießen und das Gemüse mit dem Bohnenkraut und Salz etwa eine halbe Stunde weich kochen. Das Mehl in der restlichen Butter anschwitzen und die Bohnenbrühe damit andicken. Das Bohnenkraut herausnehmen und die gehackte Petersilie über die Bohnen streuen. Mit Rind-, Hammel- oder Schweinefleisch und Salzkartoffeln zu Tisch geben.

Westfalen sei ein Land des Bestandes, ein Land ruhiger, praktischer Vernunft, mehr der Realität zugewandt und weniger von Idealität beherrscht, mehr der Historie als der abstrakten Theorie hold, ein Land der Beharrlichkeit und von entschieden ausgeprägtem Charakter – so charakterisierte einst ein Westfale seine Heimat. Und der Blick auf das Wasserschloß Hovestadt scheint seine Worte zu bestätigen

Westfalen

Wer sich in Nachschlagewerken Auskunft darüber holen will, was unter „Westfalen" eigentlich zu verstehen sei, stößt auf vage Definitionen wie „deutsche Stammeslandschaft", „Gebiet der Westfalen", „historisches Land in Nordwestdeutschland" oder „geschichtlich gewordener Raum zwischen Rhein und Weser". Dies alles ist richtig und falsch zugleich, denn im Lauf seiner Geschichte umfaßte der Begriff „Westfalen" ganz unterschiedliche Gebiete. Darum mag es zweckmäßig sein, von dem Gebiet auszugehen, das heute als Westfalen begriffen wird: der Bereich des Landschaftsverbandes Westfalen-Lippe innerhalb des Bundeslandes Nordrhein-Westfalen.

Die nordwestliche Hälfte Westfalens bildet das Münsterland, dessen Südwestecke schon zur Industrielandschaft des Ruhrgebietes mit Dortmund als größter Stadt Westfalens gehört. Den bewaldeten bergischen Süden Westfalens nimmt das Sauerland ein, Quellgebiet zahlreicher Flüsse und Land der Talsperren. In Ostwestfalen-Lippe bestimmen Teutoburger Wald, Eggegebirge und die Erhebungen des Weserberglandes die Landschaft.

Heute nicht mehr innerhalb der Grenzen Westfalens liegen im Nordwesten die „urwestfälischen" Gebiete Bentheim, Artland und Osnabrücker Land.

In „Deutschland. Ein Wintermärchen" charakterisiert Heinrich Heine die Westfalen als „ein Volk, so fest, so sicher, so treu, ganz ohne Gleißen und Prahlen", ein Urteil, das sich ohne weiteres auch auf die westfälische Küche übertragen läßt. Vier Köstlichkeiten fanden von hier

den Weg in alle Welt: der Pumpernickel, der Steinhäger, der Schinken und nicht zuletzt das Dortmunder Bier.

Wann das schwarze Brot der Westfalen „erfunden" wurde, weiß man nicht, die Bezeichnung „Pumpernickel" jedoch kam erst am Ende des Dreißigjährigen Krieges auf. Über die Herkunft des Namens ist viel gemutmaßt worden. Moderne Sprachforscher erklären „Nikkel", die Kurzform von Nikolaus, für einen herabsetzenden Spitznamen und übersetzen „Pumper" schlicht und einfach mit „Furz". Ein „Pumpernickel" wäre also, vereinfacht ausgedrückt, ein „Furzheini". Vermutlich waren es Soldaten des Dreißigjährigen Krieges, die das schwarze westfälische Brot seiner blähenden Wirkung wegen mit diesem drastischen Namen belegten. Pumpernickel besteht aus reinem, ziemlich grießigem Roggenschrot; der Teig wird mit Hilfe von Sauerteig gelockert und mit Melasse oder Malz gesüßt. Gebacken wird der Pumpernickel bei verhältnismäßig niedrigen Temperaturen bis zu 24 Stunden lang, wobei der entstehende Wasserdampf möglichst lange im Ofen festgehalten werden muß.

Doch „vom Brot allein kann der Mensch nicht leben, es muß auch Wurst und Schinken geben", ein Spruch, der in Westfalen, einem klassischen Wurstland, entstanden sein könnte. Neben dem auch in anderen Gegenden gängigen Wurstrepertoire gilt hier als besondere Spezialität die Mettwurst aus reinem, nur kurz geräuchertem Schweinemett.

Die Krönung aller Schlachtprodukte aber ist der Schinken, der trocken gepökelt, also kräftig mit Salz eingerieben wird, dem Gewürze wie Pfeffer und Wacholderbeeren beigemischt sind; anschließend wird der Schinken über Buchenholz geräuchert.

Und was paßte besser zu den deftigen Genüssen eines westfälischen Schlachtfestes als ein kühles Bier und ein Klarer. In puncto Bier kann sich Dortmund durchaus mit der bayerischen Biermetropole München messen, und zwar sowohl mengenmäßig als auch qualitativ und in bezug auf eine lange Tradition. Ursprünglich

Wie frisch herausgeputzt wirken die Fachwerkhäuser von Freudenberg im Siegerland (großes Bild oben), dessen Stadtbild sich seit 300 Jahren kaum verändert hat. Eine lange Tradition haben auch die Hengstparaden in Warendorf (unten links), dem Zentrum der westfälischen Pferdezucht. Früher zog er durchs Land, heute trifft man den Kiepenkerl nur noch auf Volksfesten in und um Münster (unten rechts)

AD MAIOREM DEI GLORIAM

war das Brauen Sache der Frauen, und so verstand es sich von selbst, daß die Dortmunderinnen ihrem Getränk auch eifrig zusprachen: Sie trafen sich nicht zum Kaffee-, sondern zum Bierklatsch.

Neben dem Bier war zwischen Rhein und Weser seit jeher der „Klare" das beliebteste alkoholische Getränk. Über die Grenzen hinaus bekannt wurde der Steinhäger, ein klarer Wacholderschnaps, dessen Name sich ableitet von der kleinen Gemeinde Steinhagen, am Südhang des Teutoburger Waldes unweit von Bielefeld gelegen und Heimat von einem runden Dutzend Brennereien. Nur was an Ort und Stelle in Steinhagen gebrannt wird, darf als „echter Steinhäger" oder „Original Steinhäger" auf den Markt gebracht werden.

Im Gegensatz zum Steinhäger blieb der Korn vorwiegend auf Deutschland beschränkt. Roggen und Weizen sind die wichtigsten Rohstoffe. Dieses herzhafte Getränk, das „in der Kehle hitzt und die Seele wärmt", trinkt man im Münsterland aus gläsernen „Pinnekes" oder auch aus Zinnlöffeln. Er schmeckt eigentlich immer, und kein Geringerer als der aus Lippstadt stammende Kirchenpräsident Martin Niemöller bekannte einst: „Morgens einen Doppelkorn, das gibt den besten Aufschwung für einen mühevollen Tag."

So sah im 17. Jahrhundert der „Himmel" oder „Wiemen" eines westfälischen Bauernhauses aus: Zentrum des Wohnraums ist der Herd mit der weiten, schwarzen Überdachung, in der Schinken und Würste zum Räuchern hängen (großes Bild links; Freilichtmuseum Münsterland).
Westfälische Spezialität ist der Pumpernickel, ein Schwarzbrot aus Roggenschrot (kleines Bild oben)

Hering-Kartoffel-Salat

Er wird warm serviert, und die Speckwürfel darf man mit dem Ausbratfett erst in letzter Minute über den Salat geben. Als Partysalat ist diese uralte Zubereitung nach der Dortmunder Tradition stets ein voller Erfolg. Läßt man die Salzheringe weg, bekommt man einen schlichten warmen Kartoffelsalat, wie er in Westfalen im allgemeinen zu paniertem und gebratenem Seefisch angeboten wird. An Kartoffelsalatrezepten überhaupt ist in Westfalen kein Mangel. Probieren kann man gelegentlich Kartoffelsalat mit Gewürzgurken- oder Eierscheiben, man kann ihn mit Gurken- oder Endiviensalat mischen oder die Marinade variieren: Essig mit Sahne oder Dosenmilch oder Mayonnaise, mit Milch schlank gerührt, damit sie nicht so fett ist.

**2 Salzheringe, ½ l Buttermilch,
1 kg Kartoffeln, 1–2 Zwiebeln,
⅛ l Fleischbrühe, Salz, weißer Pfeffer,
1–2 EL Essig, 1 Prise Zucker,
50 g fetter Räucherspeck**

Salzheringe ausnehmen, abziehen und die Filets von den Gräten trennen, über Nacht in Buttermilch ziehen lassen, dann abspülen und trockentupfen. Die Kartoffeln in der Schale garen, pellen, etwas abkühlen lassen und in Scheiben schneiden. Zwiebeln fein hacken und zugeben, die heiße Fleischbrühe darübergießen und alles gut durchmischen. Mit Salz, Pfeffer, Essig und Zucker abschmecken, die kleingeschnittenen Heringsfilets hineingeben. Den Speck fein würfeln und knusprig ausbraten, über den Salat geben.

Den Herings-Kartoffel-Salat warm zu hartgekochten Eiern reichen oder den Salat mit Eiervierteln garnieren.

Wurstebrei

Bei dieser Spezialität handelt es sich ursprünglich um ein Schlachtfestgericht: Die Wurstsuppe (möglichst sollten ein paar frische Würste beim Kochen zerplatzt sein) wurde mit Gerstengrütze oder -graupen angedickt. Was dabei herauskam, war eine Art Grützwurst ohne Darmumhüllung. Wurstebrei ist vor allem im Paderborner Umland beliebt. Schon ein paar Kilometer weiter, in Warburg und Umgebung, heißt das Gericht „Wittmett“ (etwa: weißes Mett). Dieses Rezept hier baut auf der alten Tradition auf, schlägt aber eine Lösung vor, die auch ohne Schlachtfest verwirklicht werden kann. Wurstebrei wird immer heiß angerichtet. Man kann ihn bis zu zwei Tagen im Kühlschrank aufbewahren und in der Pfanne aufbraten oder auch im Wasserbad erhitzen.

1 Schweineherz, 125 g Bauchfleisch, Salz, 125 g Gerstengrütze, schwarzer Pfeffer, ½ TL gemahlener Nelkenpfeffer (Piment), 1 Prise Thymian

Das Schweineherz durchschneiden, innere und äußere Häute und Knorpel herausschneiden, Herz und Bauchfleisch waschen, in etwa 1¼ l kochendes, leicht gesalzenes Wasser geben und in etwa anderthalb Stunden garen. Das Fleisch herausnehmen, abkühlen lassen und durch den Fleischwolf drehen. 1 l Kochbrühe nochmals zum Kochen bringen und die Gerstengrütze zugeben. Bei schwacher Hitze die Grütze gar quellen lassen (etwa 30 Minuten), dann das Fleisch hineinmengen und den Wurstebrei mit Salz, Pfeffer, Nelkenpfeffer und Thymian abschmekken. Heiß mit Salz- oder Pellkartoffeln, Gewürzgurken und Salat servieren.

Spanisch Fricco

Trotz der fremdländisch klingenden Bezeichnung handelt es sich um ein westfälisches Eintopfgericht, das schon bei Henriette Davidis, gebürtige Westfälin und Verfasserin des „Praktischen Kochbuchs“ von 1845, als „beliebt und kräftig“ abgehandelt wird. „Im allgemeinen lieben die Herren bei dieser kräftigen Speise eine starke Würze“, vermerkte die Autorin dazu, „indes tut man wohl, sich möglichst nach dem Geschmack seiner Gäste zu richten, da sie sonst leicht zu scharf ausfallen könnte.“ Woher der Name kommt, ist nicht eindeutig nachgewiesen – wahrscheinlich vom küchenfranzösischen „fricot“, womit ein Ragout gemeint ist. Demgemäß bedeutet „fricoter“ „ein Ragout zubereiten“. Das Verb hat aber noch eine ganze Menge Nebenbedeutungen – von „krumme Geschäfte machen“ bis zu „Bücher fälschen“.

300 g mageres Rindfleisch (Keule), 300 g Schweinefleisch (Kamm oder Schulter), 50 g Schweineschmalz, Salz, Pfeffer, Paprikapulver, ⅛ l Fleischbrühe, etwas Fett für die Form, 600 g Zwiebeln, 750 g Kartoffeln, 2 Lorbeerblätter, 3 Gewürznelken, 250 g saure Sahne (10 % Fett), 3 EL (30 g) Butter

Fleisch in dünne Scheiben schneiden, in heißem Schweineschmalz kräftig anbraten, mit Salz, Pfeffer und Paprikapulver würzen. Die Fleischbrühe dazugießen und das Fleisch bei mittlerer Hitze etwa 20 Minuten halbgar schmoren. Eine feuerfeste Form reichlich einfetten. Zwiebeln und Kartoffeln schälen und in dünne Scheiben schneiden. Fleisch, Zwiebeln und Kartoffeln lagenweise abwechselnd in die Form schichten, dabei die Kartoffeln salzen, Lorbeerblätter und Nelken hineingeben und die Fleischbrühe dazugießen. Die Form zudecken und das Gericht im Backofen bei 175 °C (Gasbackofen: Stufe 3) 20 Minuten garen. Dann die verquirlte saure Sahne darübergießen und Butterflöckchen aufsetzen, nochmals 20 Minuten schmoren. In der Form auf den Tisch stellen und frischen Salat dazu reichen.

Mettwurst

Was in Westfalen allgemein Mettwurst genannt wird, ist andernorts als Bratwurst bekannt. Hier vorgeschlagen sind zwei Rezepte – eines für rohe Wurst, die man auch räuchern lassen (oder selbst räuchern) und roh essen kann, und eines für Mettwurst im Einmachglas. Neben magerem Fleisch braucht man auf jeden Fall auch fette Fleischteile. „Die Wurst darf nicht mager, sondern muß recht saftig sein", befand schon Henriette Davidis.

Rohe Mettwurst: 2 kg mageres Schweinefleisch (Schinken, Kotelett), je 500 g fettes Bauchfleisch und Rückenspeck, 80 g Salz, ½ TL Salpeter, 2 TL gemahlener Pfeffer, je 1 Prise gemahlene Muskatnuß und Gewürznelken, 1 EL Senfkörner, 1 TL Zucker

Rohes Fleisch und Speck grob schneiden, durch den Fleischwolf drehen und die übrigen Zutaten damit vermengen, abschmecken und die Masse nochmals durch den Wolf geben, mit dem Wurstvorsatz gleich in dünne Därme füllen, abdrehen oder abbinden. Die Würste zum Trocknen aufhängen, frisch verwenden oder einfrieren oder zwei bis drei Tage kalt räuchern.

Eingekochte Mettwurst: 1 kg mageres Schweinefleisch, 1 kg mageres Rindfleisch, 3 kg Schweinebauch ohne Schwarten, 125 g Salz, 1 EL Zucker, 1 EL Edelsüßpaprikapulver, 1 EL gemahlener grüner Pfeffer, 2 Gläschen (40 ml) Rum

Fleisch in grobe Würfel schneiden, zweimal durch den Fleischwolf drehen, mit Salz, den Gewürzen und dem Rum vermengen und abschmecken. Einmachgläser zu zwei Drittel füllen, verschließen und zwei Stunden in kochendem Wasser einkochen.

Panhas

Ein klassisches Schlachtfestgericht, das in Westfalen so verbreitet ist wie am Niederrhein. Es wurde einst am Schlachttag nach dem Kochen der Würste aus der inhaltsreichen Wurstsuppe zubereitet. Unser Rezept bietet eine modernisierte Version für „Nichtschlächter" an. Über die Herkunft des Namens sind sich die Gelehrten nicht einig. Vielleicht stammt er vom französischen „panache" (= bunt, vielfarbig) ab. Andere sehen eine Verwandtschaft mit dem Pfefferpotthast: Pan = Pfanne, Has = Hast oder Harst = geschmortes Fleisch. Die Rheinländer gehen diesem Problem aus dem Wege und sprechen von „Knabbeldanz".

**250 g Rindfleisch, 250 g Schweinebauch,
250 g Zwiebeln, 250 g Möhren,
1½–2 TL Salz, ½ TL weißer Pfeffer,
¼ TL gemahlene Nelken,
¼ TL gemahlener Nelkenpfeffer (Piment),
1 Prise Majoran, 250 g Buchweizenmehl,
60 g Öl**

Das Fleisch waschen, Zwiebeln und Möhren schälen und grob zerschneiden. Alle drei Zutaten in einen Topf geben, mit Salz und Pfeffer würzen, mit 1½ l kaltem Wasser auffüllen, zum Kochen bringen und 50 Minuten bei mittlerer Hitze garen. Das Fleisch herausnehmen und durch den Fleischwolf drehen. Die Brühe durchsieben und mit dem Fleisch wieder in den Topf geben, mit Nelken, Nelkenpfeffer und Majoran würzen, erneut zum Kochen bringen und das Buchweizenmehl unter Rühren einrieseln lassen. 15 Minuten unter ständigem Rühren kochen, bis sich die Masse von der Topfwand löst. Eine Kastenform mit Pergamentpapier auslegen und die Masse hineinfüllen, abkühlen lassen und über Nacht zugedeckt in den Kühlschrank stellen. Am nächsten Tag den Panhas aus der Form nehmen, in fingerdicke Scheiben schneiden und diese beiderseits in der Pfanne in heißem Öl goldbraun braten. Auf Bauernbrot servieren. Auch Kartoffelpüree und Kopfsalat passen dazu.

Pfefferpotthast

Das Lieblingsgericht der Dortmunder paßt nicht nur zu Kegelabenden und Betriebsausflügen, es wird auch bei offiziellen Einladungen der Stadt serviert. Früher galt das „westfälische Gulasch" als unentbehrlich auf der Hochzeitstafel. Die Namensbestandteile beziehen sich auf die kräftige Würzung (Pfeffer), die Zubereitung (Pott = Topf) und das geschmorte Fleisch (Hast oder Harst). Pfefferpotthast konnte man schon im 14. Jahrhundert auf Dortmunder Märkten kaufen. Damals wurde die Freie Reichsstadt Dortmund von den Grafen von der Mark belagert. Eine Dortmunder Dame, Agneta von Vierbecke, versuchte, feindliche Soldaten, unter Brennholz und Heu versteckt, einzuschmuggeln. Den Pförtner am Stadttor bat sie, die „trojanischen Fuhrwerke" einzulassen und ihr anschließend eine Portion Potthast zu kaufen. So geschah es auch – aber die Kriegslist scheiterte, und Agneta wurde noch am gleichen Tag bei lebendigem Leib verbrannt.

1 kg Rindfleisch (Rippe oder Schulter), 800 g Zwiebeln, 80 g Schweine- oder Butterschmalz, Salz, 1 l Fleischbrühe, 1 TL Pfefferkörner, 2 Lorbeerblätter, 4 Gewürznelken, 2 gehäufte EL Semmelbrösel, Zitronensaft, 1 EL Kapern

Das Fleisch waschen und in kleine Würfel schneiden. Die Zwiebeln schälen, in Scheiben schneiden, in einem großen Topf in heißem Schmalz hellgelb rösten. Das Fleisch zugeben, kurz mitbraten, mit Salz würzen und mit der Fleischbrühe auffüllen. Pfefferkörner, Lorbeerblätter und Nelken hinzufügen. Fleisch und Zwiebeln zugedeckt in etwa anderthalb Stunden bei schwacher Hitze garen. Semmelbrösel hineinrühren, nochmals fünf Minuten durchkochen. Zitronensaft und Kapern dazugeben, mit Salz und Pfeffer abschmecken.

Als Beilage reicht man Salzkartoffeln und Salz- oder Gewürzgurken. Aber auch rote Bete passen dazu.

WATT

Gänse-Weißsauer

Zum Gänseklein gehört alles, was vor dem Braten der Gans abgeschnitten oder ausgenommen wird und sich für eine Art Ragout eignet. Es gibt zwei traditionelle Zubereitungsarten für Gänseklein, nämlich das Gänse-Schwarzsauer, stets mit Blut und Backobst angereichert und deshalb mit dunkel gefärbter Soße (daher auch der Name), und das Gänse-Weißsauer, das immer mit Gemüsebeigabe gekocht wird und dessen Soße hell ausfallen muß. In manchen Gegenden versteht man abweichend davon unter Weißsauer ein gewürztes Gänseklein in Gelee. Schwarzsauer ist handfest, Weißsauer bedeutend lieblicher. Beide Versionen pflegt man säuerlich abzuschmecken. Das folgende Rezept für Gänse-Weißsauer stammt aus einem alten münsterländischen Kochbuch.

1 Gänseklein (Hals, Flügel, Beine, Leber, Herz, Lunge und Magen), 40 g Gänseschmalz oder Butter, 1 Zwiebel, 1 EL Mehl, Salz, weißer Pfeffer, Thymian, 1 Bund Suppengrün (2 Möhren, 1 Stück Sellerie, 1 Stange Lauch, 1 Petersilienwurzel), ½ Bund Petersilie, Zitronensaft

Das Gänseklein waschen, mit Salzwasser bedeckt aufsetzen, zum Kochen bringen und bei mittlerer Hitze halbweich kochen. Das Gänseklein herausnehmen. Das Schmalz oder die Butter zerlassen, die gehackte Zwiebel darin hellgelb rösten, Mehl darüberstäuben, unter Rühren leicht anschwitzen und mit Kochbrühe ablöschen. Die Soße glattrühren, mit Salz, Pfeffer und Thymian abschmecken und das Gänseklein dazugeben. Das Suppengrün putzen, waschen und in Streifen oder Würfel schneiden, hinzufügen und alles zusammen gar kochen. Vor dem Servieren mit Salz, Pfeffer und Zitronensaft abschmecken und mit feingehackter Petersilie bestreuen.

Westfälisches Blindhuhn

Wenn dieses urwestfälische Eintopfgericht auf den Tisch kommt, herrscht andächtige Stille: „Wenn de Katten muset, dann janket se nich!" (Wenn die Katzen auf Mäusefang sind, miauen sie nicht), sagt ein westfälisches Sprichwort. „Blindhuhn" – in manchen Gegenden auch Nachlese oder Gänsefutter genannt – „muß recht sämig und saftig gekocht sein und von den Äpfeln einen nur leicht säuerlichen Geschmack erhalten", notierte Henriette Davidis zu ihrem Rezept und schlug vor, mit etwas Essig auszugleichen, was den Äpfeln an Säure fehlen sollte. Die Birnen gehören unbedingt dazu – falls sie fehlen sollten, handelt es sich nicht um die westfälische, sondern um die niedersächsische Blindhuhnversion.

**250 g weiße Bohnen (getrocknet),
250 g durchwachsener Speck,
je 300 g Möhren, grüne Bohnen und
Kartoffeln, je 250 g Äpfel und Birnen,
Salz, weißer Pfeffer, 1 Prise Zucker,
1 Bund Petersilie**

Die weißen Bohnen am Vorabend waschen, in 1½ l abgekochtem, kaltem Wasser einweichen. Am nächsten Tag mit dem Einweichwasser aufsetzen und anderthalb Stunden kochen. Nach einer halben Stunde den Speck dazugeben und mitkochen. Die Möhren putzen und in Scheiben schneiden, die Bohnen brechen oder schnippeln, die Kartoffeln schälen und würfeln, Äpfel und Birnen schälen, vierteln und vom Kerngehäuse befreien. Alles nach einer Stunde Kochzeit zu den weißen Bohnen dazugeben, mit Salz, Pfeffer und Zucker würzen. Nach Ende der Garzeit den Speck herausnehmen und in dicke Scheiben schneiden. Das Blindhuhn in eine Schüssel umfüllen, mit den Speckscheiben belegen und mit gehackter Petersilie bestreuen.

Hammelkeule

(für 6 Personen)

Ein Festtagsbraten, der auch eingeschworenen Gegnern von Hammel- oder Lammfleisch vorzüglich munden wird. Bei einer Lammkeule kann das Marinieren wegfallen. Sie reicht allerdings nur für vier Personen.

**Etwa 2 kg schwere Hammelkeule,
150 g fetter Räucherspeck, Salz,
schwarzer Pfeffer, 60 g Öl.
Für die Beize: 1½ l Buttermilch,
¼ l Essig, ¼ l Wasser,
2–3 Zwiebeln, 2 Möhren, 1 Lorbeerblatt,
1 TL Wacholderbeeren, Salz,
1 TL Zucker, schwarzer Pfeffer.
Für die Soße: 2 TL Speisestärke,
250 g saure Sahne (10 % Fett),
je 1 Bund Petersilie und Schnittlauch**

Hammelkeule auslösen (oder den Fleischer darum bitten), von Haut und Fett befreien. Die Zutaten für die Beize in eine Schüssel geben (Zwiebeln und Möhren schälen und in Scheiben schneiden), die Hammelkeule hineinlegen und zwei Tage unter gelegentlichem Wenden zugedeckt beizen. Dann das Fleisch aus der Beize nehmen, die Beize durchsieben, Gemüse und etwas Flüssigkeit aufheben. Die Keule mit Bindfaden zusammenwickeln und mit dünnen Speckstreifen spicken, salzen und pfeffern. Das Fleisch und Gemüse im Bräter in heißem Öl anbraten, 1 l Wasser und einige Eßlöffel Beize angießen und die Hammelkeule im Backofen bei etwa 200 °C (Gasbackofen: Stufe 3) in knapp zwei Stunden garen; zwischendurch mit dem Bratensatz begießen. Das Fleisch herausnehmen und warm stellen, den Bindfaden abnehmen. Den Bratensatz durchsieben, mit in kaltem Wasser angerührter Speisestärke binden, mit saurer Sahne, gehackter Petersilie und Schnittlauch verfeinern.

Dazu passen Salate, Röst- oder Salzkartoffeln und Preiselbeeren.

Schinkenbraten mit Hagebuttensoße

(für 8 Personen)

Dieser festliche Braten ist ein altwestfälisches Gericht, das in ähnlicher Form auch in Mecklenburg nachzuweisen ist. Und die Hagebuttensoße gehört unbedingt dazu.

2 kg Schinken mit Schwarte, 2 Zwiebeln, 2 Möhren, 1 Stange Lauch, 1 Lorbeerblatt, 5 Gewürznelken, 2 TL grüne Pfefferkörner. Für den Überzug: 4 Scheiben Vollkornbrot, 2 Scheiben Weißbrot, 2 EL Zucker, 1 TL gemahlener Zimt, 1 Prise gemahlene Gewürznelken, 50 g Butter. Für die Soße: 200 g entkernte Hagebutten, 1 Stück unbehandelte Zitronenschale, 60 g Zucker, 1 Päckchen Vanillinzucker, 2 TL Speisestärke, 3 EL Apfelwein, 1 EL Zitronensaft

Den Schinken in einen Bräter geben, so viel kochendes Wasser angießen, daß das Fleisch zu zwei Dritteln bedeckt ist. Aufkochen lassen, kleingeschnittene Zwiebeln, Möhren und Lauch sowie die Gewürze dazugeben. Im Backofen bei 200 °C (Gasbackofen: Stufe 3) etwa zwei Stunden fast gar schmoren, zwischendurch wenden. Das Brot zerkrümeln, mit Zucker, Zimt, Nelken und Butter mischen. Die Schinkenschwarte abschneiden, eine fingerdicke Fettschicht am Schinken lassen. Die Brotmischung aufstreichen, den Schinken 40–50 Minuten bei 175 °C (Gasbackofen: Stufe 2) backen, noch warm in Scheiben schneiden. Für die Soße Hagebutten mit Zitronenschale in wenig Wasser weich kochen und durch ein Sieb streichen. Die Masse mit Zucker und Vanillinzucker aufkochen und fünf Minuten bei schwacher Hitze ziehen lassen. Speisestärke mit Apfelwein verquirlen und die Soße damit binden, mit Zitronensaft abschmecken.

Altbierbowle

Das obergärige Altbier, eine der ältesten Biersorten, hat auch zwischen Rhein und Weser viele neue Freunde gewonnen. Vor allem im Sommer ist es ein beliebtes Getränk. Eine Altbierbowle, wie sie hier vorgeschlagen wird, gehört zu den Spezialitäten der traditionsreichen Altbierbrauerei Pinkus Müller in Münster. Wenn keine frischen Früchte zur Verfügung stehen, kann man auch Früchte aus der Dose oder aus dem Glas verwenden. Ein Teil des Zuckers läßt sich dann durch die Zuckerlösung aus der Konserve ersetzen. Im Schnellverfahren füllt man einfach ein bis zwei Eßlöffel Dosenfrüchte in ein Altbierglas, gibt etwas Saft aus der Dose und wenig Zucker darüber und füllt mit Altbier auf. Wer diese Mixtur als zu harmlos empfindet, kann die Altbierbowle durch einen Schuß Korn oder einen anderen geschmacksneutralen Klaren verstärken. Auf die Mengen dieser Rezeptur umgerechnet, sollte die Schnapsbeigabe jedoch drei Doppelte (60 ml) nicht überschreiten.

400 g frische Früchte (Erdbeeren, Himbeeren oder Brombeeren), etwa 60 g Zucker (je nach Süße der Früchte), 2 l Altbier

Früchte verlesen und waschen, gut abtropfen lassen und in eine Glaskanne oder ein Bowlegefäß geben. Zucker und ¼ l Wasser aufkochen, bis sich der Zucker gelöst hat, abkühlen lassen und über die Früchte gießen. Kurz vor dem Servieren mit dem gut gekühlten Altbier aufgießen.

Siebenkräuter-aufgesetzter

Ein Aufgesetzter ist eine Art Likör aus eigener Werkstatt. In Westfalen und im Rheinland gibt es zwei unterschiedliche Herstellungsverfahren: mit hochprozentigem Weingeist aus der Apotheke oder mit schlichtem 32prozentigem Korn. Ein Beispiel für die erste Methode liefert unser Rezept. Beim zweiten Verfahren verwendet man Sauerkirschen, schwarze Johannisbeeren, Himbeeren oder Brombeeren. Auf ein Kilogramm Früchte rechnet man 250 Gramm Zucker (am besten weißen Kandis) und einen Liter Korn. Diese Mischung läßt man drei bis vier Wochen an einem sonnigen Fenster ziehen. Dann wird filtriert und abgefüllt. Den nicht gelösten Kandis kocht man mit wenig Wasser auf und fügt ihn der Mischung nach dem Abkühlen bei. Aufgesetzter ist etwas für besondere Anlässe – früher wurde er vor allem hervorgeholt, wenn am Sonntag Besuch kam. Den abgefüllten Likör sollte man an einem schattigen Platz lagern.

Je 20–30 g frische Blätter bzw. Stengel von Kamille, Oregano, Minze, Salbei, Thymian, Rosmarin und Basilikum, 1 l Weingeist (96prozentig), abgeriebene Schale einer unbehandelten Zitrone, 1 kg Zucker

Kräuter putzen, waschen und in einem verschließbaren Krug oder einer Korbflasche mit Weingeist übergießen, verschlossen 14 Tage ziehen lassen. Am zwölften Tag die Zitronenschale dazugeben. Zucker und 1 l Wasser zu Sirup kochen, abkühlen lassen und mit dem Kräuterweingeist mischen. Über Nacht verschlossen ziehen lassen, dann filtrieren. Den Aufgesetzten in Flaschen füllen, verkorken und zwei Monate stehenlassen, dann erst probieren.

Apfelklöße mit Weinsoße

Klöße oder Knödel spielen in der westfälischen Küche keine große Rolle. Die hier beschriebenen Apfelklöße, einst wohl ein Fastengericht, stellen also eine Ausnahme dar. Sie kommen auch schon bei Henriette Davidis vor, die den Kloßteig jedoch nicht aus Mehl, sondern aus geriebenem Weißbrot herzustellen vorschlägt. Apfelklöße werden im allgemeinen als Hauptgericht serviert, eingeleitet höchstens durch eine leichte Suppe oder einen frischen Salat (der hier sehr am Platz ist, denn die Klöße sind an Vitaminen und Mineralstoffen nicht gerade reich). Man kann jedoch auch einen Nachtisch daraus machen, dann aber mit halbierten Zutatenmengen.

Für die Klöße: 50 g Butter, 50 g Zucker, 1 Prise Salz, 1 unbehandelte Zitrone, 2 Eier, 375 g Mehl, ½ TL Backpulver, etwa 1 Tasse (gut ⅛ l) Milch, 500 g Äpfel, Zucker zum Bestreuen.
Für die Soße: ¼ l Rotwein, ¼ l Wasser oder Fruchtsaft, 75 g Zucker, ½ Stange Zimt, 2 Gewürznelken, 2 EL Speisestärke

Für die Klöße Butter mit Zucker und Salz schaumig rühren, abgeriebene Zitronenschale und Eier dazugeben, dann das mit Backpulver vermischte Mehl und so viel Milch, daß der kräftig durchgearbeitete Teig schwer vom Löffel reißt. Die Äpfel schälen, vom Kerngehäuse befreien und in möglichst kleine Würfel schneiden, unter den Teig mischen und mit einem Eßlöffel mittelgroße Klöße abstechen. In siedendem Salzwasser garen, abtropfen lassen und mit Zucker bestreuen. Für die Weinsoße Rotwein und Wasser oder Fruchtsaft mit Zucker und Gewürzen erhitzen, die in kaltem Wasser angerührte Speisestärke hineingeben und kurz aufkochen. Stangenzimt und Nelken entfernen und die Soße kalt zu den heißen Apfelklößen reichen.

Pumpernickel-pudding

Er wird auch Westfälischer Pudding genannt und ist in ganz Westfalen verbreitet. Ursprünglich muß es sich um ein Resteverwertungsgericht gehandelt haben. Die Hauptzutat, der Pumpernickel, braucht nicht frisch aus der Packung zu kommen, altbacken und trocken läßt er sich sogar leichter verarbeiten. Küchentechnisch sollte man beim Puddingkochen auf zwei wichtige Einzelheiten achten: Zum einen darf die Puddingform höchstens zu drei Vierteln gefüllt sein – der Puddingteig steigt dank des hohen Eigehaltes auf und füllt die Form von allein –, zum andern darf die Form nur zu drei Vierteln im heißen Wasser des Wasserbades stehen.

**400 g Pumpernickel, ¼ l Milch, 5 Eier,
50 g Zucker, 75 g geriebene Schokolade,
1 gestrichener TL Zimt, 30 ml Rum,
1 unbehandelte Zitrone,
100 g geriebene Haselnüsse,
125 g Korinthen, 50 g Butter,
1 EL Semmelbrösel**

Pumpernickel fein zerbröseln, in einer Schüssel mit heißer Milch übergießen, durchrühren und eine Stunde ziehen lassen. Die Eier trennen, das Eigelb mit Zucker schaumig rühren, nach und nach Schokolade, Zimt und Rum dazugeben, dann den Saft und die abgeriebene Schale der Zitrone, Haselnüsse und die überbrühten, gut abgetropften Korinthen hinzufügen. Alles gründlich miteinander vermengen. Die Mischung mit dem Pumpernickel verarbeiten und zuletzt das steifgeschlagene Eiweiß unterziehen. Eine verschließbare Puddingform mit Butter einfetten und mit Semmelbröseln ausstreuen, den Teig hineinfüllen. Die Form verschließen und etwa eine Stunde im heißen Wasserbad kochen. Den Pudding etwas abkühlen lassen, auf eine vorgewärmte Platte stürzen und dazu Apfelmus (Rezept siehe S. 310) reichen.

Bauernstuten und Knabbeln

Ein Bauernstuten ist ein schlichtes Hefeweißbrot. Unter diesem Namen kennt man es in ganz Westfalen. Es schmeckt zu Wurst und Schinken, aber auch mit Butter bestrichen und mit einer Pumpernickelscheibe zugedeckt. Zwischen Münsterland und Soester Börde wird der Bauernstuten nicht nur frisch gegessen, sondern auch in Form der berühmten „Knabbeln". Dazu bricht man den Stuten, wie er aus dem Backofen kommt, in handliche Brocken, die sofort wieder in den Ofen geschoben werden. Bei etwa 100 °C verwandeln sie sich in eine Art goldgelben Zwieback.

Die Knabbeln ißt man so: in Stücke brechen, in große Tassen („Knabbelkümpkes") geben, mit Zucker bestreuen und mit heißer Milch (oder hellem Milchkaffee) übergießen, dann mit dem Löffel essen. Richtig geröstete Knabbeln halten sich wochenlang. Wenn man Knabbeln bereiten will, bäckt man den Hefeteig besser nicht in der Kastenform, sondern rund oder länglich geformt auf dem Blech.

**1 kg Mehl, 40 g (1 Würfel) Hefe,
1 EL Zucker, ½ l Milch, 1 TL Salz,
60 g Schweineschmalz,
etwas Fett für die Form**

Mehl in eine Backschüssel geben, in der Mitte eine Vertiefung eindrücken, die zerbröckelte Hefe mit dem Zucker und etwas lauwarmer Milch hineingeben und mit einem Teil des Mehls zum Vorteig verrühren, der 20 Minuten zugedeckt gehen muß. Dann den Vorteig mit der restlichen warmen Milch, dem Mehl und dem Salz vermengen, mit dem Rührlöffel schlagen (oder Knethaken des Rührgeräts verwenden), bis sich der Teig von der Schüsselwand löst. Den Teig in eine gefettete Kastenform füllen, nochmals 30–45 Minuten gehen lassen und bei 200 °C (Gasbackofen: Stufe 3) etwa eine Stunde backen.

Kastenpickert

Pickert ist die Bezeichnung für ein ostwestfälisches Nationalgericht, das in unterschiedlicher Gestalt auftritt und vor allem im Gebiet des Teutoburger Waldes verbreitet ist. Im allgemeinen handelt es sich um ein Gericht aus Kartoffelteig mit Mehlbeigabe. Aus diesem Teig kann man dünne Pfannkuchen backen und erhält dann den berühmten „Lappenpickert", oder man macht dickere, meist süße Pfannkuchen, den „Pfannenpickert". Man kann ihn aber auch in eine Kastenform füllen und wie einen Kuchen backen, dessen Scheiben in der Pfanne aufgebraten werden. Um dieses Rezept handelt es sich hier. Kastenpickert schmeckt am besten ganz frisch – und mit gehöriger Butterbeigabe – zum Kaffee.

500 g Mehl, 40 g (1 Würfel) Hefe, 50 g Zucker, gut ¼ l Milch, 2 Eier, 1 gestrichener TL Salz, 1 kg Kartoffeln, 200 g Rosinen, etwas Fett und Semmelbrösel für die Form, 50 g Butter

Mehl in eine Backschüssel geben, in die Mitte eine Vertiefung eindrücken, die zerbröckelte Hefe mit Zucker und etwas lauwarmer Milch hineingeben, mit etwas Mehl zu einem Vorteig verrühren und etwa 15 Minuten gehen lassen. Die Kartoffeln schälen, reiben, etwas ausdrükken oder in einem Sieb abtropfen lassen. Zusammen mit den übrigen Zutaten zu dem Hefeteig geben und kräftig durcharbeiten. Zuletzt die heiß gewaschenen, trockengetupften Rosinen hineinkneten. Den Teig zugedeckt nochmals 30–40 Minuten gehen lassen, in eine gefettete, mit Semmelbröseln ausgestreute Kastenform füllen und 60–80 Minuten bei 200°C (Gasbackofen: Stufe 3) backen. Den abgekühlten Pickert in fingerdicke Scheiben schneiden, kurz vor dem Verzehr auf beiden Seiten in zerlassener Butter goldgelb rösten und mit zusätzlicher Butter zum Kaffee reichen.

Henriettes Brauttorte

Das Originalrezept stammt aus dem berühmten Kochbuch der Westfälin Henriette Davidis. Die Pfarrerstochter Henriette kennzeichnete die Torte als „ganz vorzüglich“ und schlug vor, den Zuckerguß dem Anlaß entsprechend noch mit Myrten- und feinen Blumenblättern zu verzieren. Als besonders praktisch empfand sie, daß man diese Torte schon ein paar Tage vor Gebrauch backen könne – durch eine kurze Lagerung werde sie nur noch besser.

Für den Teig: 12 Eier, 500 g Butter, 500 g Zucker, 1 unbehandelte Zitrone, 1 TL Muskatblüte, 400 g gemahlene Mandeln, 500 g Mehl, etwas Fett für die Backform.
Zum Bestreichen: 125 g Butter, 125 g Puderzucker, 1 unbehandelte sowie 2 weitere Zitronen, 4 Eigelb.
Für den Überzug: 125 g Puderzucker, 1 Zitrone

Die Eier trennen, Butter in einer erwärmten Schüssel schaumig rühren, nach und nach portionsweise Zucker, abgeriebene Zitronenschale, Muskatblüte, Eigelb und Mandeln einarbeiten, zuletzt das Mehl zugeben und das steifgeschlagene Eiweiß unterziehen. Den Teig in vier Portionen teilen, jede Portion in einer gefetteten Springform (Durchmesser: 28 cm) bei 200°C (Gasbackofen: Stufe 3) etwa 15 Minuten zu einem flachen Kuchen backen, aus der Form nehmen und abkühlen lassen. Für das Bestreichen Butter bei schwacher Hitze schmelzen, Puderzucker, die abgeriebene Schale einer Zitrone, Eigelb und den Saft von 4 Zitronen dazugeben und kräftig rühren, bis die Masse dicklich wird. Drei Kuchenplatten damit bestreichen, alle vier Platten zusammensetzen und über Nacht kühl stellen. Den Tortenrand geradeschneiden, Puderzucker und Zitronensaft zu einer Glasur verrühren, Oberfläche und Seiten der Torte damit überziehen und den Guß trocknen lassen.

ZUR
VERMÄHLUNG
DIE BESTEN
WÜNSCHE

Bookweten-Janhinnerk

Buchweizenpfannkuchen waren in der Frühzeit der Moorkulturen das tägliche Brot der Kolonisten. Doch erging es dem Arme-Leute-Essen Bookweten-Janhinnerk wie anderen schlichten Speisen: Mit wachsendem Wohlstand wollte keiner mehr etwas davon wissen. Heute jedoch gilt Janhinnerk wieder als originelle Spezialität, als westfälische Variation der russischen Blini.

500 g Buchweizenmehl, gut ½ l kalter Kaffee mit dem Kaffeesatz, 3–4 Eier, je 1 Prise Salz und Zucker, 125 g fetter Speck, 50 g Öl

Buchweizenmehl mit Kaffee, Eiern, Salz und Zucker zu einem glatten, dickflüssigen Teig anrühren, drei bis vier Stunden quellen lassen. Den Speck in dünne Scheiben schneiden, portionsweise in der Pfanne in heißem Öl knusprig anbraten, jeweils eine kleine Schöpfkelle Buchweizenteig daraufgeben und beiderseits goldbraun backen.

Rübenkraut

In der westfälischen und rheinischen Küche spielt das Rübenkraut, der Zuckerrübensirup, seit jeher eine große Rolle. Da es nicht überall angeboten wird, muß man zur Selbsthilfe greifen.

Für etwa 150 g Rübenkraut braucht man 1 kg Zuckerrüben

Zuckerrüben gründlich waschen, abbürsten, schälen und in kleine Schnitzel oder Stifte schneiden. Mit wenig Wasser in einem großen Topf aufsetzen und die Rübenschnitzel weich kochen, dann in einen Leinen- oder Nylonbeutel geben und gründlich auspressen. Den Saft wieder in den Topf geben und bei mittlerer Hitze unter ständigem Rühren dicklich einkochen, bis das Rübenkraut die Konsistenz von Honig hat. In verschließbaren Gläsern aufheben – Rübenkraut ist praktisch unbegrenzt haltbar. Die Rübenschnitzel können im elektrischen Entsafter auch roh entsaftet werden. Nach demselben Verfahren lassen sich auch Apfelkraut (Apfelsirup) und Mohrrübensirup herstellen.

Hasenklein

Nach diesem Rezept kann man nicht nur das Hasenklein, sondern auch einen ganzen Hasen zubereiten. Einen jungen, zarten Hasen muß man auch nicht beizen.

1 Hasenklein, Salz, Pfeffer, 125 g Speck, 1–2 Zwiebeln, 1 Knoblauchzehe, 1 EL Mehl, 1 Lorbeerblatt, 4 Nelken, ½ TL Pimentkörner, ½ TL Thymian, 2 TL Tomatenmark, 125 g Schlagsahne (30 % Fett), 1 Prise Zucker, etwas Essig

Hasenklein waschen, trockentupfen, salzen und pfeffern. Den Speck würfeln und auslassen, das Hasenklein im Speckfett anbraten, fein gehackte Zwiebeln und Knoblauch mitbraten, bis sie glasig sind. Mehl aufstäuben und unter Umrühren bräunen. ½ l Wasser, die Gewürze und Tomatenmark dazugeben, salzen und pfeffern. Das Hasenklein in etwa 75 Minuten fertiggaren. Die Soße mit Sahne verfeinern, mit Essig und Zucker abschmekken. Dazu passen Klöße (Rezept siehe S. 210) und Apfelbrei (Rezept siehe S. 310).

Nußprinten mit Kandis

Die Bezeichnung „Printen“ ist uralt. Sie wurde abgeleitet von den bunten Heiligenbildchen, mit denen in früheren Zeiten Lebkuchen aller Art beklebt wurden.

125 g Honig, 60 g Kandisfarin, 50 g Butter, 1 Ei, 50 g braune Kandisstückchen, 1 unbehandelte Zitrone, je ½ TL gemahlener Zimt, Gewürznelken und Kardamom, 250 g Mehl, ½ Päckchen Backpulver, etwa 200 g Haselnußkerne, 200 g Schokoladenglasur (Kuvertüre)

Honig, Kandisfarin und Butter zerlassen; Ei, Kandisstückchen, abgeriebene Zitronenschale, Gewürze, Mehl und Backpulver dazugeben und miteinander verkneten; kühl stellen. Den Teig ausrollen, 4 × 8 cm große Printen ausschneiden, auf ein gefettetes Blech legen und mit halbierten Haselnußkernen besetzen. Bei 200 °C (Gasbackofen: Stufe 3) 15 Minuten backen. Mit Schokoladenglasur überziehen.

Westfälischer Weißkohl

Jede deutsche Landschaft hat ihr spezielles Weißkohlrezept. In Westfalen wird er mit Apfelschnitzen angereichert und mit einer roh geriebenen Kartoffel angedickt.

1 kg Weißkohl, 1–2 säuerliche Äpfel, 2 EL (20 g) Schweineschmalz, 2–3 Zwiebeln, 2 TL Kümmel, 1 EL Essig, 1 Prise Zucker, weißer Pfeffer, Salz, 1 Kartoffel

Den Kohl putzen und in Streifen schneiden. Die Äpfel schälen, vom Kerngehäuse befreien und in dünne Schnitze schneiden. Das Schweineschmalz in einem Topf erhitzen, die feingehackten Zwiebeln darin hellgelb rösten. Lagenweise Kohl und Apfelschnitze einfüllen und die Gewürze dazugeben. ¼ l Wasser angießen, den Topf zudecken und den Kohl bei schwacher Hitze in 30–40 Minuten garen. Zehn Minuten vor der Fertigstellung die geschälte Kartoffel an den Kohl reiben und durchrühren.

Marinierte Eier

Ein altes westfälisches Rezept, das seit der Jahrhundertwende weitgehend in Vergessenheit geriet – damals war es noch in vielen Kochbüchern zu finden.

12 Eier, Salz, 10 g schwarzer Pfeffer, 10 g Nelkenpfeffer (Piment), 10 g getrockneter Ingwer, 5 Gewürznelken, ¾ l Weinessig

Eier hart kochen, unter fließendem kaltem Wasser abschrecken und schälen. Den Ingwer in feine Scheibchen schneiden, alle vier Gewürze mit dem Essig aufkochen und zehn Minuten bei schwacher Hitze ziehen lassen. Eier in einen Steintopf oder ein Einkochglas geben, den etwas abgekühlten Essig durch ein Sieb darübergießen. Das Gefäß mit Einmachhaut verschließen und die Eier acht bis zwölf Tage marinieren.

Töttchen

Eine Münsterländer Spezialität, die, mit Roggenbrötchen oder Schwarzbrot serviert, als kleines Zwischengericht zum Bier immer beliebter wird.

750 g Kalbfleisch (Schulter oder Brust), 1–2 Zwiebeln, 1 Bund Suppengrün (1 Stück Sellerie, 2 Möhren, 1 Stange Lauch), 1 Lorbeerblatt, 4 Pfefferkörner, 3 Nelken, Salz.
Für die Soße: 50 g Butter, 4 EL Mehl, 1 kleine Zwiebel, 1 EL Essig, 1 Schnapsglas (20 ml) Sherry, 1 Prise Zucker, weißer Pfeffer, 1 Spritzer Worcestersoße

Das Kalbfleisch waschen, mit kaltem Wasser bedeckt aufsetzen. Grob geschnittene Zwiebeln, Suppengrün und Gewürze dazugeben. Das Wasser zum Kochen bringen und das Fleisch bei schwacher Hitze in etwa 90 Minuten garen. Das Fleisch herausnehmen, etwas abkühlen lassen, in feine Würfel schneiden. Die Brühe durch ein Sieb geben. Für die Soße Butter zerlassen, das Mehl darin anschwitzen und die gewürfelte Zwiebel dazugeben, mit Brühe ablöschen, acht Minuten durchkochen. Die Soße mit den angegebenen Zutaten pikant abschmecken, die Fleischwürfel darin heiß werden lassen.

Buttermilchsuppe mit Backpflaumen

Die Buttermilch, lange Zeit von Freunden der „feinen“ Küche etwas scheel betrachtet, ist wieder „in“, weil sie der schlanken Linie dienlich ist.

200 g Backpflaumen, 1 l Buttermilch, 50 g feine Graupen, 2 EL Speisestärke, 1 Ei

Backpflaumen über Nacht einweichen, am nächsten Tag abtropfen lassen und entsteinen. Buttermilch aufkochen, die gewaschenen Graupen hineingeben und bei schwacher Hitze garen. Nach etwa 30 Minuten die Backpflaumen hinzufügen. Weitere 30 Minuten fertiggaren, dann das Ei trennen, das Eigelb mit Speisestärke verquirlen und die Suppe damit binden. Das Eiweiß steif schlagen und unterziehen.

Plaaten in de Pann

Frische Bratwürste und Kartoffeln „in de Pann“ bereitet, nämlich in einer tiefen Pfanne mit möglichst fest schließendem Deckel, sind vor allem im Münster- und Sauerland anzutreffen.

1 kg Kartoffeln, 500 g frische Bratwürste, etwas Mehl, 60 g Schweineschmalz, ⅛ l Fleischbrühe, 1 TL Majoran, weißer Pfeffer, Salz, 125 g Schlagsahne (30 % Fett), 1 Bund Petersilie

Die Kartoffeln schälen, waschen und in dünne Scheiben schneiden. Bratwürste ein paar Minuten in heißem Wasser ziehen lassen, abtrocknen und in Mehl wenden. Die Würste in heißem Schmalz knusprig anbraten, dann mit der heißen Fleischbrühe ablöschen. Kartoffelscheiben auf die Würstchen schichten, mit Majoran, Pfeffer und Salz würzen. Zugedeckt zehn Minuten schmoren, dann die Sahne angießen und in etwa 20 Minuten fertiggaren. Mit gehackter Petersilie bestreut servieren.

Dortmunder Salzkuchen

Dabei handelt es sich um Hefeteigbrötchen mit durstförderndem Salz- und Kümmelbelag – kein Wunder, daß sie in zünftigen Kneipen niemals ausgehen.

500 g Mehl, 25 g Hefe, 1 EL Zucker, ⅛ l Milch, 4 TL Salz, etwas Fett für das Blech. Zum Bestreuen: 4 EL Milch, 2 EL grobes Salz, 4 EL Kümmel

Etwas Mehl, zerbröckelte Hefe, Zucker und etwas lauwarme Milch verrühren und 20 Minuten gehen lassen. Dann das restliche Mehl, Milch, ⅛ l Wasser und Salz zu dem Vorteig dazugeben und durcharbeiten. Den Teig zugedeckt nochmals 30 Minuten gehen lassen. Durchkneten, auf dem bemehlten Backblech eine etwa 6 cm dicke Rolle daraus formen und daumendicke Scheiben davon abschneiden. Die Scheiben so formen, daß in der Mitte eine Vertiefung entsteht, auf einem gefetteten Backblech 30 Minuten gehen lassen. Mit Milch bestreichen, Salz und Kümmel darauf verteilen. Die Salzkuchen 20–25 Minuten im vorgeheizten Backofen bei 225–250 °C (Gasbackofen: Stufe 4–5) hellbraun backen. Möglichst frisch mit Butter und Wurst zu Bier und Korn reichen.

Für Turnvater Jahn war Niedersachsen die „berufenste Landschaft Deutschlands, die hohe Einsamkeit und ein Gefühl der Unendlichkeit vermittelt". Der Dichter Eichendorff dagegen fühlte sich durch diese Einsamkeit eher bedrückt. Und im Mittelpunkt des Kreuzfeuers der Meinungen und Gefühle: die Lüneburger Heide – weite Ebene, Heidschnucken und Wacholderbüsche, weißsandige Wege, zwischendurch ein paar Kiefernwälder und die zur Herbstzeit zartviolett blühende Heide

Niedersachsen

Sie lassen sich nicht so leicht in einen Topf werfen, die Niedersachsen, dazu ist das Land zwischen Meer und Marsch, zwischen Geest und Gebirge zu vielfältig. Wie aber macht man sich mit einem solchen Land, seinen Bewohnern und deren Küche bekannt? Am besten nach Art der Niedersachsen: ruhig und mit Bedacht.

Beginnen wir unsere Rundreise in der Landeshauptstadt Hannover, der „wildesten Stadt Deutschlands", die man schon vor Jahrhunderten „an die Leine legte". Einem Herrscher dieser Stadt trugen die Engländer einst die Königswürde ihres Inselreichs an – ein Höhepunkt in der Jahrhunderte währenden Verbindung zwischen Welfen und dem Inselvolk.

Dem ausgeprägten Selbstbewußtsein dieser Herrscher entspricht, daß sie sich auch ein kulinarisches Denkmal setzten: den Welfenpudding, der genaugenommen jedoch kein Pudding, sondern ein Flammeri mit Weinschaumcreme obendrauf ist. Aber so eng sollte man das alles nicht sehen – stammen doch auch die Welfen ursprünglich nicht aus dem Niedersächsischen, sondern aus dem Raum um Augsburg. Erst im 12. Jahrhundert kamen sie nach Norden, genauer gesagt, nach Braunschweig, das die ältere Linie als Residenz beibehielt, während die jüngere Linie sich später Hannover zum Zentrum ihrer Macht erkor.

Wo der Herre nit daß Haus bawet, So arbeiten um
sonst die daran bawen Psalm: 127

Von der Stadt hinaus in die Heidelandschaft, wo Mensch, Tier und Natur jahrhundertelang zu allseitigem Wohl zusammenwirkten. Dieses Eingebundensein des Heidebewohners in den Kreislauf der Natur bedingt auch den Charakter dieses Menschenschlags, den Hermann Löns so treffend beschrieb: „Der echte Heidbauer ist kein Freund des Wirtshauses. Nur nach dem Kirchgang trinkt er mit Freunden sein Glas ... Und wenn er im Wirtshaus ist, so mißt die ererbte Mäßigkeit ihm die Gläser zu. In allem sind sie mäßig und bedächtig. Sie essen, wie sie arbeiten, sie sprechen ebenso. Und sie wissen, daß Hast und Eile nur schadet."

Noch abgeschiedener als die Heidelandschaft präsentiert sich das Wendland, das in die innerdeutsche Grenze eingekeilte Dreieck zwischen Bleckede, Schnackenburg und Lüchow. Hier hat sich über Jahrhunderte eine Siedlungsform erhalten, die im westlichen Europa einzigartig ist: das Rundlingsdorf, in dem die Häuser kreisförmig um einen zentralen Rundplatz mit nur einer Zufahrtsstraße angeordnet sind und sich die dazugehörigen Ländereien noch hinten an die Häuser anschließen.

Doch kehren wir aus der ländlichen Einsamkeit zurück ins städtische Leben, nach Braunschweig, jener Stadt, in der einst auch Till Eulenspiegel, der Schalk aus dem nahe gelegenen Kneitlingen, seine Scherze trieb. Er ist der beste Beweis dafür, daß die Menschen aus und um Braunschweig nicht jene „kalten Wesen" sind, wie Stendhal sie beurteilte, im Gegenteil: Sie verfügen über einen ausgesprochenen, wenn auch oft trockenen Humor. Aber Stendhal irrte ja auch in seinem Urteil über die hiesige Küche, die seiner Meinung nach nur aus „Schwarzbrot, Butter, Milch und Bier" bestehe. Braunschweig liegt schließlich inmitten einer Landschaft, die für eines der feinsten Gemüse – auch der französischen Küche – berühmt ist: den Spargel. Ebenso beweisen die Leckereien aus Heidehonig und die Prilleken, jene Hefebällchen, die um die Fastnachtszeit bergeweise gebacken werden, daß die Braunschweiger das „süße Leben" keineswegs verachten.

Die malerische Innenstadt von Einbeck ist reich an schönen alten Bauwerken, vor allem an gut erhaltenen und reich verzierten Fachwerkhäusern aus dem 16. bis 18. Jahrhundert. Mit zu den ältesten Häuserzeilen gehört die Tiedexerstraße im oberen Bild. Besondere Beachtung verdienen auch die Balkeninschriften, wie diese des Hauses Nr. 35 am Neuen Markt aus dem frühen 17. Jahrhundert (unten)

HERMANN NACK
BARDOWICK 284
HOLLAND
ERZEUGER
-45
Elli Vick
ELLI VICK
BARDOWICK 5

Und weiter geht die Reise zum Harz, der nicht nur Heimat des Harzer Käses ist, der mancherorts nicht von ungefähr, aber durchaus liebevoll „Stinkadores“ genannt wird, sondern auch einer ganz anderen, edleren Köstlichkeit: der Bachforelle, die geräuchert oder frisch zubereitet jeden Gourmet in Entzücken versetzt.

Vom Harz führt die kulinarische Entdeckungsfahrt nach Süden, nach Göttingen, das – laut Heinrich Heine – vor allem für seine Würste bekannt ist, aber auch für seinen Speckkuchen und nicht zuletzt für die Vorliebe seiner Bewohner für Gänsebraten.

Vom Süden Niedersachsens nun nach Norden, zunächst ins Ammerland, das Land des Schinkens, der hier die Milde des schleswig-holsteinischen Katenschinkens mit dem kräftigen Aroma des westfälischen Schinkens vereint. Und weiter über Oldenburg nach Bremen, der Stadt des Rolands und der Stadtmusikanten; eine besondere Spezialität ist hier das Kükenragout, an dem allerdings einiges anders ist, als der Name vermuten läßt. Die Bezeichnung „Ragout“ bezieht sich nicht auf das Fleisch, sondern auf die Soße, die nach dem Originalrezept mit Zunge, Kalbsmilch, Krabben und den berühmten Bremer Saucissen angereichert wurde.

In der Niederelbemarsch bis ins Alte Land hinein findet dagegen ein anderes Festtagsgericht bis heute Anklang: die Hochzeitssuppe, aus bestem knochenlosem Rindfleisch mit Gemüse und Fleischbällchen bereitet. Hier in der Niederelbemarsch gedeihen aber auch Äpfel, Birnen, Kirschen und Pflaumen auf fettem Marschboden, der vor über 800 Jahren mühsam dem Elbe-Urstromtal abgetrotzt werden mußte. Der Name Altes Land besagt noch heute, daß dieser Abschnitt schon fertig war, als weiter östlich noch an den Deichen gearbeitet wurde. Und ein Spaziergang auf den malerischen Binnendeichen mutet wie ein Gang durchs Schlaraffenland an – an schönen alten Fachwerkhäusern mit den typischen Altländer Prunktoren vorbei und unter Kirschbäumen entlang, deren Früchte zum Greifen nah sind...

Vor dem Hintergrund des Rathauses findet der Lüneburger Wochenmarkt statt (großes Bild links), der alles bietet, was das Umland an landwirtschaftlichen Produkten erzeugt. Um die oft einsam gelegenen alten Bauernhöfe Niedersachsens (Mitte rechts) schnattern die Gänseherden (oben rechts), und über die Heide ziehen die Schnucken (rechts unten), jene besondere Schafrasse dieses Landstrichs

Gänseschinken – bodengetrocknet

Gänsezucht wird in Niedersachsen besonders intensiv im Alten Land und im Oldenburgischen betrieben. Von hier kommen auch die frischen Prachtexemplare. Hervorragend schmecken die zartfleischigen Frühmastgänse. Sie werden bis zu 4000 Gramm schwer und reichen für sechs bis acht Personen. Die Oldenburger Gänse sind auch die Lieferanten für das würzig-milde Gänseschmalz, das man unbedingt probieren sollte. Und eine besondere Spezialität dieser „Gänsegegend“ ist der Gänseschinken.

**Gänsebrüste von 2 Frühmastgänsen (etwa 900 g), 4 TL Salz.
Für die Marinade: je 100 g Nelkenpfeffer (Piment) und Cayennepfeffer, 400 ml Himbeer- oder Portweinessig**

Die Gänsebrüste mit Salz einreiben und zwölf Stunden zugedeckt ziehen lassen. Für die Marinade die Gewürze mit Himbeer- oder Portweinessig verrühren. Die Gänsebrüste damit bestreichen. Dann die Brüste auf dem Boden oder in einem gut belüfteten Raum aufhängen und trocknen lassen. Nach sechs Wochen Trockenzeit die scharfe Marinade restlos entfernen.

Die fertigen Gänseschinken zum Servieren in hauchdünne Scheiben aufschneiden.

Bederkesaer Räucheraalsuppe

Bederkesa liegt im Elbe-Weser-Dreieck und ist von vier Seen – Überbleibsel aus der Eiszeit – umgeben. Der Aal gehört sowohl zu den Süß- als auch zu den Salzwasserfischen, denn er findet sich in zahlreichen Flüssen, in Seen und im Meer. Auch in den Seen rund um Bederkesa wird der Aal gefangen.

Etwa 250 g schwerer geräucherter Aal, ¾ l Fleischbrühe, 1 Bund Suppengrün (1 kleine Möhre, 1 kleine Stange Lauch, 1 Stück Sellerie, 1 Petersilienwurzel), 6 Eigelb, 250 g Schlagsahne (30 % Fett), 1 Bund Petersilie

Den Räucheraal von Kopf und Haut befreien, entgräten und in Stücke schneiden. Kopf, Haut und Gräten in der Fleischbrühe auskochen, die Aalstücke beiseite legen. Die Brühe durchseihen. Das Suppengrün kleinschneiden und in der Brühe garen. Dann die Aalstücke dazugeben. Eigelb und Sahne mit etwas heißer Brühe verrühren und die nicht mehr kochende Suppe damit legieren. Zum Schluß die gehackte Petersilie hinzufügen.

Die fertige Räucheraalsuppe in vorgewärmten Tassen oder Tellern servieren. Wer mag, kann noch zusätzlich eine Sahnehaube auf die Suppe setzen.

Hagebuttensuppe

Die Scheinfrüchte wildwachsender Rosen haben auch bisweilen andere Namen, wie „Hambutten", „Hahnebutten", „Apfelrosen", „Hiften" oder eben Hagebutten. Hagebutten sind sehr Vitamin-C-haltig. Ihr fruchtig-herzhafter Geschmack ist sehr erfrischend, und so ist diese Suppe vor allem im Sommer als Vorspeise oder auch als Zwischengang geeignet.

750 g Hagebutten, 1 unbehandelte Zitrone, 1 Vanillestange, 4 Zwiebäcke, 1 Prise Salz, 50 g Zucker, 2 Eier

Hagebutten von Stielen und Blüten befreien und entkernen. Zusammen mit der abgeriebenen Zitronenschale und dem ausgekratzten Vanillemark in 1¼ l Wasser aufsetzen und zugedeckt 90 Minuten köcheln lassen. Alles durch ein feines Sieb streichen, die Zwiebäcke hinzufügen und noch einige Minuten kochen lassen. Mit Salz und Zucker abschmecken. Die Eier trennen und das Eigelb unter die nicht mehr kochende Hagebuttenmasse ziehen.

Wasser in einem Topf erhitzen, das Eiweiß sehr steif schlagen; mit zwei Teelöffeln kleine Klößchen abstechen und auf das heiße Wasser setzen. Zugedeckt etwa fünf Minuten ziehen lassen. Die Eischneeklößchen herausheben, auf die Suppe geben und servieren.

Falls es keine frischen Hagebutten gibt, nimmt man 100 g getrocknete Hagebutten (aus dem Reformhaus) und übergießt sie mit derselben Menge heißen Wassers, läßt sie 20 Minuten ziehen und dann fünf Minuten kochen. Dann passiert man alles durch und bindet die Suppe mit den Zwiebäcken und dem Eigelb.

Suppe von Zuckerschoten mit frischen Krebsen

Zuckerschoten oder Zuckererbsen sind so zart, daß man sie im ganzen – also nicht ausgepult – zubereitet. Nur die Stielansätze müssen abgeschnitten werden. Sie sind ein herrliches Gemüse, das von Mai bis September Saison hat. Diese grüne Suppe ergibt in Verbindung mit den roséfarbenen Krebsen eine appetitliche Farbkomposition.

**400 g Zuckerschoten, ½ l Hühnerbrühe,
50 g Schlagsahne (30 % Fett),
4 EL (40 g) Butter, Salz,
frisch gemahlener weißer Pfeffer,
8 lebende Flußkrebse,
1 Prise Zucker, Dillsamen**

Die Zuckerschoten in der Hühnerbrühe etwa vier Minuten köcheln lassen. Dann das Ganze im Mixer pürieren und durch ein Sieb passieren. Die durchpassierten Schoten erneut erhitzen. Sahne, Butter und Gewürze hinzufügen. Die Krebse in kochendes, mit Salz, Zucker und Dillsamen gewürztes Wasser geben und zehn Minuten ziehen lassen. Die Krebse aus dem Wasser herausnehmen und abtropfen lassen, die Krebsschwänze vom Körper abtrennen. Das Krebsfleisch aus Scheren und Panzer lösen, in die Zuckerschotensuppe geben und kurz ziehen lassen. Die Suppe in Teller füllen und mit den Krebsschwänzen garniert servieren.

Göttinger Speckkuchen

Dieser Kuchen ist durch seine Einfachheit sowohl von den Zutaten als auch von der problemlosen Herstellung her so bestechend, daß man ihn ganz bestimmt nicht nur einmal ißt. Er eignet sich als deftige Vorspeise, aber noch eher als eine leckere Zwischenmahlzeit, zu der man dann aber einen guten, herben Weißwein servieren sollte.

1 Paket (300 g) Tiefkühl-Blätterteig, 125 g durchwachsener Speck, 2 mittelgroße Zwiebeln, 200 g saure Sahne (10 % Fett), 3 Eier, ½ EL Kümmel, Salz

Den Blätterteig auftauen lassen. Mit den Teigplatten die Hälfte eines angefeuchteten Backblechs auslegen. Warm stellen, festdrücken und die Ränder leicht hochziehen. Den Teigboden mit einer Gabel mehrmals einstechen. Speck und Zwiebeln sehr fein würfeln und in einer Pfanne glasig werden lassen, anschließend auf dem Teig verteilen. Saure Sahne, Eier und Gewürze miteinander verrühren und über den Belag gießen. In den vorgeheizten Backofen auf die mittlere Schiene stellen und bei 220 °C (Gasbackofen: Stufe 4) etwa eine halbe Stunde backen.

Lederne Jungs

Lederne Jungs – das sind die großen, dicken Bohnen, auch als Puff- oder Ackerbohnen bekannt, und ihren Namen verdanken sie ihrem lederartigen Aussehen, wenn sie gekocht sind. Das Gericht schmeckt hervorragend, und man ißt leicht und gern zu viel davon. Ein Verdauungsschnaps kann also danach niemals schaden – im Gegenteil!

100 g durchwachsener Speck, 1 mittelgroße Zwiebel, 400 g frische dicke Bohnenkerne (Puff- oder Ackerbohnen), 500 g Möhren, ¾ l Fleischbrühe, 1 Bund frisches Bohnenkraut, Salz, weißer Pfeffer

Den Speck und die Zwiebel fein würfeln, beides zusammen in einem Topf glasig rösten. Die dicken Bohnen und die geputzten und in kleine Stücke geschnittenen Möhren dazugeben. Mit heißer Fleischbrühe aufgießen und das Bohnenkraut obenauflegen. Das Ganze zugedeckt 25–30 Minuten bei mittlerer Hitze garen. Zum Schluß den Eintopf mit Salz und Pfeffer abschmecken.

Dazu reicht man Salzkartoffeln und ein kühles Bier.

Pökelfleisch in Rotweingelee mit Rosinen

Pökelfleisch gibt's sonst oft warm in Verbindung mit Meerrettich- oder Rosinensoße. Bei diesem Rezept hier handelt es sich aber um ein kaltes Gericht, um eine „Sülze" vornehmer Art.

750 g gepökelte Rinderbrust, 1 Zwiebel, 1 Bund Suppengrün (2 Möhren, 1 Stange Lauch, 1 Stück Sellerie, 1 Petersilienwurzel), 1 Lorbeerblatt, 1 Zweig Thymian, ¼ l Rotwein, je 5 Blatt rote und weiße Gelatine, 200 g Rosinen

Die Rinderbrust abspülen, zusammen mit der geschälten Zwiebel, dem geputzten, kleingeschnittenen Suppengrün und den Gewürzen in 1½ l Wasser und dem Rotwein aufsetzen. Etwa 90 Minuten bei kleiner Hitze gar kochen. Dann das Fleisch aus der Brühe nehmen und abkühlen lassen. Die Brühe durchseihen und etwa um die Hälfte einkochen lassen. Die Gelatine in kaltem Wasser einweichen, gut ausdrücken und in der heißen, aber nicht mehr kochenden Brühe auflösen. Das abgekühlte Fleisch in dünne Scheiben schneiden. In eine mit kaltem Wasser ausgespülte Porzellanform geben, zwischen die Fleischscheiben die heiß gewaschenen Rosinen streuen. Die gelatinehaltige Brühe darüber gießen, abkühlen und anschließend im Kühlschrank erstarren lassen.

Dazu reicht man Schwarzbrot mit Butter oder Bratkartoffeln.

Steinhuder-Meer-Aal mit Petersilien-wurzelsoße

Die Binnenseen, wie das Zwischenahner Meer, das Steinhuder Meer und der Dümmer See, waren einst sehr fischreiche Gewässer. Heute fischen nur noch wenige hier, sie aber ziehen ausgesprochene Fischdelikatessen aus dem feuchten Element. Und ein Aal aus dem Steinhuder Meer, ob geräuchert oder frisch, ist ein ganz besonderer Gaumenschmaus.

Etwa 1 kg schwerer Aal (enthäutet), ¼ l trockener Weißwein, 2 Schalotten, 1 Bund Petersilie, etwas Dill und Kerbel, 2 Lorbeerblätter, 8 weiße Pfefferkörner, ½ TL Salz, 1 TL Butter.
Für die Soße: 100 g Butter, 4 mittelgroße Petersilienwurzeln, 125 g Schlagsahne (30 % Fett), 2–3 Eigelb, 2 EL gehackte Petersilie, etwas Kerbel

Wein und ½ l Wasser mit allen Zutaten zehn Minuten aufkochen. Den Aal in etwa 5 cm lange Stücke schneiden, in die kochende Flüssigkeit geben und 10–15 Minuten gar ziehen lassen. Die Fischstücke herausnehmen und warm stellen. Den Sud durchseihen und zur Hälfte einkochen.

Für die Soße die Hälfte der Butter zerlassen. Die geputzten, kleingeschnittenen Petersilienwurzeln darin andünsten. Etwas Sud dazugeben und weitergaren, bis die Flüssigkeit verdampft ist. Dann heiß pürieren. Den eingekochten Sud hinzufügen. Die restliche Butter in Flöckchen einschlagen, Sahne und Eigelb unterheben. Nochmals aufkochen lassen. Petersilie und Kerbel einstreuen. Die Aalstücke auf einem Teller anrichten, die Soße drumherum gießen.

Als Beilage reicht man neue Kartoffeln und grünen Salat.

Sauerkrauttorte

Diese leckere Torte wurde um die Jahrhundertwende kreiert. Damals wie auch heute reicht man sie zu Wildgeflügel; aber selbstverständlich schmeckt sie auch ohne Zugabe. Dazu sollte dann ein trockener Weißwein serviert werden.

800 g Sauerkraut, ¼ l trockener Weißwein (Riesling), 200 g durchwachsener Speck, 1 Packung (300 g) Tiefkühl-Blätterteig, frisch gemahlener weißer Pfeffer, 1 Eigelb zum Bestreichen

Das Sauerkraut zusammen mit dem Weißwein und dem in dünne Scheiben geschnittenen Speck bei geringer Hitze 50 Minuten zugedeckt garen. Zehn Minuten vor Ende der Garzeit den Deckel abnehmen, damit die Flüssigkeit verdampft. Eine feuerfeste Form (Durchmesser: 26 cm) mit dem aufgetauten Blätterteig auslegen (2 Platten für den Boden, 2 Platten für den Deckel, 1 Platte für den Rand), indem man die Platten leicht rund ausrollt. Den Boden mehrere Male einstechen. Das abgetropfte Sauerkraut darüber verteilen. Mit Pfeffer bestreuen. Die Teigplatten als Deckel darüberlegen. An den Seiten leicht andrücken. Aus den Teigresten kleine Ornamente formen und auf den Deckel kleben. Auch den Deckel mehrmals mit der Gabel einstechen. Das Eigelb mit etwas Wasser verquirlen und die Oberseite der Torte damit bestreichen. In den vorgeheizten Backofen stellen und bei 220 °C (Gasbackofen: Stufe 4) etwa 30 Minuten backen.

Bremer Kükenragout

Stubenküken wurden früher in vergitterten Verschlägen unter den Sitzbänken der Vierländer Bauernhäuser aufgezogen. Und das Kükenragout wird seit 200 Jahren in und um Bremen herum zubereitet. Heute jedoch werden dafür keine Küken mehr geschlachtet.

1 Poularde (Masthahn), 500 g Kalbszunge, 250 g Kalbfleisch (Keule), 600 g Kalbsbries, 500 g Hähnchenbrustfilet, 200 g Krebsschwänze, 1 Bund Suppengrün (2 Möhren, 1 Stange Lauch, 1 Stück Sellerie, 1 Petersilienwurzel), 125 g Champignons, 125 g Spargelspitzen, 250 g Schlagsahne (30 % Fett), 1 Ei, Salz, weißer Pfeffer, Öl zum Braten.
Für die Soße: 4 EL (40 g) Butter, 2 EL (20 g) Krebsbutter, 60 g Mehl, ¾ l Hühner-Zungen-Brühe, Salz, 1 Zitrone, 3 EL Weißwein, 1 Prise Zucker, 1–2 Eigelb, 50 g Crème fraîche

Die Poularde und die Kalbszunge mit dem kleingeschnittenen Suppengrün in reichlich Salzwasser garen. Die Poularde anderweitig verwenden, die Zunge häuten, würfeln und mit etwas Brühe warm stellen. Das Kalbsbries mit kochendem Wasser übergießen, Äderchen und Haut entfernen. Zehn Minuten in die kochende Brühe geben und anschließend in Stücke schneiden und warm stellen. Die Hähnchenbrüste in Öl braten, ebenfalls warm stellen. Aus den angegebenen Zutaten eine Soße bereiten, würzen und mit in Crème fraîche verquirltem Eigelb legieren. Die Pilze und Spargelspitzen in der Soße garen. Das Kalbfleisch pürieren, Sahne und Ei zugeben und würzen, anschließend kalt stellen; kleine Klößchen formen und in heißer Brühe gar ziehen lassen. Alle Zutaten gut abgetropft mit den Krebsschwänzen und den in Streifen geschnittenen Hähnchenbrustfilets in die Soße geben.

Harzer Bachforelle mit Krebssoße

Forellen konnte man früher bei Spaziergängen in den Wiesenbächen „springen“ sehen; ebenso konnte man Kinder beobachten, die auf den kleinen und großen Steinen im Flußbett herumbalancierten und in etwas gebückter Haltung nach den Krebsen im Flußbett griffen. 20 bis 30 Krebse mit der Hand zu „ernten“ war keine seltene Kunst. Leider ist das heute nur noch eine Kindheitserinnerung.

4 (je 250 g schwere) Forellen, Salz, 1 Schuß Weißwein, 1 Bund Dill. Für die Krebssoße: 12 lebende Flußkrebse, Salz, 1 Bund Dill und Dillsamen, 3 EL (30 g) Butter, 3 EL Mehl, 1 gestrichener TL Fleischextrakt, ½ Zitrone, 60 g Schlagsahne (30 % Fett), Salz, weißer Pfeffer, 1 Prise Zucker

Die Forellen an Kopf und Schwanz zum Ring zusammenbinden. 1 l Wasser mit Salz, Dill und Wein aufsetzen und die Forellen darin 15 Minuten ziehen lassen; aus dem Sud nehmen und warm stellen. 3 l Wasser mit Salz, Dill und Dillsamen zum Kochen bringen, die Krebse hineingeben und 15 Minuten garen, dann herausnehmen und abkühlen lassen. Das Fleisch aus den Scheren und Schwänzen lösen, in grobe Stücke teilen, das Scherenfleisch ganz lassen. Die Krebsschalen in einem Mörser fein zerstoßen. Butter zerlassen und die Krebsschalen darin andünsten, bis sich die Butter rot färbt. Mehl zugeben, mit Krebssud auffüllen, aufkochen lassen und durch ein Sieb passieren. Den Fleischextrakt, Zitronensaft und Sahne dazugeben, würzen und das Krebsfleisch unterheben. Die Forellen auf vorgewärmten Tellern anrichten und die Soße darübergeben. Mit Dill garnieren und in Butter geschwenkte Kartoffeln dazu reichen.

Heidelamm-rücken mit Wirsing gefüllt

Heidelammrücken mit Wirsing gefüllt ist ein altes Rezept der Heidebewohner. Es wurde durch eine feine Pilzfüllung noch weiter veredelt.

1 Heidschnuckenrücken vom jungen Lamm, Salz, weißer Pfeffer, 1 kleiner Wirsingkohl, Kümmel, 50 g Öl, 1 Bund Suppengrün (2 Möhren, 1 Stange Lauch, 1 Stück Sellerie, 1 Petersilienwurzel), 1 Stengel Thymian, 2–3 Pimentkörner, 3 Wacholderbeeren, ⅛ l Rotwein, 50 g Crème fraîche.
Für die Füllung: 200 g Birkenpilze, je 150 g Edelreizker und Pfifferlinge, 2 Schalotten, 2 EL (20 g) Olivenöl, Salz, weißer Pfeffer, Muskatnuß, 250 g frisches Weißbrot, ⅛ l Milch, 2 Eigelb, 1 Bund Blattpetersilie

Den Heidschnuckenrücken von den Knochen lösen, mit Pfeffer und Salz würzen. Die Wirsingkohlblätter in Kümmelwasser blanchieren. Für die Füllung die blättrig geschnittenen Pilze und kleingeschnittenen Schalotten in Öl anbraten, mit Muskat, Pfeffer und Salz würzen und abkühlen lassen. Das Weißbrot zerkrümeln und darübergeben. Milch und Eigelb verrühren und alles erwärmen. Die Petersilie hacken und unterheben. Die Kohlblätter auf das Fleisch legen, die Füllung darauf verteilen. Das Fleisch aufrollen und zusammenbinden. In erhitztem Öl rundum anbraten, dann im Ofen bei 180 °C (Gasbackofen: Stufe 2) weitere 30 Minuten schmoren. Zwischendurch den Braten wenden. Dann herausnehmen und warm stellen. Das Fett abschöpfen, den Bratensatz mit Rotwein ablöschen und das zerkleinerte Suppengrün und die Gewürze dazugeben. Um etwa ein Drittel einkochen lassen, dann durch ein Sieb streichen. Den Thymianstengel entfernen, Crème fraîche einrühren.

Rehsteaks mit Kohlbeutelchen

Rehfleisch ist zart und fettarm. Darum wird das Fleisch bei der Zubereitung mit Speck eingewickelt. Rehfleisch von Ricken (weiblichen Rehen) gibt es frisch von September bis Ende Januar, das von Rehböcken von Mitte Mai bis Mitte Oktober. Und ansonsten kauft man es aus der Tiefkühltruhe.

4 Rehsteaks (je 125 g), Salz, je 1 Prise geriebene Muskatnuß, Nelkenpfeffer (Piment) und schwarzer Pfeffer, 4 EL (40 g) Butter, 4 Scheiben (etwa 150 g) durchwachsener Speck.
Für die Kohlbeutelchen:
je 1 kleiner Weiß-, Wirsing- und Rotkohl, 4 EL (40 g) Butter, 1 Zwiebel, 150 g gemischte Pilze (aus der Dose), 50 g gewürfelter durchwachsener Speck, 1 Ei, 50 g Schlagsahne (30 % Fett), Salz, weißer Pfeffer, ½–¾ l Fleischbrühe

Die Rehsteaks würzen und mit zerlassener Butter übergießen. Schlechte Außenblätter und Strünke der Kohlköpfe entfernen (Abfall). Die übrigen Blätter von den Köpfen lösen, in kochendem Salzwasser etwa fünf Minuten vorgaren, herausnehmen und nach Kohlsorten getrennt auslegen. Die übrigen Zutaten für die Kohlbeutelchen mischen, auf den einzelnen Blättern verteilen, zu Beutelchen zusammenfassen und oben mit Bindfaden umwickeln. Die verschnürten Kohlbeutelchen in einen Topf mit heißer Fleischbrühe setzen, so daß sie bis zur Hälfte mit Flüssigkeit bedeckt sind, und etwa 15 Minuten gar ziehen lassen. Die Rehsteaks mit den Speckscheiben umwickeln und von jeder Seite fünf Minuten braten. Warm stellen. Die erstarrte Butter der Steaks zu dem Bratensaft dazugeben, erhitzen und über die Kohlbeutelchen gießen.

Als Beilage reicht man Semmelknödel (Rezept siehe S. 138).

Warmes Matjesfilet mit Mandel-Kräuter-Soße

Mitte Mai bis Anfang Juni wird der Matjes in der nördlichen Nordsee, in den Gewässern Islands und an der Ostküste Schottlands gefangen. Matjes ist eigentlich ein Jungfernhering, das heißt, er ist noch nicht geschlechtsreif. Aber gerade in diesem Stadium schmeckt er besonders gut und ist sehr zart.

**100 g Butter, 8 Matjesfilets,
1 mittelgroße Zwiebel,
100 g Mandelblättchen,
400 g Schlagsahne (30 % Fett),
je 1 Bund Petersilie, Dill und Estragon,
30 g Kerbel, ½ Bund Schnittlauch**

Butter in einer Pfanne zerlassen und darin die Matjesfilets von beiden Seiten erwärmen. Auf eine Platte legen und warm halten. Die sehr fein gehackte Zwiebel und die Mandelblättchen in die geschmolzene Butter geben, Sahne einrühren und bis zur Hälfte einkochen. Die abgebrausten, trockengetupften Kräuter hacken und zum Schluß in die Soße geben. Die Matjesfilets anrichten und die Soße darübergeben.

Dazu reicht man Salzkartoffeln und grünen Salat mit Zitronenmarinade (aus 3 EL Öl, 1–2 EL Zitronensaft, 1 TL Salz, 1 Prise Zucker, 1 kleinen, feingehackten Zwiebel und frischen Kräutern).

DRY

Beutelwurst mit warmem Kartoffelsalat

Für die Beutelwurst verwendet man in manchen Gegenden Niedersachsens geschrotetes Roggenmehl, in anderen dagegen Weizenmehl. Beides schmeckt, aber welche von beiden Möglichkeiten individuell mehr Anklang findet, muß man ausprobieren.

Für die Beutelwurst: 2½ l Schweineblut (vom Schlachthof), 750 g Weizenmehl, 250 g fetter Speck, je 1 Prise weißer Pfeffer, Salz, Kreuzkümmel und Nelkenpfeffer (Piment), 1 Schweine- oder Plastikdarm, etwas Mehl, Öl zum Braten.
Für den Kartoffelsalat: 1½ kg Salatkartoffeln, Salz, weißer Pfeffer, 1 Prise Zucker, 5 EL Weinessig, 3–4 EL Öl, Petersilie, 1 Eigelb, 100 g Speck, 1 Zwiebel, etwas Öl zum Braten

Für die Beutelwurst Blut, Weizenmehl und gewürfelten Speck mit den Gewürzen mischen und in einen Darm füllen, zubinden. Dann in kochendes Wasser geben und etwa zwei Stunden ziehen lassen. Die Wurst herausnehmen und abkühlen lassen. Anschließend in Scheiben schneiden, die Scheiben in Mehl wenden und beidseitig braten.

Die Kartoffeln in der Schale garen, pellen und in Scheiben schneiden. Lagenweise mit Pfeffer, Salz und Zucker in eine Schüssel schichten, mit 3 EL Essig beträufeln und alles im warmen Wasserbad etwa eine halbe Stunde ziehen lassen. Speck- und Zwiebelwürfel in Öl anbraten, zusammen mit dem restlichen Essig und Öl, gehackter Petersilie und dem verquirlten Eigelb zu den Kartoffeln geben. Den Kartoffelsalat gut durchmischen und auftragen.

Schinken im Heu

Dieses außergewöhnliche Rezept ist gar nicht schwer zuzubereiten. Irgendwoher muß man sich nur Heu besorgen, sei es aus einem in der Nähe gelegenen Reitstall oder vom Bauern.

300 g Heu, ½ Zweig frischer Thymian, 1 Lorbeerblatt, einige Nelken, 8 schwarze Pfefferkörner, 2 Wacholderbeeren, 1 kg leicht gepökelter Schinken (Oberschale), 2 Bund Frühlingszwiebeln, 1 Prise Salz, 4 EL (40 g) Butter

Das Heu in einen Topf geben und 2–3 cm hoch mit Wasser bedecken. Die Gewürze darüber verteilen und alles aufkochen. Den Schinken drauflegen und im geschlossenen Topf bei kleiner Hitze etwa eine Stunde ziehen lassen. Dabei nicht den Deckel vom Topf entfernen. Den Schinken herausnehmen und in Scheiben schneiden. Das Heu auf eine Platte legen und die Schinkenscheiben darauf anrichten. Warm stellen.

Die Frühlingszwiebeln putzen, 2 cm Grün dranlassen, in kochendes, leicht gesalzenes Wasser geben und kurz ziehen lassen (blanchieren). Abgetropft in die zerlassene Butter geben, mit etwas Blanchierflüssigkeit auffüllen und drei Minuten darin dünsten. Dann herausnehmen und zu den Schinkenscheiben geben. Sofort servieren.

Als Beilage reicht man Salzkartoffeln.

Pannenslag

Das ist ein scharf gewürzter Wurstbrei, von dem man einen „Slag" voll in die Pfanne gibt, um ihn dann schön braun zu braten. In der Gegend um Hannover wird Pannenslag oder Pannslag während der Schlachtzeit zubereitet. Dazu ißt man Senf-, Pfeffer- oder Gewürzgurken und trinkt viele „lüttje Lagen" – ein kombiniertes Getränk aus Kornschnaps und einem kleinen Glas Bier. Beide Gläser werden in einer Hand so gehalten, daß man beide Getränke zugleich in einem Zug leeren kann.

250 g Grütze, 2 l Fleisch- oder Wurstbrühe (vom Schlachter), je 500 g Schweinekopf und fleischige Rippen, je 1 Schweineherz und -hirn, 10 weiße Pfefferkörner, Salz, 1 TL Majoran, 1 Messerspitze Nelkenpfeffer (Piment), 4 mittelgroße Zwiebeln, Öl zum Braten

Die Grütze in heißer Brühe gut ausquellen lassen. Kopf- und Rippenfleisch von den Knochen lösen und kleinschneiden. Gesäubertes Herz und Hirn ebenfalls kleinwürfeln und mit dem kleingeschnittenen Fleisch, den Gewürzen und gewürfelten Zwiebeln in den Grützbrei geben. Gut, aber vorsichtig durchkochen lassen. Oft umrühren! Etwas Öl in einer Pfanne erhitzen, von dem Brei einen „Slag", also eine Schöpfkelle voll, in die Pfanne geben und braun braten.

Buchweizen-Apfel-Pfannkuchen

Buchweizen oder Heidekorn ist ein anspruchsloses Knöterichgewächs, das eine Höhe von 60 Zentimetern erreicht. Aus den Dreikantsamen wird außer Mehl auch Buchweizengrütze hergestellt. Das folgende Gericht ist eine gelungene Geschmackskombination aus gebackenem Buchweizenpfannkuchen mit Fruchtigem in Form des Apfels. Und über den kulinarischen Aspekt hinaus wirken sie auch optisch sehr reizvoll.

500 g Äpfel, 200 g Buchweizenmehl, ½ l Milch, 1 EL Kaffeepulver, Öl zum Backen

Die Äpfel schälen, vierteln, vom Kerngehäuse befreien und in dünne Spalten schneiden. Das Buchweizenmehl mit Milch und Kaffeepulver verrühren und drei Stunden ruhenlassen. Öl in einer Pfanne erhitzen, eßlöffelweise Teig hineingeben und jede Portion mit Apfelspalten belegen. Auf diese Weise handtellergroße Pfannkuchen backen.

Die Pfannkuchen mit Zucker und Zimt bestreuen und noch warm servieren.

Schmandkuchen

Schmand heißt hier soviel wie saure Sahne, allerdings mit einem weit höheren Fettgehalt.

Für den Teig: 500 g Mehl, 40 g (1 Würfel) Hefe, ⅛–¼ l Milch, 125 g Zucker, 2 Eier, ½ TL Salz, 125 g Margarine.
Für den Belag: 1½ l Milch, 125 g Grieß, 75 g Zucker, 1 Päckchen Vanillepuddingpulver, 6 Eier, 1 Päckchen Vanillinzucker, 500 g Schmand

Aus den Teigzutaten einen Hefeteig herstellen (Anleitung siehe S. 50). Auf einem gefetteten Blech auswellen. Aus 1 l Milch, 50 g Zucker und Grieß einen Brei, aus der übrigen Milch, Zucker und Puddingpulver einen Pudding kochen, beides vermischen. 4 Eier trennen, Eigelb, Eischnee und Vanillinzucker unter die Masse heben, auf dem Teig verteilen. 2 Eier trennen, Eigelb, Eischnee und Schmand vermischen und darübergeben. Bei 200 °C (Gasbackofen: Stufe 4) 35–40 Minuten backen.

Errötendes Mädchen

Auch „Errötende Jungfrau“ wird dieses „Mädchen“ genannt. Es handelt sich um eine Buttermilchspeise, die – lange genug gekühlt – sehr erfrischend ist.

12 Blatt rote Gelatine, 1 l Buttermilch, 1 Päckchen Vanillinzucker, 90 g Zucker. Für die Soße: ½ l Milch, 2 EL Zucker, 20 g (1 Päckchen) Vanillesoßenpulver

Gelatine in kaltem Wasser einweichen. Buttermilch mit Vanillinzucker und Zucker erhitzen (nicht kochen!). Den Topf von der Kochstelle nehmen und die gut ausgedrückte Gelatine darin auflösen. Abkühlen lassen. Kurz vor dem Gelieren noch einmal umrühren. In eine große Glasschüssel oder mehrere kleine Portionsschälchen füllen und erstarren lassen. Dazu reicht man Vanillesoße, die aus Milch, Zucker und Vanillesoßenpulver nach der Packungsanleitung zubereitet wird.

Statt Vanillesoße kann man auch kalte flüssige Sahne dazu reichen.

Parfait von Heideblütenhonig

Ein Parfait ist nicht erst eine Erfindung der Nouvelle cuisine, diese Art der Dessertzubereitung kannte man schon vor 100 Jahren. Und Honig aus der Heide gab es auch schon immer.

2 Eier, 3 Eigelb, 100 g Heideblütenhonig, 500 g Schlagsahne (30 % Fett), 4 Scheiben (etwa 200 g) Schwarzbrot, 50 ml Pomeranzenlikör. Für die Soße: 200 g Schlagsahne (30 % Fett), 1 Päckchen Vanillinzucker, 1 Schnapsglas (20 ml) Pomeranzenlikör

Eier, Eigelb und Honig im heißen Wasserbad zu einer dicken Creme rühren. Die Sahne steif schlagen, zusammen mit feingeriebenem Schwarzbrot und Pomeranzenlikör unterziehen. Die Masse in eine Kastenform füllen und etwa zwölf Stunden gefrieren lassen. Zum Anrichten Sahne, Vanillinzucker und Pomeranzenlikör verrühren und auf einem Dessertteller einen Spiegel gießen. Jeweils eine Scheibe Parfait darauflegen.

Sietländer Hochzeitssuppe

Im Sietland zwischen Bederkesa und Otterndorf ist es heute noch Tradition, bei großen Bauernhochzeiten diese Suppe als Hauptgericht zu reichen.

2 kg Rindfleisch, Salz, 3 Stangen Lauch, 3 Möhren, ½ Sellerieknolle, 4 Zwiebeln, 2 Lorbeerblätter.
Für die Fleischklößchen: 1 kg Rinderhackfleisch, 2 altbackene Brötchen, 2 Eier, Salz, weißer Pfeffer, Muskat

Das Fleisch mit dem kleingeschnittenen Gemüse und den Lorbeerblättern in 3 l Salzwasser gut zwei Stunden kochen. Das Hackfleisch mit den eingeweichten Brötchen und den übrigen Zutaten mischen, Klößchen formen und in der kochenden Brühe fünf Minuten ziehen lassen. Das Rindfleisch aufschneiden und gesondert dazu reichen.

Ammerländer Mockturtle

„Tanz, Stimmung, Mockturtle" – das war einst an den ländlichen Saalbetrieben als Versprechen für einen gelungenen Ausflug zu lesen. Und das besagt eigentlich schon alles.

Je 200 g Schweinefleisch, Rindfleisch und Rinderherz, 2 EL Öl, 1 Bund Suppengrün (2 Möhren, 1 Stück Sellerie, 1 Stange Lauch), 100 g Champignons oder Pfifferlinge, 100 g Butter, 150 g Mehl, Salz, frisch gemahlener weißer Pfeffer, 1 Schuß Sherry oder Rotwein.
Für die Klößchen: 200 g Rinderhackfleisch, 1 altbackenes Brötchen, Pfeffer, Salz

Das Fleisch würfeln, das Herz in Streifen schneiden, beides in Öl kurz anbraten. Mit 2 l Salzwasser auffüllen und das kleingeschnittene Suppengrün dazugeben. Etwa 90 Minuten garen. Das Fleisch herausnehmen, die Brühe durch ein Sieb geben. Aus den Klößchenzutaten einen Hackfleischteig kneten, Klößchen formen und in der Brühe gar ziehen lassen. Das Fleisch und die Pilze dazugeben, aufkochen lassen. Aus Butter und Mehl eine helle Mehlschwitze herstellen, in die Brühe geben, aufkochen lassen. Mit Pfeffer und Salz sowie Sherry oder Rotwein abschmecken.

Heringe mit Speckstippe

Dieses Gericht schmeckt besonders in der Zeit von Juli bis Dezember, denn dann werden die Heringe frisch angelandet und schmecken am besten.

4–6 mittelgroße Salzheringe, 200 g durchwachsener Speck.
Für die Marinade: 2–3 mittelgroße Zwiebeln, 6 Wacholderbeeren, ½ TL Senfkörner, 2 Pimentkörner, ⅛ l Essig

Für die Marinade die Zwiebeln in Ringe schneiden und mit allen Zutaten in ¼ l Wasser aufkochen. Abkühlen lassen. Dann lagenweise die geputzten Heringe und die Zwiebeln in einen Steinguttopf schichten. Die Marinade darübergießen. Zugedeckt zwei bis drei Tage durchziehen lassen. Speck in Würfel schneiden und auslassen. Zusammen mit den Heringen und frisch gekochten Pellkartoffeln anrichten.

Knipp

Das ist eine weiche Grützwurst, die besonders gut zu Bratkartoffeln paßt.

1 kg Graupen, 4 l Fleischbrühe, 800 g Rinderleber, etwas Öl zum Braten, 300 g mageres Schweinefleisch, 500 g geräucherte Speckschwarten, Salz, weißer Pfeffer, 1 kräftige Prise Nelkenpfeffer (Piment)

Graupen in 2 l heißer Brühe aufkochen und ausquellen lassen. Die Leber würfeln, in etwas Öl anbraten, das gewürfelte Fleisch und die Schwarten hinzufügen, mit etwas Wasser gar schmoren. Dann durch den Fleischwolf drehen, die Masse unter die Graupen rühren und würzen. In einen Leinenbeutel füllen und in 2 l Brühe zwei Stunden ziehen lassen. Den Beutel entfernen und die Grützwurst in der Pfanne braten.

Prilleken

(etwa 50 Stück)

Dieses Fastnachtsgebäck ist besonders in der Braunschweiger Gegend sehr beliebt.

500 g Mehl, 40 g (1 Würfel) Hefe, 100 g Zucker, knapp ¼ l Milch, 1 unbehandelte Zitrone, 1 Prise Salz, 80 g Butter, Öl zum Ausbacken und Zucker zum Bestreuen

Etwas Mehl, 2 TL Zucker, etwas lauwarme Milch und zerbröckelte Hefe verrühren und 30 Minuten gehen lassen. Mehl, Zucker, Milch, Salz, abgeriebene Zitronenschale und Butter dazugeben und durcharbeiten. Aus dem Teig Bällchen formen, platt drücken und auf einem bemehlten Brett 30 Minuten gehen lassen. Das Öl in einem Fettopf erhitzen und die Prilleken goldbraun ausbacken. Herausnehmen, abtropfen lassen und sofort mit Zucker bestreuen. Möglichst heiß servieren.

Welfencreme

Die Welfen gehören mit zu den ältesten Herrschergeschlechtern Deutschlands. Seit Heinrich dem Löwen ist der welfische Löwe das Wappentier zwischen Elbe und Weser. Und die Hausfarben der Welfen sind gelb und weiß wie bei dieser Süßspeise.

½ l Milch, 4 EL Zucker, 1 Päckchen Vanillinzucker, 1 Prise Salz, gut 4 EL Speisestärke, 4 Eiweiß.
Für die Weinschaumsoße: 4 Eigelb, 80 g Zucker, ¼ l Weißwein, 1 EL Zitronensaft, 1 EL Speisestärke, etwas abgeriebene Zitronenschale

Dreiviertel der Milch mit Zucker, Vanillinzucker und einer Prise Salz in einem Topf aufkochen. Speisestärke mit der restlichen Milch verquirlen und in die kochende Milch rühren. Unter ständigem Rühren aufkochen lassen. Den Topf vom Herd nehmen und das steifgeschlagene Eiweiß unterheben. Kleine Schälchen zur Hälfte mit dem Flammeri füllen und abkühlen lassen. Für die Soße alle Zutaten miteinander verrühren und bei kleiner Hitze in einem hohen Topf so lange schlagen, bis die Masse aufsteigt und schaumig-dicklich wird. Die warme Soße über die abgekühlte Speise geben.

Breite Sand- und Schlickwatten, die in ewigem Rhythmus überflutet werden und wieder aus dem Wasser auftauchen, niedriges Marschland und sandige Geest, Dünengebirge und Flugsand, Priele, in denen das gezeitenbewegte Wasser zirkuliert, vor der Küste die graue Nordsee und über dem Ganzen ein meist trüber Himmel: das sind die Elemente einer Landschaft, die der Friese seine Heimat nennt

Friesland

„Grüner Kohl vor der Fastnacht, weißer danach." Auf diese Formel bringen viele die Küche der Friesen, zu Unrecht, denn die Küche des Nordens bietet durchaus sehr viel Abwechslung. Im Westen sorgte die Nähe Hollands dafür, daß Käse und Quark auf den Speiseplan der friesischen Hausfrau gelangten, mit den Dänen verbindet das Volk von der Waterkant seine Vorliebe für alles Süß-Saure und die Freude an Grützen und Fruchtsuppen, und schließlich hat auch die mecklenburgische und pommersche Küche den Geschmack der Friesen beeinflußt. Aber auch aus weit entfernt liegenden Ländern haben die Friesen so manche kulinarische Anregung aufgenommen, die über die Hanse- und Handelsstädte Hamburg, Bremen, Lübeck, Kiel und Flensburg hier in den Norden Deutschlands kam.

Doch abgesehen von diesen vielfältigen Einflüssen auf die friesische Küche, typisches Merkmal ist ihre Vorliebe für marinierten Fisch und für gepökeltes Fleisch. Und zwei besondere Delikatessen dieses Landstrichs sind der Katenschinken und die Katenwurst, die beide ihren Namen der Tatsache verdanken, daß sie früher im Rauchfang der Bauernkaten geräuchert wurden. Der Kenner weiß, daß Katenschinken in dicke Scheiben geschnitten werden muß und mit etwas Pfeffer bestreut wird; Schwarzbrot gehört dazu sowie ein, zwei Gläschen Klarer und ein wohltemperiertes Bier.

Überhaupt sind die Klaren bei den Friesen sehr beliebt, und als Fremder sollte man sich hüten, es in dieser Beziehung mit ihnen aufnehmen zu wollen. Da die Trinkfreudigkeit der

Friesen in früheren Zeiten den Obrigkeiten ein Dorn im Auge war, suchte man nach einem Ersatz für die „flüssige Volksnahrung" und hoffte, ihn mit der Einführung des Tees im 17. Jahrhundert gefunden zu haben. War dieses Getränk auch zunächst sündhaft teuer, so setzte es sich doch im folgenden Jahrhundert zunehmend durch und wurde zum Volksgetränk.

Zubereitet wird der Tee in Friesland wie in England. Der zuvor aufgegossene Tee wird nicht weggeschüttet, sondern man gibt neuen Tee zu und füllt mit frischem, kochendem Wasser auf. In die Teetasse kommt Kandiszucker, der „Kluntje", der mit hörbarem Knistern zerspringt, wenn der heiße Tee darüber gegossen wird. Anschließend legt man mit einem flachen Schöpflöffel, dem „Melkleepel", reine Sahne ringförmig auf den „Teespiegel", so daß ein Wölkchen entsteht. Genießer rühren den Tee nicht um, sondern trinken ihn stufenweise: erst das reine Teearoma, dann die Harmonie von Tee und Sahne und zum Schluß die Süße des fast geschmolzenen Kandis.

Der Siegeszug des Tees aber konnte die Vorliebe der Friesen für alkoholische Getränke nicht aufheben, im Gegenteil: Sie merkten sehr schnell, daß Tee und Rum genauso gut zusammenpassen wie Bier und Klarer.

Und dennoch: „Ein ernstes, stilles und gutes Volk, langsam im Denken, aber klugen Sinnes, bedächtig im Handeln, doch von zähem Mute, dem Neuen abhold, doch gesundem Fortschritt sich anpassend, ein Volk, das sein kernhaftes Wesen hinter kalten Augen und geschlossenen Lippen verbirgt." So beschrieb Hermann Löns die Friesen, deren Wohngebiet sich zwischen der Rheinmündung im Süden und der Stadt Ripen an der jütländischen Küste Dänemarks im Norden erstreckt. Auffallend ist, daß das Friesentum immer unmittelbar mit der Küste und dem küstennahen Vorland verbunden war; wie es Pflanzen und Tiere gibt, die nur in der Nähe des Meeres gedeihen, so brauchen auch die Friesen offenbar die Salzluft der Küste und den Wind zum Atmen.

Charakteristisch für die Friesenhäuser wie hier in Klintum auf Föhr (großes Bild oben) sind der Giebel in der Mitte der Längsseite und die weit herabgezogenen Reetdächer. Doch weder die Sommerstimmung noch das romantische Bild des auslaufenden Krabbenkutters (unten links) können darüber hinwegtäuschen, daß die unberechenbare See Leben und Gesichter der Friesen prägt (unten rechts)

Entsprechend dem Charakter des Landes und seiner Bewohner war und ist die friesische Küche gewiß keine raffinierte Küche, sondern hält sich an das Bodenständige, das dort Gewachsene oder im Meer Gefangene. Das rauhe Klima verlangt eine derbe und handfeste Kost: viel Speck, viel Schweinefleisch, viel Kartoffeln, Bohnen, Eintöpfe verschiedenster Art und Fisch in allen Variationen, Räucheraal und Gänsebrust, Mehlbeutel und rote Grütze, klarer Schnaps und Rumgrog – das alles umfaßt die Küche der Waterkant. Es ist mehr oder weniger Bauernland, dieses Land am Meer, bis auf die drei Hansestädte, in denen der Duft der weiten Welt weht, der hier auch kulinarisch seine Spuren hinterlassen hat.

Doch trotz des immerwährenden Kampfes mit dem „blanken Hans", wie hier die Nordsee genannt wird, trotz des rauhen Klimas und der oft kargen Erträge, Kinder von Traurigkeit sind die Friesen nicht. Das beweisen eindringlich die ausgelassenen und feuchtfröhlichen Feste, die hier im Norden gefeiert werden. Anlässe gibt es genug, und wenn es mal losgeht, dann aber richtig. Denn das meist recht einsame Leben in den abgelegenen Dörfern gibt den ausgelassenen Feierlichkeiten einen ganz anderen Stellenwert: Wochenlang vorher schon freut man sich auf ein Fest, bis ins Detail wird alles vorbereitet.

Zum Schluß sei der Fremde, der nach Friesland kommt, noch aufmerksam gemacht auf eine besondere Sitte dieses Landstrichs, auf die Sitte des „Nötigens". Sie ist eine alte Höflichkeitsform zwischen Gast und Gastgeber, die manchmal nicht ohne erzieherischen Wert ist. Das Nötigen geht folgendermaßen vor sich: Mit freundlichen Worten bittet der Gastgeber zu Tisch, doch dreimal muß der Gast diese Bitte dankend abschlagen, auch wenn er einen Bärenhunger verspürt. Erst nach der vierten Einladung des Gastgebers darf der Gast zugreifen. Schon manchen Hungrigen hat diese Sitte in arge Bedrängnis gebracht, denn der Gastgeber könnte ihn ja beim Wort nehmen – doch keine Angst: Bei aller Verschlossenheit, die Friesen sind ausgesprochen gastfreundlich!

Bekannt ist die Liebe der Ostfriesen zum Tee, und die Zusammensetzung der ostfriesischen Teemischung ist eines der bestgehüteten Geheimnisse. Und die Teestunde wird in Friesland geradezu zelebriert. Einladend wie diese Bauernstube (großes Bild links) wirken bereits die oft wunderschön gestalteten und bemalten Eingangstüren der Friesenhäuser, wie hier in Keitum und Wenningstedt auf Sylt (rechts)

Miesmuscheln nach friesischer Art

Die Miesmuschel, auch Pfahlmuschel genannt, ist die wichtigste eßbare Muschelart, die an den nordeuropäischen Küsten vorkommt. Bereits im 13. Jahrhundert stellten französische Fischer fest, daß Miesmuscheln an Holzpflöcken besser gedeihen als auf dem Meeresboden, und legten die ersten Muschelkulturen an. Die „Auster des kleinen Mannes" wird heute insbesondere an den Küsten Nordfrankreichs, der Niederlande und Ostfrieslands kultiviert.

4 kg Miesmuscheln, 1 Bund Suppengrün (2 Möhren, 1 Stück Sellerie, 1 Stange Lauch, 1 Petersilienwurzel), 4 EL (40 g) Butter, 2–3 Zwiebeln, 10 Pfefferkörner, 1 Prise Salz, ½ l herber Weißwein

Die frischen, geschlossenen Muscheln unter kaltem, fließendem Wasser gründlich waschen und bürsten und die Bartfäden sorgfältig entfernen. Dann einen Sud aus kleingeschnittenem Suppengrün, zerlassener Butter, Zwiebelringen, Pfefferkörnern, Salz und Weißwein etwa 10–15 Minuten vorkochen. Die Muscheln und so viel Wasser hinzufügen, daß die Muscheln gut bedeckt sind, und sechs Minuten bei starker Hitze kochen lassen. Die Muscheln mit einem Schaumlöffel aus dem Sud herausheben und heiß servieren.

Zu den Muscheln ißt man Schwarzbrot mit Butter.

Noch ein Tip: Sollte die eine oder andere Muschel nach dem Kochen noch geschlossen sein, so lasse man sie liegen, denn sie könnte nicht in Ordnung sein.

WATTENLÄUPER
35 VOL.%

Greetsieler Krabbensuppe

Der kleine malerische Krabbenhafen Greetsiel war einst für die Entwicklung Ostfrieslands von großer Bedeutung: Hier stand die Stammburg des Häuptlingsgeschlechts der Cirksena, hier wurde auch Edzard der Große, der wohl bedeutendste Herrscher dieses Geschlechts, geboren, unter dessen Regentschaft Ostfriesland im frühen 16. Jahrhundert seine größte Ausdehnung erreichte.

750 g Kartoffeln, 1 Bund Suppengrün (2 Möhren, 1 Stück Sellerie, 1 Stange Lauch), 1 Prise Salz, 1 EL gehackte Petersilie, 4 EL (40 g) Butter oder 125 g Schlagsahne (30 % Fett), 125–200 g Speck, 150–200 g frische Nordseekrabben (oder notfalls tiefgefroren oder aus der Konserve)

Die Kartoffeln schälen, in kleine Stücke schneiden und zusammen mit dem ebenfalls kleingeschnittenen Suppengrün in etwa 1½ l Wasser zum Kochen aufsetzen. Wenn die Kartoffeln und das Gemüse gar sind, das Ganze durch ein Sieb streichen, mit Salz und Petersilie sowie der Butter oder Sahne abschmecken. Dann den Speck in Würfel schneiden, kurz anbraten und zum Schluß zusammen mit den Nordseekrabben in die heiße Suppe geben.

Hamburger Aalsuppe

Aal muß darin sein, geräuchert oder gekocht und natürlich abgezogen und gehäutet. Was aber ansonsten die echte Hamburger Aalsuppe ausmacht, dieses köstliche Gemenge aus Süß und Sauer, ist umstritten. Hier ein Vorschlag:

500 g Schinkenknochen („mit noch etwas dran"), 1 Bund Suppengrün (2 Möhren, 1 Stück Sellerie, 1 Stange Lauch), 1 Zwiebel, 100 g Dörrpflaumen, 200 g kleine Birnen, 4 EL Mehl, 250 g grüner (frischer) Aal oder 250 g Räucheraal, frische Kräuter wie Petersilie, Majoran, Salbei, Rosmarin, Basilikum und Thymian, 1 Prise Salz, 1 Prise Zucker, 1 Schuß Weinessig

Zunächst die Schinkenknochen mit 2 l Wasser aufsetzen und etwa 1½ Stunden köcheln lassen. Dann die Brühe durchseihen. Das kleingeschnittene Suppengrün, die grobgehackte Zwiebel, die Dörrpflaumen und die geschälten Birnen im Stück in der Brühe gar ziehen lassen. Das Ganze mit in kaltem Wasser angerührtem Mehl binden. Den Aal von Haut und Gräten befreien, in etwa 4 cm große Stücke schneiden und zusammen mit den grobgehackten Kräutern der Suppe hinzufügen, noch weitere zehn Minuten kochen lassen und mit Salz, Zucker und Essig abschmekken. Je nach Belieben kann man der Suppe auch noch Fleischklößchen (Rezept siehe S. 442) hinzufügen.

Die Hamburger Aalsuppe sollte sehr heiß serviert und gegessen werden. Da ihre Zubereitung sehr aufwendig ist, sollte man Freunde einladen und die Mengen dann entsprechend bestimmen.

Biersuppe mit Brot

„Die Frauen Frieslands sind schön, zum Teil aber dem Trunk ergeben und oft sogar schwer berauscht von dem Hamburger Bier, einem Getränk, das wie kein zweites in Deutschland durch seine süße Schwere die Sinne umnebeln kann. In Ostfriesland wird jährlich eine große Menge dieses Biers verbraucht, zum Vorteil der Stadt Hamburg und der Steuereinkünfte der Grafen von Ostfriesland, aber zum größten Nachteil der Friesen selber, die einen guten Teil ihres Vermögens darin vertun und sich dabei im Rausch noch gegenseitig totschlagen." Dieses um 1530 gefällte Urteil über die Trunksucht der Friesen trifft heute sicher nicht mehr zu, auch wenn die Biersuppe bei den Bauern bereits frühmorgens gegessen wird. Insbesondere bei kaltem Wetter ist sie ein ideales Stärkungsmittel und wärmt von innen.

2 l dunkles Bier, 250 g Brot, 1 Ei, Zucker nach Geschmack, 1 Prise Salz

Das Bier in eine Schüssel gießen, das Brot dazugeben und weichen lassen. Anschließend das Ganze durch ein Sieb streichen, zum Kochen aufsetzen und nach dem Aufkochen vom Feuer nehmen. Das Ei aufschlagen, mit dem Zucker verrühren und in die Biersuppe geben. Man kann nun noch alles mit einer Prise Salz und wenn nötig mit Zucker abschmecken.

Gebratene und eingelegte Heringe

Schon Bismarck schwärmte: „Wäre der Hering so selten wie Kaviar, würde man ihn als feinsten Leckerbissen gelten lassen.“ Der Eiserne Kanzler hatte recht: Was früher noch als Arme-Leute-Essen galt, ist heute zur Delikatesse geworden. Und das nicht nur, weil der Hering inzwischen teuer und selten geworden ist. Man hat auch das erkannt, was Bismarck schon lange wußte: Er ist ein echter Leckerbissen.

1 kg Heringe, 1 Zitrone, Salz, Mehl, 4 EL (40 g) Öl.
Für die Marinade: ¼ l Essig, 2 Zwiebeln, 1 TL Salz

Die Heringe ausnehmen, schuppen, von Kopf und Schwanz befreien. Gegen die Rückengräte von der Innenseite mit dem Daumen, von außen mit dem Zeigefinger kräftig drücken. Die Gräte auf einmal herausziehen. Die Heringe unter fließendem Wasser waschen, abtupfen, mit Zitronensaft säuern und mit Salz bestreuen. Durch Mehl ziehen und dann in siedend heißes Öl geben. Von beiden Seiten je etwa fünf Minuten braun und gar braten.

In der Zwischenzeit die Marinade aus ¾ l Wasser, dem Essig und den in Scheiben geschnittenen Zwiebeln herstellen. Darunter einen Teelöffel Salz rühren. Die abgekühlten Fische in eine Steingut- oder Porzellanschüssel geben und mit der Marinade übergießen. Mindestens einen Tag stehenlassen.

Die gebratenen und eingelegten Heringe mit gut in Fett geschwenkten Bratkartoffeln servieren.

Groter Heini

Dieses bis heute beliebte Sommergericht wird dann am liebsten gegessen, wenn vom Schinken noch größere Stücke übrig, die Bohnen gerade reif und die Birnen noch eben fest genug sind. Groter Heini – auch „Birnen, Bohnen und Speck“ genannt – ist ein saftiges, aromatisches und deftiges Gericht, das den bäuerlichen Charakter der friesischen Küche unterstreicht. Mit den Worten: „Un denn gifft dat Groten Heini“ soll dieses Gericht früher schon Tage zuvor angekündigt worden sein, damit jeder die Vorfreude genießen und sich auf dieses kulinarische Fest einstellen konnte.

**500 g durchwachsener Speck,
750 g Brechbohnen, 500 g Kochbirnen,
3 EL Mehl, Salz, Pfeffer,
½ Bund Petersilie**

Den durchwachsenen Speck in 2 l Wasser legen und etwa eine halbe Stunde kochen lassen. Die Brechbohnen hinzufügen und das Ganze weitere 15 Minuten kochen. Die geschälten Kochbirnen von der Blüte befreien, in den Topf geben und nochmals eine halbe Stunde garen lassen. Mit dem in kaltem Wasser angerührten Mehl die Flüssigkeit binden und mit Salz und Pfeffer abschmecken. Zum Schluß den Speck herausnehmen und in Scheiben schneiden. Die Brühe mit den Birnen und den Bohnen zum Schluß mit feingehackter Petersilie bestreuen.

Als Beilage zum Groten Heini reicht man Salzkartoffeln.

Hammelfleisch mit Bohnen

Daß die Friesen gern einen Korn und ein Bier – in der Landessprache „Lütt' un' Lütt'" genannt – trinken, ist unbestritten, und jeder, der einmal an die Waterkant kommt und dort mit einem Einheimischen ein Gläschen trinkt, wird diese landläufige Meinung bestätigt finden. Diese Vorliebe der Menschen aus dem hohen Norden hat aber auch ihren Grund: Es kommen in Friesland viele Gerichte auf den Tisch, zu denen nicht nur ein Bier und ein Korn getrunken werden kann, sondern geradezu getrunken werden muß. Und dies gilt auch für Hammelfleisch mit Bohnen, ein deftiges, aber dennoch hochsommerliches Gericht.

500 g Hammelfleisch, 500 g Kartoffeln, 1 kg Bohnen, feingehacktes Bohnenkraut, Salz, Pfeffer, 1 Prise Muskat, 1 Bund Petersilie

Das Hammelfleisch in etwa 2 l kochendes Wasser geben und eine Stunde garen. Dann die geschälten und gewürfelten Kartoffeln dazugeben und 20 Minuten mitkochen lassen, fünf Minuten später die Bohnen (etwa 15 Minuten Garzeit) und das Bohnenkraut hinzufügen. Wenn alle Zutaten gar sind, das Hammelfleisch aus dem Topf nehmen und würfeln. Anschließend nochmals zusammen mit den Kartoffeln und Bohnen kurz aufkochen. Mit Salz, Pfeffer und etwas Muskat würzen. Vor dem Servieren den Eintopf mit gehackter Petersilie bestreuen.

Labskaus

Labskaus ist ein typisches Seemannsgericht, das aus der großen Zeit der Windjammer stammt. Diese stolzen Schiffe hatten keinerlei Kühlanlagen an Bord. Daher konnten sie nur Pökelfleisch als Proviant aufnehmen. Es geht die Sage, daß auf einer der manchmal drei Monate und länger dauernden Reisen der Proviant eines Schoners äußerst knapp wurde. Da wußte sich dann der Koch nicht anders zu helfen, als alles irgendwie Verwertbare in einen Topf zu werfen. Diesem seltsamen Gericht gab er den Namen „lobscourse“, was soviel wie „Speise für Tölpel“ bedeutet. Aus diesem „seemännischen Allerlei“ wurde dann das vielgerühmte Labskaus.

500 g gepökeltes Rindfleisch oder Corned beef, 500 g Kartoffeln, 2 EL (20 g) Schweineschmalz, 2 Zwiebeln, 1 Bismarckhering, 4 Eier

Das Fleisch ohne Salz in Wasser legen und gar kochen. Herausnehmen und durch die große Scheibe des Fleischwolfs drehen. Während das Fleisch kocht, die Kartoffeln in der Schale garen und pellen. Anschließend ebenfalls durchpressen und mit dem durchgedrehten Fleisch vermischen. Die Zwiebeln fein hacken, in Schmalz glasig dünsten, zu der Fleisch-Kartoffel-Masse dazugeben und zuletzt den zerkleinerten Bismarckhering untermischen. Das Ganze unter ständigem Rühren heiß halten. In Portionen aufteilen und jede Portion mit einem Spiegelei krönen.

Mit eingelegten Rote-Bete-Scheiben und aufgeschnittenen Gewürzgurken servieren.

Speck mit Klüten

(für 8 Personen)

Zwischen Hamburg und Cuxhaven liegt das Kehdinger Land, in dem noch heute ein ganz besonderes Völkchen lebt. Es wird jeden faszinieren, der einmal dort gewesen ist. Selbst eigene Eßgebräuche haben sie dort: So gehört es zum richtigen Kehdinger Speck mit Klüten auch, daß man vor jedem Bissen ein Stück Klüten (= Kloß) und einen Würfel Schinken in das abgeschöpfte Fett taucht.

1 kg geräucherter Schinken mit Knochen, ½ Steck- oder Kohlrübe, 3–4 Möhren, 10 Birnen, 1 große Stange Lauch, 500 g Kartoffeln.
Für die Klöße:
400 g Mehl, 4 EL (40 g) Butter, 1 Prise Salz, Petersilie

Den Schinken am Abend vorher in kaltes Wasser legen. Am nächsten Tag in frischem Wasser aufsetzen und etwa zwei Stunden mehr ziehen als kochen lassen. Die Steck- oder Kohlrübe und die Möhren putzen, in Scheiben schneiden, die Birnen schälen und entstielen; alles zu dem Schinken geben. Nach einer weiteren halben Stunde den geputzten, in Scheiben geschnittenen Lauch und die geschälten, kleingeschnittenen Kartoffeln dazugeben. Alles zusammen weich kochen. Dann den Schinken herausnehmen und in Scheiben schneiden. Die Brühe in eine Terrine füllen, das Fett abschöpfen und in eine gesonderte Schüssel geben.

Für die Klöße ½ l Wasser zum Kochen bringen, Butter darin zerlassen, Mehl und Salz auf einmal in die Flüssigkeit schütten und so lange rühren, bis der Teig einen Kloß bildet und sich vom Topf löst. Mit nassen Händen Klöße formen. In einen Topf mit kochendem Wasser legen und gar kochen, bis die Klöße nach oben steigen. In jeden Teller einen Kloß geben, mit der Brühe übergießen und eine Scheibe Schinken dazureichen. Feingehackte Petersilie darüberstreuen. Das abgeschöpfte Fett gesondert dazustellen.

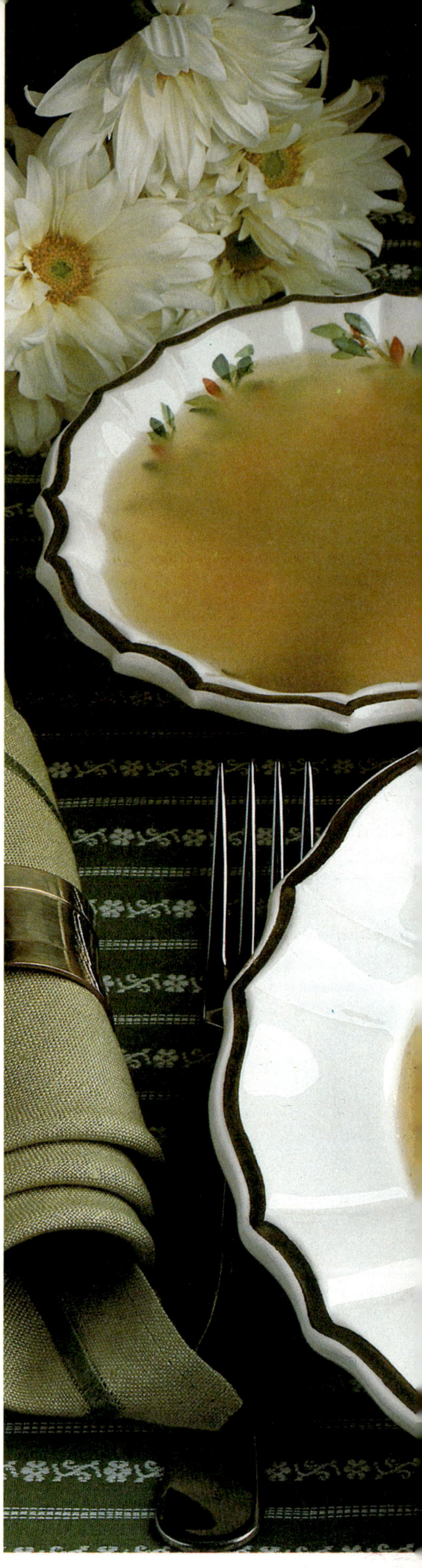

Grünkohl mit Schweinebacke

Wenn der erste Frost über das Land an der Küste zieht, beginnt die Grünkohl- oder – wie man um Bremen und Oldenburg herum sagt – die Braunkohlzeit. Dann nämlich werden die krausen Blätter dieses nicht überall geschätzten Kohls tüchtig gezwackt, was ihm einen leicht süßen Geschmack verleiht. Gerade richtig für die Friesen, die ja das Süße lieben. Dann finden gewaltige Grünkohlessen statt, auf denen nach dem Motto „Solange de Buuk (= Bauch) in de West noch paßt" gegessen wird. Bier und Korn dürfen bei einem solchen Essen auf keinen Fall fehlen.

750 g Schweinebacke,
2 kg geputzter Grünkohl,
125 g Schmelzflocken, Zucker, Salz

Die Schweinebacke in ¾ l Wasser etwa 45 Minuten lang kochen. Den geputzten Grünkohl in die Brühe geben und das Ganze weitere anderthalb Stunden kochen lassen. Den Kohl aus dem Topf nehmen und ihn entweder hacken oder fein schneiden. Dann zuerst mit den Schmelzflocken die Brühe binden, anschließend den Kohl hinzufügen und nochmals zehn Minuten kochen lassen. Mit Zucker und Salz abschmekken. Das Fleisch aus dem Topf nehmen, in Scheiben schneiden und auf den Kohl legen.

Dazu reicht man süße, runde Bratkartoffeln.

Schnüsch

Dieses Gericht kommt aus Angeln, der Landschaft zwischen Schlei und Flensburger Förde. Die Angeln waren ein germanischer Volksstamm, der im Norden Schleswig-Holsteins beheimatet war. Ein Teil der Mitglieder dieses Stammes wanderte im 5. Jahrhundert nach Britannien aus, das nach ihnen „England“ (Angelland) benannt wurde.

Schnüsch ist ein Gericht, das sich insbesondere für die wärmere Jahreszeit bestens eignet und von Kennern als „Querbeet-durch-den-Garten-Eintopf“ bezeichnet wird.

250 g Möhren, 250 g Erbsen,
250 g Brechbohnen, 250 g Kartoffeln,
½ l Milch, 50 g Butter, Salz, Zucker,
1 Bund Petersilie

Die Möhren, Erbsen und Brechbohnen werden in wenig Wasser 15 Minuten lang gekocht. Gleichzeitig die Kartoffeln in der Schale garen, anschließend pellen und in Scheiben schneiden. Gemüse und Kartoffeln noch warm miteinander vermischen und mit Salz und Zucker abschmecken. Dann läßt man die Milch kochen, fügt die Butter hinzu und gibt beides über das Gemüse und die Kartoffeln. Vor dem Servieren streut man gehackte Petersilie über den Eintopf.

Dazu ißt man von einem Holzteller eine Scheibe rohen Schinken oder geräucherten Speck.

Schnüsch schmeckt besonders gut, wenn im Gemüse eine Schweinebacke mitgekocht wird.

Gebackene Krickenten

Nur das, was man nicht in Hülle und Fülle besitzt, weiß man zu schätzen. Daher haben sich früher die Feinschmecker bereits im Frühjahr auf den Herbst gefreut, denn im Oktober war die Schonzeit für die Enten vorüber. Heute ist das alles ganz anders. Die Tiefkühltruhe macht's möglich, daß man Enten zu jeder Jahreszeit genießen kann. Bei diesem Rezept ist zu beachten, daß eine Ente pro Person oft zuviel, eine für zwei Personen jedoch meist zuwenig ist. Krickenten sind übrigens eine Spezialität der Insel Sylt.

4 Krickenten oder 1 etwa 2 kg schwere Ente, Salz, Pfeffer, 100 g geräucherter Speck, 3 EL (30 g) Butter, 1 Zwiebel, 10 Wacholderbeeren, 125 g Schlagsahne (30 % Fett), 3 EL Mehl

Die Krickenten ausnehmen und säubern, waschen, trockentupfen und mit Salz und Pfeffer einreiben. Den Speck in Scheiben schneiden und die Enten damit umwickeln. Butter, Zwiebel und Wacholderbeeren in die Fettfangschale des Backofens geben. Den Backofen auf 220 °C (Gasbackofen: Stufe 4) vorheizen und dann die Fettfangschale samt Enten in den Ofen stellen. Nach 20 Minuten Bratzeit ¼ l Wasser zugeben. Die Enten je nach Größe weitere 40–70 Minuten braten, bis sie goldbraun sind. Die gebratenen Enten herausnehmen, warm stellen, den Bratensatz mit der Sahne und dem Mehl binden und über die Enten gießen. Heiß servieren.

Dicke Gerstengrütze

Die Gerste wurde bereits vor über 6000 Jahren als Kulturpflanze angebaut und wurde seit der Jungsteinzeit als Brotgetreide bei den Ägyptern und in Vorderasien genutzt. Jahrhundertelang diente die Gerste vor allem der ärmeren Bevölkerung als Grundnahrungsmittel, weil sie auch unter ungünstigen klimatischen Verhältnissen mengenmäßig ausreichend reifte. Das folgende Rezept stellt aber beileibe kein Armengericht dar. Man sollte es durchaus öfter auf den Tisch bringen, denn es ist leicht und erfrischend und obendrein noch gesund.

1 EL Salz, 150–200 g Gerstengrütze, 100 g Rosinen oder 250 g Äpfel, Zimt und Zucker zum Bestreuen, 1 l Milch

1 l Wasser mit dem Salz zum Kochen bringen und unter Rühren die Gerstengrütze sowie die gewaschenen und trockengetupften Rosinen hineingeben und langsam ausquellen lassen. Nimmt man statt der Rosinen Äpfel, so sollte man die geschälten, vom Kerngehäuse befreiten Apfelspalten bereits in das kalte Wasser geben.

Die Gerstengrütze sollte warm und mit Zucker und Zimt bestreut serviert und gegessen werden. Dazu reicht man kalte Milch.

Rumspeise

Daß im hohen Norden aus dem Rum nicht nur starke und stärkende Getränke zubereitet werden, macht diese Nachspeise deutlich. Sie ist allerdings recht schwer, und wer nach einem reichlichen Essen nur noch ein kleines Mageneckchen für den Nachtisch frei hat, sollte besser die krönende Schlagsahnehaube weglassen. Es schmeckt auch ohne sie köstlich.

½ l Milch, ¼ Stange Vanille, 4 Eier, 150 g Zucker, 9 Blatt Gelatine, Rum nach Geschmack (mindestens ein knappes Weinglas), 250 g Schlagsahne (30 % Fett)

Die Milch mit der aufgeschnittenen Vanillestange zum Kochen aufsetzen; inzwischen Eier in Eiweiß und Eigelb trennen, Eigelb und Zukker schaumig schlagen und unter beständigem Rühren die kochende Milch hinzufügen. Diese Masse nun in den Topf zurückgeben, die Vanillestange entfernen und das Ganze im Wasserbad zu einer dicken Creme schlagen. Anschließend den Topf in eine Schüssel mit Eiswürfeln oder kaltem Wasser stellen und die Creme kaltrühren. Dann fügt man die nach Vorschrift aufgelöste Gelatine und den Rum hinzu, schlägt das Eiweiß zu steifem Schnee und hebt es zusammen mit der Schlagsahne unter die Masse. Sobald die Masse steif zu werden beginnt, füllt man sie in Glasschalen um.

Wenn die Rumspeise völlig erkaltet ist, kann man sie noch mit einem Häubchen steifgeschlagener Sahne krönen.

Ostfriesische Knüppeltorte

Woher diese Torte eigentlich ihren Namen hat, weiß heute niemand mehr so recht – nur daß sie auch weiterhin beim Kaffeeklatsch auf den Tisch kommt, ist sicher. Das Rosenöl verleiht diesem Kuchen die besondere Note. Man erhält das kostbare Öl in der Apotheke, und es genügt ein Tropfen auf einen Viertelliter Wasser.

Für die Füllung: 500 g Mehl, 300 g Butter, 3 Eier, 3 EL Zucker, 50 g Butterschmalz zum Ausbacken.
Für die Masse: 500 g Zucker, ¼ l Rosenwasser, 1 Messerspitze gemahlene Nelken, 1 unbehandelte Zitrone, je 125 g gestiftelte Mandeln und gewürfeltes Zitronat, 50 g gewürfeltes Orangeat

Zunächst die Füllung vorbereiten, indem man die Zutaten miteinander vermischt und gut durchknetet. Dann aus diesem Mürbeteig kleine Kugeln formen und sie in einer Pfanne goldgelb ausbacken. Nun bringt man für die Masse den Zucker mit dem Rosenwasser zum Kochen, gibt abgeriebene Zitronenschale, Mandeln und gewürfeltes Zitronat und Orangeat sowie gemahlene Nelken dazu und läßt alles aufkochen. Diese Masse vermischt man mit den gebackenen Kugeln, gibt das Ganze in eine mit gefettetem Papier ausgelegte Kastenform, bedeckt den Kuchen mit Papier und läßt ihn mindestens 24 Stunden stehen.

Vor dem Verzehr schneidet man den Kuchen, der sich sehr lange hält, in dünne Scheiben.

Lübecker Marzipan

Marzipan ist ein seit Jahrhunderten bekanntes und beliebtes Konfekt. Es stammt aus dem Orient, höchstwahrscheinlich aus Persien, wo es aus Mandeln, Zucker und Öl zubereitet wurde. Über die Bezeichnung Marzipan streiten sich noch heute die Gelehrten: Die einen führen den Namen auf das Brot des heiligen Markus, lateinisch „Marci panis“, zurück, andere leiten das Wort aus dem italienischen „marzapane“ und dies wiederum aus dem arabischen „mautaban“ ab. Wie dem auch sei – fest steht, daß das Marzipan seit der Zeit der Kreuzzüge in ganz Europa verbreitet ist und in Lübeck seit 1407 als besondere Spezialität hergestellt wird.

250 g süße Mandeln, 25 g geschälte bittere Mandeln, 250 g Puderzucker, 3 EL Rosenwasser

Die Mandeln brühen, abziehen und trocknen. Zweimal durch die Mandelmühle drehen oder im Mörser so fein wie möglich zerreiben (man kann die Mandeln aber auch bereits fertig gerieben kaufen). Die Mandeln nun gut mit dem Puderzucker und dem Rosenwasser auf dem Backbrett verkneten, bis eine glatte Masse entsteht. Auf Puderzucker ausgerollt, kann man aus der Masse beliebige Formen ausstechen, die man im Backofen bei 125 °C (Gasbackofen: Stufe 1) und bei offener Tür 10–15 Minuten bäckt oder – wie man es in Lübeck macht – an der Luft trocknen läßt.

Eine Glasur mit Puderzucker oder lustige Verzierungen können ganz nach Laune und Phantasie den Marzipangenuß vervollkommnen.

Friesische Weinsuppe

Früher wurden Feste viel ausgelassener gefeiert als heute. Und bei besonders fröhlichen Anlässen wurde für die vormittags eintreffenden Gäste eine Weinsuppe gereicht.

1 unbehandelte Zitrone, 4 EL Speisestärke, etwas Zucker, ½ l Weißwein, 2 Eier, 4 Scheiben Weißbrot, Butter zum Bestreichen, 4 Scheiben gekochter Schinken

1½ l Wasser mit Zitronenschale aufkochen. Dann mit der in kaltem Wasser angerührten Speisestärke die Flüssigkeit binden. Mit etwas Zucker abschmecken, den Weißwein hinzufügen. Die Eier in Eiweiß und Eigelb trennen, mit dem Eigelb die Suppe legieren. Das Eiweiß zu steifem Eischnee schlagen und mit einem Löffel Klößchen auf die Suppe setzen. Den Topf zudecken und die Klößchen bei schwacher Hitze fünf Minuten ziehen lassen.

Das mit Butter bestrichene Weißbrot und der gekochte Schinken werden zu der Weinsuppe gegessen.

Grau Arten mit Speckfett

Eigentlich ißt man heute nicht mehr so deftig, doch ist dieses ausgesprochen handfeste Gericht so lecker, daß man es immer mal wieder genießen sollte.

250 g graue (getrocknete) Erbsen, 3 Möhren, 1 große Stange Lauch, 1 Prise Salz, 250 g durchwachsener, trockener Speck, 250 g Zwiebeln

Die Erbsen werden über Nacht in ½ l abgekochtem kaltem Wasser eingeweicht und am folgenden Tag mit dem Einweichwasser, den kleingeschnittenen Möhren und dem Lauch sowie dem Salz zum Kochen gebracht. Die Erbsen sollten nun etwa zwei Stunden ganz langsam weiterkochen, damit sie nicht platzen. Den in kleine Würfel geschnittenen Speck in einer Pfanne ausbraten, die in dünne Scheiben geschnittenen Zwiebeln dazugeben und das Ganze warm stellen. Wenn die Erbsen mit dem anderen Gemüse gar sind, den Speck und die Zwiebeln darübergeben.

Pharisäer

Auf die Insel Nordstrand (Nordfriesland) kam einst ein neuer Pfarrer, der schon bald gegen den enormen Alkoholkonsum seiner Gemeinde wetterte. Als er nach einer Taufe wider Erwarten an den Festlichkeiten teilnahm, reichte der Gastgeber Kaffee statt Alkohol, goß aber in jede Tasse (natürlich nicht in die des Pfarrers) einen kräftigen Schuß Rum und setzte, um den Alkoholgeruch zu neutralisieren, noch eine große Sahnehaube obendrauf. Dummerweise vertauschte der Hausherr zwei Tassen, und dem Gottesmann wurde klar, warum seine Schäfchen zusehends lustiger wurden. Folge war, daß er den Gastgeber als Heuchler und Pharisäer beschimpfte.

Starker Kaffee, Würfelzucker, Rum, geschlagene Sahne

In einer Tasse mit starkem Kaffee löst man zwei bis drei Stückchen Würfelzucker auf, gießt den erwärmten Rum dazu und gibt eine dicke Schicht geschlagene Sahne darüber.

Verschleiertes Bauernmädchen

Das Besondere an dieser Nachspeise ist die Verwendung von geriebenem Brot, das man aus verschiedenen Graubrotsorten selbst reiben sollte – es schmeckt einfach besser.

100 g Schokolade, 60 g Zucker, 10 EL geriebenes Brot, 500 g Schlagsahne (30 % Fett) oder 500 g Speisequark (40 % Fett), 1 EL Johannisbeergelee

Die Schokolade reiben und mit dem Zucker und dem Brot vermischen. Die Sahne steif schlagen. Nur ein paar Eßlöffel von der Brotmischung in eine Glasschüssel geben und darauf eine Schicht Schlagsahne oder Quark setzen. Dann wieder eine Schicht von der Brotmischung, und dieses wird fortgesetzt, bis nur noch ein Rest Schlagsahne oder Quark da ist, der den Abschluß bilden soll. Das Ganze wird mit kleinen Stücken von Johannisbeergelee belegt.

Eine Variation dieses Rezepts erhält man, wenn man statt der Schlagsahne oder des Quarks Apfelmus verwendet.

Friesische Klöße

Die sogenannten Mehlspeisen sind eigentlich in der bayerisch-österreichischen Küche zu Hause. Dort heißen die Klöße auch Knödel und haben selten Beimischungen wie etwa Kartoffeln, die bei den friesischen Klößen allerdings unabdingbare Grundlage sind.

Für die Klöße: 1 kg Kartoffeln, 100 g fetter Speck, 250 g Buchweizenmehl, 4 Eier, 3 EL Milch, 1 Prise Salz.
Für die Specksoße: 4–5 EL Mehl, 40 g geräucherter oder getrockneter Speck, 1 Zwiebel, 1 Prise Salz, 1 TL Zucker

Die Kartoffeln in der Schale garen, pellen und noch warm pressen. Den in kleine Würfel geschnittenen Speck mit dem Buchweizenmehl, den Eiern, dem Salz und der warmen Milch unter die Kartoffelmasse mischen und durchkneten. Aus dem Teig große Klöße formen, die in siedendes Salzwasser gegeben werden und darin etwa 20 Minuten ziehen sollten.

Für die Specksoße das Mehl in ½ l Wasser einrühren, aufkochen lassen. Den in kleine Würfel geschnittenen Speck und die Zwiebel ausbraten und in die Mehlsoße geben. Das Ganze mit Salz und Zucker abschmecken.

Hoppelpoppel

Das entscheidende Aroma verleiht diesem Getränk der Muskat, ein vor 1000 Jahren in Europa bekannt gewordenes und damals sehr kostbares tropisches Gewürz.

4 Eigelb, 100 g Zucker, ¼ l Rum, Muskat nach Geschmack, 250 g Schlagsahne (30 % Fett)

Eigelb, Zucker und Muskat im Wasserbad schlagen, den Rum dazugeben und anschließend die steifgeschlagene Sahne leicht unterheben. Wenn man das Getränk kalt genießen möchte, serviert man es am besten in vorgekühlten Gläsern.

Mehlbeutel

Ein Reisender durch Friesland notierte einst: „Die Mehlbeuteltücher werden nach Gebrauch gewaschen, erhalten aber mit der Zeit in der Mitte einen dunklen, kreisrunden Fleck. Einem Vorübergehenden fällt es also nicht schwer zu erraten, was es zu Mittag gibt, wenn er das besagte Tuch an der Wäscheleine zum Trocknen aufgehängt sieht."

4 Eier, ½ l Milch, 60 g Butter, 60 g Schmalz, 600 g Mehl, 1 Prise Salz, 50 g Zucker, 100 g Rosinen

Eigelb und Milch gut verschlagen. Das Fett in einer Pfanne vorsichtig zerlassen und langsam unter die Eiermilch ziehen. Das Mehl mit Salz, Zucker und Rosinen vermischen und vorsichtig darunterheben. Das Eiweiß zu steifem Schnee schlagen und nach und nach unterziehen. Ein Mehlbeuteltuch (Serviette, Nesseltuch) anfeuchten, in der Mitte mit etwas Mehl bestreuen und den Teig daraufgeben. Den Mehlbeutel verknoten und anschließend im Wasserbad zwei Stunden kochen. Herausnehmen, umdrehen und fünf Minuten ausdampfen lassen.

Moppen

Für dieses typische Weihnachtsgebäck braucht man vor allem ein Treibmittel, und hier wird traditionellerweise Hirschhornsalz oder Pottasche verwendet. Pottasche ist ein weißes, laugig schmeckendes Salz (kohlensaures Kalium); Hirschhornsalz (kohlensaures Ammonium) besitzt die gleichen Eigenschaften, doch sollte man das Hirschhornsalz nur bei ausgesprochen dünnen Gebäcken verwenden, denn manchen stört der Ammoniakgeruch.

750 g Mehl, 500 g Zucker, 2 Messerspitzen gemahlene Nelken, 4 Eier, 2 EL Milch, 7 g Pottasche, Fett für das Blech

Mehl, Zucker, gemahlene Nelken und Eier zu einem Knetteig verarbeiten. Zum Schluß die in Milch verrührte Pottasche verkneten. Den Teig 30 Minuten kalt stellen, anschließend walnußgroße Kugeln formen und im Backofen bei 225 °C (Gasbackofen: Stufe 4) auf einem gefetteten Blech hellbraun ausbacken.

Rote Grütze

Rote Grütze ist auch in Süddeutschland ein begehrter Nachtisch. Ursprünglich kommt sie aber aus dem hohen Norden, aus Schleswig-Holstein und Dänemark. Dort hieß früher alles rote Grütze, was so wie Grützbrei aussah, aber nicht mit reinem Wasser, sondern mit Saft gekocht war. Es gibt zahlreiche voneinander abweichende Rezepte. Manche Hausfrauen schwören darauf, daß sie am besten aus frischen Früchten schmecke, andere meinen, man solle sie sogar in der Erntezeit aus Saft zubereiten.

1 l Fruchtsaft (verdünnt) von Johannisbeeren, Himbeeren oder Rhabarber, Zucker nach Geschmack, 60 g Speisestärke, Milch

Den Fruchtsaft zum Kochen bringen und den Zucker nach Geschmack dazugeben. Die Speisestärke in kaltem Wasser anrühren und die kochende Flüssigkeit damit binden. Nochmals kurz aufkochen lassen. Die Grütze in eine Glasschüssel geben und im Kühlschrank auskühlen lassen. Die Grütze mit kalter Milch servieren.

Grützwurst

Die Grütze, früher die Grundnahrung der Friesen, ziert noch heute das nordfriesische Wappen. Bis zu achtundzwangzigmal soll es diesen Brei aus Gerste oder Roggen, aus Hafer oder Graupen in der Woche gegeben haben. Je ärmer das Haus, desto mehr Grütze. Bei dieser Einseitigkeit der Kost mußte die Hausfrau schon über ein erhebliches Maß an Phantasie verfügen, um trotzdem Leckeres auf den Tisch zu bringen.

400 g Hafergrütze, ½ l Fleischbrühe oder Wasser, 250 g Rosinen, 5 g Nelkenpfeffer (Piment), Salz

Die Hafergrütze in Fleischbrühe oder Wasser einweichen und zwölf Stunden quellen lassen. Die Rosinen, den Nelkenpfeffer und das Salz mit der eingeweichten Grütze vermischen. In einer Puddingform oder lose in Därme gefüllt anderthalb bis zwei Stunden in kochendem Wasser garen. In Scheiben schneiden, aufbraten und mit Bratkartoffeln servieren.

Wie viele der mittel- und ostdeutschen Landschaften strahlt auch die Ostseeinsel Poel vor der mecklenburgischen Küste einen herben Reiz aus. Weniger herb als manchmal derb ist die Küche, und ob in Thüringen oder Sachsen, in Schlesien oder in der Mark Brandenburg, ob in Mecklenburg, Pommern oder Ostpreußen – hungrig und durstig mußte hier noch niemand vom Tisch aufstehen, ganz im Gegenteil

Mittel- und Ost-deutschland

Die Küche Mittel- und Ostdeutschlands ist vielfältig und verschieden wie die vielen unterschiedlichen Landstriche und Gegenden, die diese Region vereint. Pommern, Schlesien, West- und Ostpreußen, Böhmen, Thüringen, Harz, Erzgebirge, Sachsen, Spreewald, Lausitz, Mecklenburg, Ostseeküste, Mark Brandenburg und nicht zuletzt Berlin signalisieren dem Freund der guten Küche trotz aller regionaler Besonderheiten herzhaft-deftig-rustikale Gerichte. Was einst an den hochherrschaftlichen Tafeln ostdeutscher Rittergüter und Gutshäuser mundete, das bereitet auch heute noch echte Gaumenfreuden. Und jede Region hat ihre Besonderheit, ihre lokale Spezialität.

In Thüringen beispielsweise regiert der Kartoffelkloß. Auf hundertundeine Art zubereitet, ist er die schneeweiße, samtweiche Leibspeise der Leute aus Weimar und Umgebung. Klöße und mit Äpfeln, Nelken und Zucker gedünsteter Rotkohl als Beilage zu Wildgerichten von Reh, Hirsch, Wildschwein und Hasen aus den dichten Thüringer Wäldern sind echte Leckerbissen. Über die Landesgrenze hinaus berühmt ist auch die Thüringer Rostbratwurst, die „Rostbräte", die original auf offenem Holzkohlengrill zubereitet wird.

Ebenso bekannt wie der sagenumwobene Blocksberg im Harz ist der „Harzer Käse". Mit

Griebenschmalz versehen, wird dieser würzige Sauermilchkäse gern in ein Roggenbrötchen, den „Schusterjungen", geklemmt.

Als eine eigenständige nationale Minderheit leben im Lausitzer Bergland, links und rechts des Oberlaufs der Spree, die Sorben. Alte sorbische Hausrezepte und Hausschlachtungen aus Lausitzer Bauernstuben zeigen ihre Verwandtschaft zur Küche der Böhmen. Die Speisen sind würzig, kräftig, schwer und mit sehr viel Majoran abgeschmeckt. „Teschelmaukel" heißt ein kerniger sorbischer Hauptgang: Hausgeschlachtete Blut- und Leberwurst und Rauchfleisch werden dabei auf Sauerkraut und Erbspüree angerichtet. Ein Festgericht für Sorben ist gekochte Hochrippe, die mit frischem Meerrettich und knusprigem Brot gereicht wird. Getrunken wird das würzige Schwarzbier aus dem Traditionsbetrieb in Löbau, ein dem Bock verwandtes dunkles Bier.

Hauptanbaugebiet für Meerrettich in der Welt ist der Spreewald. Er wird nicht nur von hier aus in alle Welt exportiert, sondern auch frisch und messerscharf zu allen Gerichten der Region serviert. Ebenso pikant sind die sauer eingelegten Spreewälder Gurken sowie zahlreiche Fischgerichte aus den Wassern der Spree. Karpfen, Welse, Schleie und Aale gelten als Leckerbissen, zu denen Pellkartoffeln mit frischem Quark und kaltgepreßtem Leinöl gereicht werden.

Von „Auerbachs Keller" hat jeder, der Goethes „Faust" kennt, gehört. Die Leipziger Traditionsgaststätte in Sachsens Metropole Leipzig ist heute Anlaufpunkt für all diejenigen, die die sächsische Regionalküche kennenlernen wollen. Das „Leipziger Allerlei" aus möglichst vielerlei Gemüsearten sowie die vom Sachsen besonders geliebten Süßigkeiten wie Eierschecken, Fleckekuchen, Pfefferküchlein und Christstollen sind – letztere nicht zuletzt auch als Dresdener Erzeugnisse – ein Leckerbissen für jeden Feinschmecker. Zu den weltbesten Bieren gehört der herbe Gerstensaft aus dem sächsischen Radeberg.

Dem süßen Sachsen steht das süß-saure

Vieles hat sich in Mittel- und Ostdeutschland verändert, vieles aber scheint vom Wandel der Zeiten auch unberührt geblieben zu sein, wie die stillen Gassen in Quedlinburg im Harz (großes Bild oben). Wie seit Generationen galoppieren auch heute noch die Pferde über die weiten Ebenen Ostpreußens (unten links) und transportieren die Spreewälder Bauern das Viehfutter im Kahn nach Hause (unten rechts)

Frische
Wurst

Mecklenburg an Vielfalt in nichts nach. Frische Brat-, Blut-, Leber- und Lungenwurst vom Schwein, natürlich immer mit Meerrettich, würzige Linsen- und Buttermilchsuppen, deftiges Sauerfleisch mit Kraut und Bratkartoffeln sowie Wildschweinbraten gehören zum Besten, was Mecklenburgs Speisekammern zu bieten haben. Gelten die Mecklenburger auch als stur, ihre herzhafte Küche mundet vorzüglich. Und die Strelitzer, Müritzer und Plauener Seenplatten, seit alters Schokoladenseiten des Landstriches, laden nach dem üppigen Mahl zum entschlackenden Spaziergang.

An der Ostseeküste wird naturgemäß gern Fisch gegessen. Fischfilet vom Zander, Dorsch und Heilbutt, knusprig gebratene Plattfische, Heringssalat und scharf gewürzte Fischsuppen sind die Leibgerichte der Küstenbewohner. Weht eine steife Brise, greift man zum Grog aus Rum, Zucker und heißem Wasser. Nach dem Essen gibt es den „Koem", einen Trinkbranntwein mit Kümmel.

Wer nach Berlin und in die Mark Brandenburg kommt, der bestellt ein Eisbein mit Sauerkraut und Erbspüree mit geriebenem Meerrettich und Senf, hier Mostrich genannt. Auf dem „Hungerturm", der sich in alten Berliner Kneipen auf dem Büffet türmt, stapeln sich die Berliner „Buletten", Hackfleischsteaks, sowie Brötchen mit kräftig gewürztem Hackepeter und Soleier. Von alters her bekannt ist die „Berliner Weiße", ein obergäriges Erfrischungsgetränk, das mit einem Schuß Himbeer- oder Waldmeistersirup gespritzt wird. Im benachbarten Potsdam ist die „Potsdamer Stange" im schlanken preußischen Profilglas der große Durstlöscher.

Berliner Sauerkraut und Thüringer Klöße, Königsberger Klopse und Leipziger Allerlei – die Vielfalt der Regionalküchen Mittel- und Ostdeutschlands ist überwältigend. Heute ist dieser Großraum zerstückelt, Teile gehören zur Sowjetunion, zu Polen, zur Tschechoslowakei und zur DDR. Gekocht wird aber immer noch wie zu Großmutters Zeiten. Jahrhundertelange Tradition guter deutscher Kochkunst läßt sich nicht so leicht vertreiben.

Noch immer ist Berlin eine Reise wert. Von der Glanzzeit der einstigen Reichshauptstadt künden die vielen Häuser der Gründerzeit (oben links), der Leierkastenmann belebt auch heute noch das Stadtbild (unten rechts), und die zahlreichen „Kneipen" (oben rechts und unten Mitte) laden zum Bummel geradezu ein, bei dem die berühmte „Weiße mit Schuß" (unten links) auf keinen Fall fehlen darf

Leipziger Allerlei

Was normalerweise unter dieser Bezeichnung in Dosen angeboten wird, hat mit dem Originalrezept für dieses traditionsreiche sächsische „Gesellschaftsgemüse" nur wenig zu tun. Denn folgendermaßen macht man Leipziger Allerlei auf klassische Art:

200 g Möhren, ½ (etwa 200 g) Blumenkohl, 250 g frischer Spargel, 50 g Butter, Salz, 1 Prise Zucker, 300 g tiefgefrorene Erbsen, ½ Dose (125 g) Morcheln, 3 EL Mehl, geriebene Muskatnuß, 50 g Krebsbutter, 3 EL Schlagsahne (30 % Fett), 1 Bund Petersilie, 1 kleine Dose (165 g) Krebsfleisch

Die Möhren und den Blumenkohl putzen, den Blumenkohl in Röschen teilen. Den Spargel dünn schälen, in Stücke schneiden. Das Gemüse waschen und abtropfen lassen. ¼ l Wasser mit 2 EL (20 g) Butter, Salz und Zucker aufkochen, die Möhren dazugeben, fünf Minuten später den Blumenkohl und den Spargel. Alles etwa zehn Minuten bei schwacher Hitze garen, dann die aufgetauten Erbsen dazugeben. Weitere zehn Minuten köcheln lassen. Das Gemüse herausnehmen, abtropfen lassen und die Brühe auffangen. Die Morcheln abspülen, abtropfen lassen, das Pilzwasser ebenfalls aufheben. Die restliche Butter im Topf erhitzen, das Mehl dazugeben und goldgelb anschwitzen. Mit Gemüse- und Pilzwasser aufgießen, etwa acht Minuten kochen und mit Muskat abschmecken. Krebsbutter und Sahne hinzufügen, dann das Gemüse und die Morcheln in die Soße geben, heiß werden lassen, aber nicht mehr zum Kochen bringen. Gehackte Petersilie darüberstreuen.

Das Krebsfleisch abspülen, Chitinstreifen entfernen, Krebsschwänze ganz lassen. Mit dem Krebsfleisch und den -schwänzen das Leipziger Allerlei garnieren.

Ostpreußische Sauerampfer-suppe

Der Sauerampfer stammt aus der über 200 Arten zählenden Familie der Ampfer, einer in ganz Europa, im gemäßigten Asien und in Nordamerika verbreiteten Pflanze. In Deutschland wächst vor allem der sogenannte Große Sauerampfer. Der südeuropäische Gartenampfer, auch Gemüseampfer oder Englischer Spinat genannt, wurde schon in den Küchen des Altertums hoch geschätzt. Sein säuerlicher Geschmack kommt übrigens auch von seinem beträchtlichen Gehalt an Oxalsäure. Rohe Sauerampferblätter sollte man daher nur in kleinen Mengen essen oder kauen, abgekocht jedoch bestehen keine Bedenken, wobei es allerdings empfehlenswert ist, zur Suppe kein Mineralwasser zu trinken (was ohnehin ja kaum jemand tun wird) und das Gericht nicht in Kupfergeschirr zuzubereiten. Mit der Wiederentdeckung der Natur kommt auch der Sauerampfer wieder zu Ehren, und das zu Recht, denn sein Geschmack ist sehr angenehm und würzig.

500 g Sauerampfer, 2 EL (20 g) Butter zum Anschwitzen, 1 l Fleischbrühe, 4 Scheiben Weißbrot, 3 Eigelb, 3 EL Schlagsahne (30 % Fett), 1 Prise Muskat

Den Sauerampfer gründlich verlesen, waschen und fein hacken und in ausgelassener Butter anschwitzen. In einem Topf die Fleischbrühe erhitzen, den Sauerampfer dazugeben und kurz aufkochen lassen. Nun das Weißbrot reiben, in die Suppe geben und so lange weiterköcheln lassen, bis das Brot die Suppe gebunden hat. Die Eigelb mit der Sahne und einer Prise Muskat verrühren und unter die vom Herd genommene Suppe ziehen.

Königsberger Klopse

Das längst in ganz Deutschland verbreitete Lieblingsgericht der Königsberger ist die klassische Verwendungsform für Kapern. Es handelt sich dabei nicht etwa um die Früchte einer Gewürzpflanze, sondern um deren noch nicht geöffnete Blütenknospen. Der Kapernstrauch ist im ganzen Mittelmeergebiet anzutreffen. In manchen Gegenden wächst er sogar wild. Die fest geschlossenen Knospen werden leicht angetrocknet in Salzwasser oder Essig konserviert (Salz- beziehungsweise Essigkapern). Am Mittelmeer bevorzugt man in Öl eingelegte Kapern (Ölkapern). Die besten Kapern kommen aus Südfrankreich. Dort ißt man aber nicht nur die Knospen, sondern auch die eingelegten Früchte.

**500 g gemischtes Hackfleisch,
2 altbackene Brötchen, 2 Eier, 1 Zwiebel,
1 EL Öl, 65 g gehackte Sardellenfilets,
1 EL gehackte Petersilie,
½ unbehandelte Zitrone, Pfeffer, Salz,
4 EL Mehl, 4 EL (40 g) Butter,
½ l Fleischbrühe,
1 EL Kapern, 2 Eigelb**

Das Hackfleisch mit den eingeweichten und ausgedrückten Brötchen, Eiern, der feingeschnittenen, in etwas Fett angerösteten Zwiebel, den Sardellenfilets, Petersilie, abgeriebener Zitronenschale, Pfeffer und Salz zu einem geschmeidigen Fleischteig verarbeiten, kleine Kugeln formen und in kochendem Salzwasser bei mäßiger Hitze gar ziehen lassen. Für die Soße Mehl in heißer Butter anschwitzen, mit Fleischbrühe auffüllen und acht Minuten durchkochen lassen. Die Soße mit Kapern, Zitronensaft und Salz abschmecken, vom Herd nehmen und das verquirlte Eigelb hineinrühren (nicht mehr kochen lassen). Die Soße über die Klopse geben und das Gericht mit Salzkartoffeln servieren.

Kurische Piroggen

Ursprünglich stammen die Piroggen aus Rußland. Dort jedoch stellt man die Pastetchen aus Hefe- oder Mürbeteig her, während man in Ostpreußen dem Pastetenteig Quark hinzufügt, so daß er leichter und lockerer wird.

250 g Quark, 250 g Butter, 250 g Mehl, 1 Prise Salz, 300 g roher Schinken, 1 Zwiebel, frisch gemahlener schwarzer Pfeffer, 1 Handvoll gehackte Rosinen, 1 Ei

Den Quark abtropfen lassen, mit der kalten Butter, dem Mehl und dem Salz rasch zu einem Teig verkneten und 30–60 Minuten in den Kühlschrank stellen. In dieser Zeit zwei- bis dreimal herausnehmen, zu einem Rechteck ausrollen, wieder zusammenlegen und erneut kalt stellen.

In der Zwischenzeit den Schinken sehr klein schneiden, die Zwiebel schälen und fein hacken und beides mit frisch gemahlenem schwarzem Pfeffer vermischen. Sehr apart ist die in Ostpreußen vielfach übliche Beigabe von grobgehackten, trockenen Rosinen zur Füllung. Den Backofen auf 225 °C (Gasbackofen: Stufe 4) vorheizen. Den gut gekühlten Teig 3 mm dick ausrollen, mit einem Bierglas Kreise ausstechen, jede Teigscheibe mit einem gehäuften Teelöffel Füllung belegen, halbmondförmig zusammenklappen und die Ränder gut festdrücken. Die so entstandenen kleinen Piroggen mit einer Gabel einstechen, damit sie beim Backen nicht platzen. Das Ei verquirlen, die Piroggen damit bestreichen, auf ein ungefettetes Backblech legen und im vorgeheizten Ofen in 15–20 Minuten goldgelb backen. Die Piroggen möglichst heiß servieren.

Märkischer Topf

Der magere Sandboden rings um Berlin ist geradezu ideal, um die kleinen und zarten Teltower Rübchen anzubauen. Diese Rübchen sind es, die dem Märkischen Topf, dieser hochgeschätzten Spezialität aus der Mark Brandenburg, das besondere Flair verleihen.

500 g Teltower Rübchen, 60 g Butter, 1 EL Zucker, ¼ l Fleischbrühe, 375 g frische Steinpilze, Salz, Zwiebelsalz, 750 g Rinderfiletspitzen, 2 Zwiebeln, 4 EL Öl, 1 EL Mehl, 150 g saure Sahne (10 % Fett), frisch gemahlener weißer Pfeffer

Die Rübchen schaben, abspülen und trockentupfen. Die Hälfte der Butter in einem Topf erhitzen, Zucker darin goldgelb rösten, die Rübchen kurz darin schwenken, dann ⅛ l heiße Brühe angießen und das Ganze 45 Minuten leicht kochen. Pilze gut putzen, halbieren oder vierteln, in der restlichen Butter zehn Minuten dünsten, mit Salz und Zwiebelsalz würzen. Die Filetspitzen in ½ cm dicke Scheiben schneiden, Zwiebeln schälen und fein würfeln. Öl in einem Topf erhitzen, das Fleisch darin rundherum in zwei Minuten braun braten (es muß innen rosig sein), herausnehmen und warm stellen. Dann die Zwiebeln fünf Minuten im Bratfett andünsten, mit Mehl bestäuben, umrühren und die restliche heiße Brühe und saure Sahne angießen. Fünf Minuten schwach kochen lassen, mit Salz und Pfeffer würzen. Das Fleisch hineingeben und nochmals erhitzen. Mit den Rüben und Pilzen auf einer vorgewärmten Platte anrichten.

Rippenbraten mit Backpflaumen

Fleisch mit süßer Füllung – das ist eine vor allem im nord- und ostdeutschen Raum typische und sehr beliebte Verbindung. Und dieser Rippenbraten mit Backpflaumen ist eine mecklenburgische Spezialität.

1½ kg Schweinerippchen ohne Fett am Stück, Salz, weißer Pfeffer, zerriebener Majoran, 1 Apfel, 150 g Backpflaumen, 100 g Semmelbrösel, ½ TL Zucker, 1 Prise gemahlener Zimt, 3 EL Öl, 1 Zwiebel, 150 g saure Sahne (10 % Fett)

Die Rippchen in der Mitte vom Fleischer leicht einknicken lassen, damit sie sich übereinanderlegen lassen. Das Fleisch kalt abspülen, trockentupfen und auf die Arbeitsfläche legen, mit Salz, Pfeffer und Majoran würzen. Den Apfel schälen, vierteln, vom Kerngehäuse befreien und das Fruchtfleisch in Scheiben schneiden. Auf eine Fleischhälfte die Apfelscheiben, Backpflaumen, Semmelbrösel (1 EL für die Soße zurückbehalten), Zucker und Zimt verteilen. Die andere Fleischhälfte darüberklappen und die offenen Seiten zunähen. Den Braten von außen salzen und pfeffern. Das Fleisch in einem Bräter in heißem Öl fünf Minuten anbraten, die feingehackte Zwiebel dazugeben und nach und nach ¼ l Wasser aufgießen. Im vorgeheizten Backofen 70 Minuten bei 200 °C (Gasbackofen: Stufe 3) braten, zwischendurch immer wieder mit dem Bratensatz begießen. Das Fleisch herausnehmen, das Garn entfernen und den Braten in Scheiben schneiden. Den Bratensaft mit ⅛ l Wasser loskochen, die restlichen Semmelbrösel dazugeben und fünf Minuten schwach aufkochen lassen. Die saure Sahne hineinrühren, abschmecken und die Soße gesondert zu dem Braten reichen.

In Mecklenburg ißt man dazu Kartoffelpüree oder Salzkartoffeln und frischen Salat.

Eisbein mit Sauerkraut

Das leichtgepökelte Schweinedickbein hat seinen Namen von einem Beinknochen des Schweins, der früher die Grundlage knöcherner Schlittschuhe bildete. Eisbein gilt als typisch deutsches Gericht, obwohl es seines Kalorienreichtums wegen ein wenig an Beliebtheit verloren hat. In Berlin gehört außer dem – hier Sauerkohl genannten – Sauerkraut auch noch Erbspüree dazu, zubereitet aus gelben Erbsen, die nach dem Kochen püriert und mit ausgelassenen Speck- und Zwiebelwürfeln angerichtet werden – delikat, aber deftig!

Für das Eisbein: 4 Portionen (etwa 2 kg) Eisbein, Salz, 2 Zwiebeln, 2 Lorbeerblätter, 4 Pfefferkörner, 5 Pimentkörner, 1 Prise Zucker.
Für das Sauerkraut: 60 g Schweineschmalz, 500 g Sauerkraut, 1 Zwiebel, 5 Gewürznelken, ½ Lorbeerblatt, 4 Wacholderbeeren, 1 Prise Zucker

Das Eisbein kalt abspülen, in 3 l kochendem, leicht gesalzenem Wasser mit grobgeschnittenen Zwiebeln und Gewürzen in etwa anderthalb Stunden garen.

In der Zwischenzeit das Sauerkraut zubereiten: Schmalz in einem Topf erhitzen, das etwas auseinandergezupfte Kraut hineingeben. Die Zwiebel schälen und mit Nelken spicken, zusammen mit Lorbeerblatt, Wacholderbeeren und Zucker zum Sauerkraut geben. Alles zusammen bei schwacher Hitze etwa 40–45 Minuten garen.

Das Kraut auf einer Platte anrichten, das Eisbein aus der Knochenbrühe nehmen, abtropfen lassen und auf das Sauerkraut legen.

Pfeffer

Makrelen auf Zoppoter Art

Die Makrele ist ein Raubfisch, der sich von Heringen, Krebsen und Weichtieren ernährt und ein delikates, festes und grätenarmes Fleisch liefert, das freilich ziemlich fettreich und schwer verdaulich ist. Trotzdem gehört sie zu den beliebtesten Fischen. Frische Makrelen, bis zu 30 cm lang, werden meist im ganzen zubereitet.

**4 (je 200–250 g schwere) Makrelen,
1 Zitrone, 2 Zwiebeln, 250 g Tomaten,
100 g Champignons aus der Dose,
4 EL (40 g) Butter, Salz, weißer Pfeffer,
1 Prise zerriebener Thymian,
75 g saure Sahne (10 % Fett),
½ Bund Petersilie**

Die von den Flossen befreiten Makrelen am Rücken längs der Hauptgräte beiderseitig einschneiden. Diese Einschnitte mit dem Zeigefinger vertiefen und bis zu den Bauchgräten vordringen. Die Rückengräte am Kopf und am Schwanz mit der Schere abtrennen und herausnehmen. Dann die Kiemen mit Zeigefinger und Daumen entfernen. Die Makrelen unter fließendem kaltem Wasser abspülen, mit Küchenkrepp trockentupfen, innen und außen mit Zitronensaft beträufeln und 20 Minuten ziehen lassen. Die Zwiebeln würfeln, die Tomaten überbrühen, abziehen, halbieren und entkernen und das Fruchtfleisch in nicht zu kleine Würfel schneiden. Butter in einem Topf erhitzen, die Zwiebelwürfel darin glasig dünsten, dann die Tomatenwürfel und die abgetropften, halbierten Champignons dazugeben, mit Salz, Pfeffer und Thymian würzen, umrühren und alles zehn bis zwölf Minuten dünsten. Die Makrelen mit Salz einreiben, auf das Gemüse legen und zugedeckt weitere 20 Minuten bei schwacher Hitze garen. Die Makrelen herausnehmen, das Gemüse in eine vorgewärmte Schüssel füllen und mit den Makrelen belegen. Die Fische mit etwas Sahne beträufeln und mit gehackter Petersilie bestreuen.

Schlesisches Himmelreich

Backobst mit gekochtem Räucherspeck – eine Delikatesse, bei deren Genuß sich ein Schlesier tatsächlich wie im Himmel vorkommen muß. „Wer das Himmelreich nicht kennt, der hat umsonst gelebt", sagen die Schlesier und meinen ihr Nationalgericht, von dem es übrigens eine ganze Menge Abwandlungen gibt. Wichtig ist nur, daß Backobst und Räucherspeck oder auch Rauchfleisch stets die Grundlage bilden.

250 g gemischtes Backobst, Salz, 400 g magerer Räucherspeck oder Rauchfleisch, 1 EL Zucker, ½ TL Zimt, 1 TL Zitronensaft, 1 EL Speisestärke

Backobst mit kaltem Wasser gründlich waschen. Mit ½ l Wasser in eine Schüssel geben und über Nacht einweichen. Am nächsten Tag ½ l Wasser in einem Topf aufkochen und salzen und den Speck oder das Rauchfleisch hineingeben. 45 Minuten bei mittlerer Hitze kochen lassen. Das abgetropfte Backobst, Zucker und Zimt sowie Zitronensaft hinzufügen. Aufkochen und bei schwacher Hitze weitere 30 Minuten garen lassen. Die Speisestärke mit etwas kaltem Wasser anrühren, in die Soße geben und aufkochen, das Gericht abschmecken.

Das Fleisch herausnehmen und in Scheiben schneiden. Das Backobst in eine Schüssel füllen und die Fleischscheiben darauf anrichten. Als Beilage Semmelknödel (Rezept siehe S. 138) oder Kartoffelklöße (Rezept siehe S. 210) reichen, die man zusätzlich mit zerlassener Butter begießen kann. Dazu schmeckt am besten ein Bier.

Schlesisches Pilzragout

Wie viele andere Kräuter auch, galt das Basilikum früher in manchen Gegenden als zauberkräftig oder heilig. In Indien war Basilikum die Lieblingspflanze von Wischnu. Die Römer lehnten es ab, für sie war Basilikum die Pflanze des Hasses. Für einen Liebeszauber nutzte man es im Mittelalter – auf der Brust oder im Strumpf getragene Basilikumblätter erweckten Zuneigung bei einem spröden Partner. Überdies war man der Meinung, daß aus Basilikum die Skorpione wüchsen. Wer die Probe aufs Exempel machen will: Nach den Vorschriften der mittelalterlichen Kräuterkundigen genügt es, ein paar Basilikumblätter zu zerreiben und einen Topf darüberzustülpen. Wenn man den Topf eine Stunde später anhebt, soll ein Skorpion herauskriechen. Klappt das Verfahren nicht, so liegt es vielleicht daran, daß es an dem richtigen Zauberspruch fehlt.

**500 g Kalbfleisch, 1 kleine Zwiebel,
50 g Butterschmalz, 500 g Pfifferlinge,
Salz, etwas Pfeffer,
1 TL getrocknetes Basilikum,
150 g saure Sahne (10 % Fett)**

Das Kalbfleisch in Würfel schneiden, die Zwiebel grob hacken. Das Butterschmalz erhitzen und die Zwiebelwürfel darin goldgelb anrösten. Das Fleisch und die geputzten und geschnittenen Pfifferlinge dazugeben und alles gut miteinander vermischen. Fleisch und Pilze kräftig anbraten. Eine Tasse Wasser oder Fleischbrühe angießen, das Ragout mit Salz, Pfeffer und Basilikum würzen. Unter gelegentlichem Umrühren bei schwacher Hitze garen. Die saure Sahne zugießen, umrühren und noch ein paar Minuten ziehen lassen. Das Ragout nochmals abschmecken und mit jungen Kartoffeln und einem frischen Salat servieren.

Schlesische Mohnklöße

Eigentlich handelt es sich bei diesem Gericht nicht um Klöße, sondern um eine Art Schichtspeise. Aber die Mohnklöße aus Schlesien heißen schon immer so, auch wenn kein Mensch sagen kann, warum das so ist. Als Gewürz dient in diesem Fall der Zimt. Es gibt Hunderte von Zimtarten mit unterschiedlicher Würzkraft. Wirtschaftliche Bedeutung haben nur zwei davon: der Ceylonzimt oder Kaneel, der auch aus Indien, Madagaskar und von den Seychelleninseln kommt, und die Kassia, in Indien, Indonesien und China angebaut (und deshalb, verallgemeinernd und falsch, oft auch Chinazimt genannt). Ceylonzimt ist würzkräftiger und lieblicher, Kassia wird im allgemeinen gemahlen verkauft und dient als Grundlage von Zimtzucker.

**250 g frisch gemahlener Mohn, ¾ l Milch,
60 g Zucker, 75 g Zitronat,
100 g Rosinen, 75 g Mandeln,
6 altbackene Brötchen oder
500 g Weißbrot, 1 Prise Zimt,
250 g Schlagsahne (30 % Fett)**

Den gemahlenen Mohn mit ½ l heißer, mit 50 g Zucker gesüßter Milch übergießen und ziehen lassen. Das Zitronat fein schneiden oder hacken, die Rosinen überbrühen und abtropfen lassen, die Mandeln ebenfalls überbrühen und abziehen, hacken oder reiben. Die Mohnmilch mit Zitronat und Mandeln vermengen und zu einer ziemlich dicken Masse verarbeiten. Etwa zehn Minuten quellen lassen. Die altbackenen Brötchen oder das Weißbrot in dicke Scheiben schneiden, mit der restlichen heißen, ebenfalls gesüßten und mit Zimt gewürzten Milch einweichen und abkühlen lassen. Schichtweise Mohnmasse und Semmelscheiben in eine Glasschüssel füllen, mit einer Schicht Mohnmasse abschließen. Die Mohnklöße gut gekühlt servieren und dazu kalte Schlagsahne reichen.

Harzer mit Griebenschmalz

Im Gegensatz zu den meisten anderen Käsesorten ist der Harzer ein Sauermilchkäse, hergestellt aus Sauermilchquark (also nicht aus einer Käsemasse, die ihre Gerinnung ausschließlich dem Labferment verdankt). Mit dem Harzer verwandt sind Käse wie der Mainzer oder der Bauernhandkäse, die Olmützer Quargl oder der Korbkäse. Es gibt zwei Sorten: Harzer mit einem Weißschimmelüberzug und solchen, dessen Oberfläche eine goldgelbe bis rötlichbraune Schmiere bedeckt. Alle Sauermilchkäse werden normalerweise auf die eine oder andere Art mit Brot verspeist. Es gibt nur wenige Spezialrezepte, etwa den Frankfurter Handkäs mit Musik (in einer Marinade) oder auch das Harzer Fondue, bereitet aus Sauermilchkäse, Milch, Wein und angebratenem Räucherspeck.

1 kg frischer Schweinespeck (Rückenfett), 2 kleine Zwiebeln, 1 säuerlicher Apfel, 1 TL Salz, 1 Rolle Harzer, Landbrot

Den Schweinespeck von der Schwarte befreien, in feine Würfel schneiden und in einem Brattopf bei schwacher Hitze ausbraten. Wenn sich die Grieben goldgelb zu färben beginnen (nach etwa 25 Minuten), gibt man die feingewürfelten Zwiebeln und den kleingeschnittenen Apfel dazu und läßt alles weiterbraten, bis sich die Zwiebeln goldgelb bis goldbraun gefärbt haben. Mit Salz abschmecken. Das Griebenschmalz mit den Einlagen oder auch durchgesiebt in vorgewärmte Steinguttöpfchen füllen und fest werden lassen. Nach dem Erkalten mit Einmachhaut verschließen. Das Schmalz als Brotaufstrich verwenden, die Brotscheiben dick mit Harzer belegen oder den Käse dazu essen.

Anstelle von Griebenschmalz kann man auch ausgelassenes Gänsefett verwenden, das noch besser zum Harzer schmeckt.

Thüringer Apfelpfann-kuchen

Der Thüringer Apfelpfannkuchen wird glasiert, doch macht das Glasieren fast keine Mühe. Und die glasierten Pfannkuchen schmeicheln nicht nur dem Gaumen, sondern auch dem Auge. In Mitteldeutschland bäckt man übrigens außer Äpfeln auch noch Scheiben von Räucherspeck ein. Dieses Gericht heißt dann Speckpfannkuchen.

4 mürbe Äpfel, 150 g Mehl, 6 Eier, 1 TL Rum, 1 unbehandelte Zitrone, 4 EL Öl, 60 g Zucker

Die Äpfel schälen, vom Kerngehäuse befreien und in fingerdicke Scheiben schneiden. Das Mehl in eine Schüssel sieben und unter ständigem Rühren so viel heißes Wasser zugießen, daß ein Teig von der Konsistenz eines lockeren Kloßteigs entsteht. Die Eier in Eigelb und Eiweiß trennen. Nacheinander Eigelb, Rum und abgeriebene Zitronenschale unter den Teig rühren. Das Eiweiß zu steifem Schnee schlagen und zuletzt unterheben. Ein Viertel des Öls in einer Pfanne erhitzen, ein Viertel des Teigs hineinfließen lassen. Apfelscheiben darauf verteilen und mit einem Löffel umwenden, damit sie ganz von Teig umgeben sind. Den Pfannkuchen bei mittlerer Hitze auf beiden Seiten hellbraun backen, dann an einer Seite anheben und 1 EL Zucker auf den Pfannenboden streuen. Den Pfannkuchen noch eine Minute weiterbacken, dann mit der karamelisierten, „glasierten" Seite nach oben servieren. Die übrigen drei Pfannkuchen in derselben Weise backen.

Liegnitzer Bomben

Daß raffinierte Honigschleckereien nicht allein aus dem Süden Deutschlands kommen, haben nicht nur die Schlesier zu widerlegen versucht. Und in Liegnitz, einer Stadt an der Katzbach in Niederschlesien, ist sogar eine Spezialität beheimatet, die weit über die Grenzen des Landes hinaus Freunde gefunden hat.

250 g Zucker, 400 g Honig, 125 g Butter, 4 Eier, ½ unbehandelte Zitrone, 1 EL gemahlener Zimt, 1 TL Nelkenpulver (Piment), je 1 EL Rum und Rosenwasser, 50 g Kakao, 500 g Mehl, 1 Päckchen Backpulver, je 125 g Zitronat und Korinthen, 125 g gehackte Mandeln, 200 g Aprikosenkonfitüre zum Bestreichen.
Für den Guß: 250 g Puderzucker, 3 EL Kakao, 1 TL Butter

Honig, Zucker und Butter bei milder Hitze zerfließen und auskühlen lassen. Die Eier mit den Gewürzen, abgeriebener Zitronenschale, Kakao, Rum und Rosenwasser unter die Masse rühren. Danach das mit Backpulver vermischte Mehl dazugeben und alles zu einem dickflüssigen Teig verarbeiten. Erst zum Schluß Mandeln, in Würfel geschnittenes Zitronat und Korinthen untermischen. Den Teig in gut gefettete Bombenringe mit etwa 6 cm Durchmesser und etwa 4 cm Höhe füllen und auf einem gefetteten Blech bei 190–200 °C (Gasbackofen: Stufe 3) etwa 25 Minuten im vorgeheizten Ofen backen. Die erkalteten Bomben werden anschließend mit Aprikosenkonfitüre bestrichen. Für den Guß den Puderzucker sieben, mit dem Kakao vermengen, die weiche Butter und langsam unter Rühren etwas Wasser dazugeben, bis eine zähflüssige Masse entsteht. Die Bomben mit dem Schokoladenguß überziehen.

Thüringer Mohnschnitten

Die Heimat des Mohns ist Asien, genauer gesagt China, aber auch in Indien, Hinterindien, im Iran und in der Türkei wird er angebaut. Zum Backen werden die ölhaltigen, bläulich-weißen Samen der Mohnpflanze verwendet. In diesem Rezept mischt man sie unter den Teig. Mohn verleiht jedem Backwerk einen ganz spezifischen Geschmack.

100 g Butter, 80 g Zucker,
½ unbehandelte Zitrone, 2 Eier,
200 g Mehl, 2 EL saure Sahne (10 % Fett),
50 g gemahlener Mohn,
Margarine zum Einfetten,
Puderzucker zum Bestäuben.
Für die Füllung:
250–375 g Schlagsahne (30 % Fett),
1 Päckchen Vanillinzucker

Die weiche Butter mit dem Zucker schaumig rühren. Den Saft und die abgeriebene Schale der halben Zitrone, die Eier, das Mehl, die saure Sahne und den Mohn daruntermischen und zu einem Teig verarbeiten. Den Teig in eine gut gefettete Springform (Durchmesser: 26 cm) füllen und im vorgeheizten Backofen bei 175–200 °C (Gasbackofen: Stufe 2–3) etwa 40 Minuten backen. Nach dem Backen den Kuchen aus der Form nehmen und in gleichmäßige Schnitten aufschneiden. Diese erkalten lassen und einmal waagrecht teilen. Die Sahne mit Vanillinzucker steif schlagen, auf die unteren Schnitten verteilen und die anderen darauflegen. Die so gefüllten Mohnschnitten mit gesiebtem Puderzucker bestäuben.

Berliner Mandelnäpfchen

Dem Kaffee nicht sehr wohl gesonnen war Friedrich der Große, König von Preußen. Nicht etwa, weil er ihn nicht mochte, sondern weil Kaffee importiert und mit klingendem Silber bezahlt werden mußte, das im damaligen Königreich absolute Mangelware war. In Berlin schlichen Kaffeeschnüffler durch die Straßen, um Kaffeeröster ohne Lizenz aufgrund des verräterischen Duftes aufzuspüren. Schreckliche Zeiten damals – aber heute kann man Berliner Mandelnäpfchen bei einer köstlichen heißen Tasse Kaffee unbeschwert genießen.

⅛ l Milch, 1 Päckchen Vanillinzucker, 120 g Zucker, 2 Eier, 2 Eigelb, 5 TL löslicher Pulverkaffee, 250 g Schlagsahne (30 % Fett), 50 g grob gemahlene Mandeln

Die Milch erhitzen, Vanillinzucker, 100 g Zucker und Pulverkaffee zugeben und unter Umrühren kurz aufkochen lassen. Anschließend 15 Minuten abkühlen lassen. Eier und Eigelb verquirlen, die Milch nach und nach zugeben und unter ständigem Rühren mit dem Handrührgerät zu einer glatten Masse verarbeiten, womit man ausgebutterte Näpfchen bis zur Hälfte füllt. Die Fettpfanne des Backofens mit Wasser füllen, so daß die Näpfchen bis zur halben Höhe im Wasser stehen, und die Masse bei 150 °C (Gasbackofen: Stufe 1) etwa 20 Minuten stocken lassen. Das Wasser sollte allerdings nicht zum Kochen kommen. Gegebenenfalls muß man die Hitze etwas zurücknehmen. In der Zwischenzeit die gemahlenen Mandeln anrösten, mit dem restlichen Zucker vermischen und unter die steifgeschlagene Sahne heben. Die Näpfchen mit einer Schlagsahnehaube füllen und verzieren.

Berliner Pfannkuchen

Die Berliner Pfannkuchen tauchen in vielfältiger Form und unter ganz anderen Namen überall am Silvesterabend und zur Fastnachtszeit auf: Als Krapfen, Mutzen, Chüechli sind sie in ganz Deutschland, der Schweiz und Österreich verbreitet. Vom Berliner Pfannkuchen geht die Sage, ein junger Bäcker habe sie den Kanonenkugeln nachempfunden, aus Ärger darüber, daß er nicht zum Militärdienst einberufen worden sei. Auf diese Weise würden heute wohl kaum mehr neue Rezepte erfunden!

**500 g Mehl, 40 g (1 Würfel) Hefe,
⅛–¼ l Milch, 2 Eigelb, 50 g Zucker,
80 g Butter, 1 Prise Salz,
1 unbehandelte Zitrone, Aprikosen-,
Himbeer-, Pflaumen- oder
Erdbeermarmelade zum Füllen,
Backfett zum Ausbacken,
125 g Puderzucker zum Bestreuen**

Das Mehl in eine große Backschüssel geben, in die Mitte eine Vertiefung drücken. Die zerbröckelte Hefe mit etwas lauwarmer Milch und 1 TL Zucker hinzugeben und mit etwas Mehl zu einem Teig verrühren, der etwa 30 Minuten gehen sollte. Nun den Vorteig mit der restlichen warmen Milch, dem Mehl, Zucker, Fett, Eigelb, Salz und abgeriebener Zitronenschale verarbeiten und so lange kneten, bis sich der Teig vom Schüsselrand löst. Nochmals 30–40 Minuten gehen lassen. Danach den Teig 1 cm dick auf einem bemehlten Brett ausrollen und mit einem Wasserglas Kreise von etwa 7–8 cm Durchmesser ausstechen. Jeweils eine Scheibe mit Marmelade bedecken und eine zweite darauflegen, die Ränder fest zusammendrücken. Die Teigbällchen nochmals gehen lassen und in heißem Fett etwa zehn Minuten goldbraun backen. Dann auf einem Sieb gut abtropfen lassen und noch heiß mit Puderzucker bestreuen.

BRUT
Henry

Dresdner Stollen

Der Stollen ist eigentlich ein christliches Ursymbol: Er soll die Wiege darstellen, in die das Christkind gelegt wurde. Die Wiege des heutigen Stollens stand allerdings nicht in Bethlehem, sondern in Sachsen. Natürlich gibt es ihn in den verschiedensten Variationen und unter anderen Namen auch in anderen Landschaften Deutschlands, etwa als Klöben in Norddeutschland oder als Striezel in Schlesien, doch ist der Dresdner Stollen der berühmteste.

**1 kg Mehl, 80 g (2 Würfel) Hefe,
¼ l Milch, 200 g Zucker, 450 g Butter,
1 unbehandelte Zitrone,
je ½ TL Kardamom und Muskatblüte,
1 EL Salz, 500 g Rosinen,
je 100 g gehacktes Zitronat
und Orangeat,
150 g gehackte Mandeln,
30 g gehackte bittere Mandeln.
Zum Bestreichen: 200 g Butter,
250 g Puderzucker,
2 Päckchen Vanillinzucker**

Zunächst den Vorteig zubereiten: Etwas Mehl mit zerbröckelter Hefe, 2 TL Zucker und etwas lauwarmer Milch verrühren und zugedeckt an einem warmen Ort etwa eine halbe Stunde gehen lassen. Nun das restliche Mehl und die restliche Milch mit Zucker, zerlassener Butter, abgeriebener Zitronenschale, Gewürzen und Salz vermengen und kräftig verrühren. Die abgebrühten und getrockneten Rosinen, Zitronat, Orangeat und Mandeln hineinkneten. Den Teig zu einem Ballen formen und wiederum 45 Minuten gehen lassen. Danach nochmals kräftig durchkneten, zwei Stollen formen und ein letztes Mal 30 Minuten gehen lassen. Auf einem gefetteten Backblech bei 200°C (Gasbackofen: Stufe 3) etwa 60 Minuten backen. Den noch heißen Stollen mit zerlassener Butter bepinseln und mit einer Mischung aus Puder- und Vanillinzucker bestreuen.

Den Stollen sollte man mindestens zwei Wochen vor Genuß backen, denn etwas abgelagert schmeckt er einfach besser.

Masurischer Käsekuchen

Wenn man sich unter den Schnittkäsen nach einer deutschen „Erfindung" umsieht, stößt man vor allem auf den Tilsiter, der auch die Grundlage für diesen Käsekuchen ist.

Für den Teig: 300 g Mehl, 20 g (½ Würfel) Hefe, 1 Prise Zucker, ⅛ l Milch, 1 Ei, Salz, 3 EL (30 g) Butter, etwas Fett für die Backform.
Für die Füllung: 150 g Speck, 250 g Zwiebeln, 3 EL (30 g) Butter, 200 g Tilsiter

Aus den Teigzutaten einen Hefeteig herstellen (Anleitung siehe S. 50). Eine Springform (Durchmesser: 24 cm) fetten und mit dem ausgerollten Teig belegen. Für die Füllung den Speck würfeln, die Zwiebeln in dünne Scheiben schneiden und in heißer Butter goldgelb dünsten. Abwechselnd Speck, Zwiebeln und den in dünne Scheiben geschnittenen Käse in die Form geben, mit einer Käseschicht abschließen. Bei 220 °C (Gasbackofen: Stufe 4) etwa 40 Minuten backen.

Gänsebraten mit Apfelfüllung

(für 6–8 Personen)

In Mecklenburg füllt man die Gans mit Äpfeln, Rosinen und Korinthen und serviert sie mit Rotkohl und Maronen (Eßkastanien) – ein traditionsreiches Essen für einen festlichen Tag.

Etwa 5 kg schwere Gans, 500 g Äpfel, 4 EL (40 g) Butter, 40 g Rosinen, 40 g Korinthen, Pfeffer und Salz

Die Gans abspülen und mit Salz und Pfeffer einreiben. Die Äpfel schälen, vom Kerngehäuse befreien, vierteln und in heißer Butter andünsten. Die Rosinen und Korinthen überbrühen, abtropfen lassen und mit den Äpfeln mischen. Die Gans mit dieser Mischung füllen, zunähen und in der Fettpfanne mit ¼ l heißem Wasser begießen. Im Backofen bei 200 °C (Gasbackofen: Stufe 3) zwei bis dreieinhalb Stunden braten.

Quarkkeulchen

Ob die Keulchen wirklich Keulchen oder „Keilchen" heißen, ist selbst bei waschechten Sachsen umstritten. Auch was den Teig anbetrifft, gibt es Meinungsverschiedenheiten.

500 g Kartoffeln, 250 g Speisequark, 1 Ei, 125 g Mehl, 2 EL Zucker, 1 Prise Salz, 1 Messerspitze gemahlener Zimt, 1 unbehandelte Zitrone, 75 g Korinthen, 100 g Bratfett, 60 g Zucker und 1 TL gemahlener Zimt zum Bestreuen

Die Kartoffeln in der Schale garen, pellen und durch die Kartoffelpresse drücken; in einer Schüssel mit Quark, Ei, Mehl, Zucker, Salz, Zimt und abgeriebener Zitronenschale mischen und durchkneten. Die Korinthen mit kochendem Wasser übergießen, quellen lassen und mit dem Teig verkneten. Mit einem Eßlöffel Klöße abstechen, Bratfett in einer Pfanne erhitzen und die Keulchen bei schwacher Hitze auf jeder Seite goldbraun backen. Mit Zimtzucker bestreuen und heiß servieren.

Eberswalder Spritzkuchen

Eberswalde ist eine kleine verträumte Kreisstadt in der Mark Brandenburg, die vor allem wegen der berühmten Spritzkuchen in aller Welt bekannt geworden ist.

60 g Butter, 150 g Mehl, 1 Prise Salz, 3–4 Eier, 1 kg Kokosfett zum Ausbacken. Für den Guß: 150 g Puderzucker, 1 TL Rum

¼ l Wasser mit der Butter und Salz in einem Topf aufkochen lassen, das Mehl hineinrühren und so lange erhitzen, bis sich beim Rühren ein Kloß bildet. Den Topf vom Herd nehmen und die Eier unterziehen, rühren, bis der Teig in langen Spitzen vom Löffel fällt. Das Fett erhitzen und Pergamentpapier auf 10 × 10 cm Größe zuschneiden und fetten. Mit dem Spritzbeutel mit Sterntülle Teigkränze auf das Papier spritzen, die Kränze in dem Fett goldbraun ausbacken und abtropfen lassen. Den Puderzucker mit 1 EL Wasser und Rum glattrühren und die Spritzkuchen damit bestreichen.

Berliner Brot

Entgegen seinem Namen handelt es sich bei diesem Gebäck nicht um Brot, sondern um Kuchen, der, wenn er fertig gebacken ist, in kleine Schnitten zerteilt wird.

2 Eier, ½ TL gemahlene Nelken, 1 EL gemahlener Zimt, 250 g Zucker, 2 EL Rum, 100 g Zartbitterschokolade, 125 g gehackte Haselnüsse, 50 g Zitronat, 250 g Mehl, 1 TL Backpulver, 250 g Puderzucker und 4 EL Zitronensaft für die Glasur

Die Eier mit 2 EL warmem Wasser schaumig schlagen. Die Gewürze mit dem Zucker vermischen und langsam in den Eierschaum rieseln lassen, mit dem Rum cremig rühren. Die geriebene Schokolade, die Haselnüsse, Zitronat und das mit dem Backpulver vermischte Mehl vorsichtig unterheben. Die Masse etwa ½ cm dick auf ein gefettetes Blech streichen und bei 200°C (Gasbackofen: Stufe 3) etwa 15–20 Minuten backen. Den Puderzucker mit Zitronensaft glattrühren und den Kuchen damit bestreichen.

Schlesischer Kartoffelsalat

Eigentlich handelt es sich dabei um einen Kartoffel-Herings-Salat. Er wird in Schlesien nicht mit Sahne oder Mayonnaise angemacht, sondern mit heißer Brühe gebunden.

2 Salzheringe oder 4 Heringsfilets, 1 kg Salatkartoffeln, 1 säuerlicher Apfel, 2 Gewürzgurken, ⅛ l Fleischbrühe, 4 EL Weinessig, Salz, weißer Pfeffer, 1 Prise Zucker, 100 g durchwachsener Speck, 1 Zwiebel

Die Heringe über Nacht wässern. Die Kartoffeln in der Schale garen, pellen und in Scheiben schneiden. Den Apfel schälen, vierteln und entkernen, ebenfalls in Scheiben schneiden, die Gewürzgurke kleinschneiden, die Heringe abspülen und in Streifen schneiden. Alles zu den Kartoffeln dazugeben, heiße Fleischbrühe darübergießen. Essig, Salz, Pfeffer und Zucker mischen und über den Salat gießen, etwa eine Stunde ziehen lassen. Den gewürfelten Speck und die gehackte Zwiebel goldgelb rösten und vor dem Servieren über den Salat gießen.

Pommersches Viermus

Das Viermus ist nicht etwa eine Marmelade, sondern ein aus vier verschiedenen Früchten zubereitetes Mus, das nach alter Tradition als leckere Beilage zu Wild gereicht wird.

250 g frische Preiselbeeren, 375 g Zucker, 3 mittelgroße Äpfel, 2 Birnen, 150 g Zwetschgen, ½ Stange Zimt, 2 Nelken, ½ unbehandelte Zitrone

Die Preiselbeeren verlesen und waschen, mit der Hälfte des Zuckers in einem Topf bei schwacher Hitze in etwa 20 Minuten weich kochen. In der Zwischenzeit die Äpfel und Birnen schälen, vom Kerngehäuse befreien und das Fruchtfleisch kleinschneiden. Die Zwetschgen waschen, trocknen, halbieren und entsteinen. Alle Früchte zu den Preiselbeeren geben, Zimt, Nelken und abgeriebene Zitronenschale hinzufügen, außerdem den restlichen Zucker und 4 EL Wasser. 15 Minuten bei schwacher Hitze kochen.

Bohnensuppe mit Gänseklein

Pommern gilt als das Land der leckeren Gänse. Und diese deftige pommersche Suppe bezieht deshalb auch ihren besonderen Geschmack vom Gänseklein.

350 g weiße Bohnen, 250 g Hammelkeule ohne Knochen, 250 g Gänseklein, 2 Zwiebeln, 2 Knoblauchzehen, Salz, weißer Pfeffer, je 1 Prise zerriebener Majoran und Bohnenkraut, Kümmel, 1 Bund Petersilie

Die Bohnen über Nacht einweichen. Am nächsten Tag zusammen mit dem Hammelfleisch, dem Gänseklein, den Zwiebeln und Knoblauchzehen sowie den Gewürzen in $1\frac{3}{4}$ l kochendes Wasser geben und gut eine Stunde köcheln lassen. Die Hälfte der Bohnen durch ein Sieb streichen, das Fleisch und die Zwiebeln kleinschneiden, aufkochen lassen und den Eintopf mit gehackter Petersilie bestreut servieren.

Gothaer Kranz

Thüringen und Sachsen sind die traditionellen deutschen Kuchenländer. Dieser Kranz mit Füllung aus Schokoladenbuttercreme stammt aus der thüringischen Kreisstadt Gotha.

**Für den Teig: 125 g Butter, 125 g Zucker, 1 Prise Salz, 1 unbehandelte Zitrone, 2 Eier, 1 EL Rum, 150 g Mehl, 50 g Speisestärke, ½ Päckchen Backpulver.
Für die Schokoladenbuttercreme: 1 Päckchen Schokoladenpuddingpulver, 1 Prise Salz, 60 g Zucker, ½ l Milch, 200 g Butter.
Für die Glasur und Garnierung: 1 Päckchen (200 g) Kuvertüre, 20 kandierte Kirschen, 2 EL (20 g) Butter, 100 g blättrig geschnittene Mandeln**

Für den Teig die Butter mit dem Zucker, Salz, abgeriebener Zitronenschale, Eiern und Rum schaumig rühren. Mehl, Speisestärke und Backpulver dazurühren und den Teig in eine gefettete Kranzform geben. Bei 175 °C (Gasbackofen: Stufe 2) 55 Minuten backen. Für die Creme aus Milch, Zucker, Puddingpulver und Salz einen Pudding kochen, Butter schaumig rühren und den Pudding einarbeiten. Den Kranz zweimal durchschneiden und mit der Creme füllen. Die Kuvertüre im Wasserbad auflösen, den Kranz damit überziehen, mit Kirschen und in Butter gerösteten Mandeln verzieren.

Löffelerbsen mit Speck

Nach einer märkischen Sage wurde dieses Eintopfgericht im 14. Jahrhundert von einem Zisterziensermönch erdacht und erstmals Kaiser Karl IV. vorgesetzt.

375 g gelbe ungeschälte Erbsen, 250 g durchwachsener Speck, 1 TL Majoran, 1 Lorbeerblatt, 2 Zwiebeln, 2 Möhren, 2 Kartoffeln, 1 Stange Lauch, 1 EL (10 g) Margarine, Salz, 1 Bund Petersilie

Die Erbsen über Nacht in 2 l Wasser einweichen. Am nächsten Tag im Einweichwasser aufkochen, Speck und Gewürze hinzufügen und 90 Minuten kochen. Zwiebeln, Möhren, Lauch und Kartoffeln kleinschneiden, in Margarine andünsten, dazugeben und noch eine halbe Stunde mitkochen. Mit gehackter Petersilie bestreuen.

Die Rezepte alphabetisch

Die Rezepte nach Sachgruppen

Vorspeisen und Zwischengerichte

Suppen

Eintöpfe

Aufläufe

Fisch und andere Meerestiere

Fleisch- und Wurstgerichte

Schweinefleisch

Rindfleisch

Kalbfleisch

Lamm- und Hammelfleisch

Geflügel

Innereien

Wild

Pilzgerichte

Mehlspeisen und Grützen

Kartoffelgerichte und andere Beilagen

Gemüse

Salate

Soßen

Süßspeisen

Kuchen und Gebäck

Getränke

Bildnachweis

Umschlag: Studio Döbbelin
8/9 Bildarchiv Kinkelin
10/11 o.: Manfred Mehlig – u. li., u. re.: Sirius Bildarchiv/Peter Mueck – u. Mitte: Bildarchiv Kinkelin/Otto Ziegler
12/13 li.: Sirius Bildarchiv/Erhard Hehl – re.: Sirius Bildarchiv/Peter Mueck
14–57 Sirius Bildarchiv/Studio Döbbelin
60/61 Sirius Bildarchiv/Edmond van Hoorick
62/63 o.: Sirius Bildarchiv/C. L. Schmitt – u. li., u. Mitte, u. re.: Sirius Bildarchiv/Edmond van Hoorick
64/65 li. o., li. Mitte, u. v. li. n. re.: Sirius Bildarchiv/Peter Mueck – o. Mitte: Sirius Bildarchiv/C. L. Schmitt – re.: Sirius Bildarchiv/Erhard Hehl
66–109 Sirius Bildarchiv/Studio Döbbelin
112/113 C. L. Schmitt
114/115 Edmond van Hoorick
116/117 alle außer r. u.: Spectral-Werbung/Peter Mueck
116/117 r. u.: Sirius Bildarchiv/Peter Mueck
118–161 Sirius Bildarchiv/Studio Döbbelin
164/165 C. L. Schmitt
166/167 Toni Schneiders
168/169 re.: Sirius Bildarchiv/Erhard Hehl (Mainfränkisches Museum, Würzburg) – Rest: Sirius Bildarchiv/C. L. Schmitt
170–209 Sirius Bildarchiv/Studio Döbbelin
212/213 H. Müller-Brunke
214/215 o.: H. Müller-Brunke – u. v. li. n. re.: Sirius Bildarchiv/Peter Mueck
216/217 li. u.: Sirius Bildarchiv/Edmond van Hoorick – Rest: Sirius Bildarchiv/Peter Mueck
218–257 Sirius Bildarchiv/Studio Döbbelin
261 Sirius Bildarchiv/Edmond van Hoorick
262 Erhard Hehl
263 o.: Erhard Hehl – Mitte: Rainer Kiedrowski – u.: Hans D. Zehfuß
264/265 li.: Rainer Kiedrowski – re.: Sirius Bildarchiv/Erhard Hehl
266–301 Sirius Bildarchiv/Studio Döbbelin
304/305 Löbl-Schreyer
306/307 o.: Sirius Bildarchiv/Helmut Hoven (Museum Burg Linn, Krefeld) – u. li.: dpa – u. Mitte: Bildarchiv Kinkelin/P. Klaes – u. re.: Sirius Bildarchiv/G. Schmidt
308/309 li.: Klaes/laenderpress – re.: Sirius Bildarchiv/G. Schmidt
310–349 Sirius Bildarchiv/Studio Döbbelin
352/353 Sirius Bildarchiv/Edmond van Hoorick
354/355 o.: Klaes/laenderpress – u. li.: Werner Ernst – u. re.: Rainer Kiedrowski und Lieselotte Bergmann
356/357 li., re.: Rainer Kiedrowski und Lieselotte Bergmann
358–395 Sirius Bildarchiv/Studio Döbbelin
398/399 C. L. Schmitt
400/401 o., u.: Erhard Hehl
402 Mader/laenderpress
403 o.: Krohn-Anthony – Mitte: Poguntke/Prenzel – u.: Dr. Kurt Struve
404–441 Sirius Bildarchiv/Studio Döbbelin
444/445 Sirius Bildarchiv/Edmond van Hoorick
446/447 o.: C. L. Schmitt – u. li.: Artreference/Siwik – u. re.: Artreference/Goico
448 roebild (Kurt Roehrig)
449 o.: Michael Rosenfeld – u.: Dr. Kurt Struve
450–485 Sirius Bildarchiv/Studio Döbbelin
488/489 Bildagentur Jürgens
490/491 o.: Bildagentur Jürgens – u. li.: Starfoto – ZEFA – u. re.: P. Backhaus – ZEFA
492/493 u. li.: Sirius Bildarchiv/Erhard Hehl – u. Mitte: Sirius Bildarchiv/Döhring – Rest: Rainer Kiedrowski und Lieselotte Bergmann
494–533 Sirius Bildarchiv/Studio Döbbelin